河南省高等学校重点科研项目"高校优秀传统文化教育与传统学科（以古代文学、大学语文为例）教学改革的联动效应研究"〔19B880026〕

郑州升达经贸管理学院2018年专业核心课程建设项目

郑州升达经贸管理学院人才引进科研启动经费

| 光明社科文库 |

民俗密码显影与古代文学误读

吕书宝◎著

光明日报出版社

图书在版编目（CIP）数据

民俗密码显影与古代文学误读 / 吕书宝著 . -- 北京：
光明日报出版社，2019.3
ISBN 978 - 7 - 5194 - 5092 - 2

Ⅰ.①民… Ⅱ.①吕… Ⅲ.①风俗习惯—关系—古典
文学研究—中国 Ⅳ.①I206.2②K892

中国版本图书馆 CIP 数据核字（2019）第 040265 号

民俗密码显影与古代文学误读
MINSU MIMA XIANYING YU GUDAI WENXUE WUDU

著　者：吕书宝

责任编辑：郭玫君　　　　　　　　　特约编辑：毛文丽
责任校对：赵鸣鸣　　　　　　　　　封面设计：中联学林
责任印制：曹　净

出版发行：光明日报出版社
地　　址：北京市西城区永安路 106 号，100050
电　　话：010 - 67014267（咨询），63131930（邮购）
传　　真：010 - 67078227，67078255
网　　址：http：//book. gmw. cn
E - mail：guomeijun@ gmw. cn
法律顾问：北京德恒律师事务所龚柳方律师

印　　刷：三河市华东印刷有限公司
装　　订：三河市华东印刷有限公司
本书如有破损、缺页、装订错误，请与本社联系调换，电话：010 - 67019571

开　　本：170mm×240mm
字　　数：245 千字　　　　　　　　印　张：15
版　　次：2019 年 6 月第 1 版　　　印　次：2019 年 6 月第 1 次印刷
书　　号：ISBN 978 - 7 - 5194 - 5092 - 2
定　　价：85. 00 元

目　录
CONTENTS

综　论

民俗风情与文化角色

　　虽然关于民俗的解说莫衷一是，但在本质上把民俗界定为存续于特定范围内的价值观，应该是可以得到认同的。因此，古籍所说的"入乡随俗"，那需要随的俗，应当是属于正面价值评判的俗；而"移风易俗"所要改易的俗，就一定是被这一观点秉持者不看好的俗。

第一节　文学、文化、国学与民俗民风

　　南北朝时期的刘勰在《文心雕龙·时序》中把民俗分为三种：可以"化钧""化淳"等值得褒扬之俗；褒贬倾向模糊的"茂俗"；从字面就可以看出不以为然的"诡俗"。民俗在世代传承中与时俱进不断演变，以至于我们很难对身边、眼前、耳闻的光怪陆离的民俗现象贸然进行价值评判。所以我们要再现民俗演变的婉转蜿蜒轨迹，并在其中探秘寻幽试图对其价值有所评估，必须依靠现存传世文献。

　　一般情况是，非文学或者文学因子不强的文献，和民俗的关系稍微疏远一些，甚至从文本中看不到民俗，这是因为非文学文献中的民俗礼乐化，即被统治阶级纳入主流文化范畴，成为所谓"礼俗"了。因此，传世文学文献是精英文化和世俗文化、民俗的契合点。关于民俗与文学之间的契合点，钟敬文先生有这样的说法："民俗，即民间风俗，指一个国家或民族中广大民众所创造、享用和传承的生活文化。民俗起源于人类社会群体生活的需要，在特定的民族、时代和地域中不断形成、扩布和演变，为民众的日常生活服务。"比如作为传统文学（有别于后世产生的叙事文学小说、戏剧之类）代表样式的诗歌，其萌芽

就应归功于民俗风土人情这块沃土的滋养。民俗对诗歌的发展又有直接的灌溉作用，清朝的程廷祚就说过："《汉志》云：'民性有刚柔缓急，系水土之风气，谓之风；好恶取舍，随君上之情欲，谓之俗。'……此皆论事者之权衡也。"引文中所说的"论事"就是论诗，亦即古代论说习惯中称谓的"文学"，当然我们今天看到的古人诗歌是记载在文献中的白纸黑字。我们要说的是：程廷祚这种说法即使以《汉志》论也不算太早，但是关于民俗和文学文献的关系，这个说法是最靠谱的。

文学与民俗的联系非常紧密，二者相互依存相互交融，而这种联系又非常自然。"因为文学作品是用人的生活的形象来表达思想感情和传达真理的。而民族的民俗正是同人们的生活发生着最密切关系的文化事象。"（钟敬文语）而从文学的起源看，无论何种起源论，都脱离不了民俗的土壤。民俗对文学的贡献主要表现为"干预人文情怀的形成、影响社会文化的体系构建、提供该时代文学现象的解码方式"等，而最直观的便是民俗为文学提供了丰富的素材，反之，我们又可以通过文学作品，从中探求当时的民俗风情。

关于文学文献和民俗的关系，是本书论说的主体内容，因此作为综论，我们先就民俗论民俗，从五个方面进行定位式解说。当然即使这样，我们也无法避开古代文学文献和民俗的关系。

一、民俗形成的三元素

民俗形成的因素很多，并且偶然因素超过必然因素，所以人类学家在谈及这个问题的时候总是显得东拉西扯不得要领。其实有三种因素是一种民俗形成过程中必须具备的，这就是逻辑学上的充要条件，可以称之为要素或者元素。

首先是血统、人种元素。这种元素不能套用在现代社会的一切领域，否则会形成习俗歧视进而引发信仰歧视乃至诱发社会冲突。那么这种元素如何显现并影响民俗存续流变呢？我们可以简单概括为：源于母系社会痕迹的母子生活习惯同构交叠，和源于父系社会痕迹的父子求同定势。这些看似深奥的道理只要点破，就很容易在现实生活中找到数不清的例证，故而从略。

其次是地理环境元素。沙漠居民不会涵濡出龙船戏水习俗，江南水乡也不会养成用马奶洗面的习惯，因此上海滩牛奶浴被称为超级奢侈。正所谓"夫山居而谷汲者，膢腊而相遗以水；泽居苦水者，买庸而决窦。"（《韩非子·五蠱》）几乎没有例外。

第三是文明程度元素。《易经》保留了大量民俗文化的记忆，为我们解码上古民俗提供了极其宝贵的资料。如在《屯》卦中对抢婚场面的描写，我们可以从中窥见抢婚仪式的来源及其过程；《大有·九三至上九》《益·六二》《升·六四》等卦中的古代祭祀典礼以及在易传中所谓"古之葬者，厚衣之以薪，葬之中野，不封不树，丧期无数，后世圣人易之以棺椁，盖取诸大过"（《周易·系辞下》）等，都是和文本形成当时的文明程度接轨的。

另外"昔楚国南郢之邑，沅、湘之间，其俗信鬼而好祠。其祠必做歌乐鼓舞以乐诸神。屈原放逐，窜伏其域，怀忧苦毒，愁思沸郁。出见俗人祭祀之礼，歌舞之乐，其祠鄙陋，因为作九歌之曲。"被汉代人认作屈原作《九歌》的人文环境亦即当时的文明氛围（王逸《楚辞章句》），也是这个道理。

因此，后代文人"下生活""作田野"考察书写对象文明程度，成为风气。比如司马迁"二十而南游江、淮，上会稽，探禹穴，窥九疑，浮于沅湘；北涉文、泗，讲业齐、鲁之都，观孔子之遗风，乡射邹、绎"而写《史记》；左思考察"其山川城邑，则稽之地图；鸟数草木，则验之方志，风谣歌舞，各附其俗"（《三都赋序》），即以民俗作依托写《三都赋》；王安石"聊向村家问风俗"开功夫在诗外创作风气（《郊行》）等等，都是可圈可点的文明程度作为书写依托的典型例子。

二、民俗存续的三种形态

一种民俗一旦形成，其存续形态无非三种。

一是小范围延续。比如饮食习俗中川陕桂的酸口、苏浙沪的甜口、湘鄂云贵川的辣口，都是这种存续形态的显例。

二是中范围流布。比如唐代柳宗元到柳州当"市长"推行废奴政策，后来演化为皇帝下诏书予以推广，使得边鄙地区顺利完成了奴隶文化向封建文化的跨越式过渡；明末清初中央政府对边疆地区的改土归流，也属于这个范畴的流布。至于新中国建立初期的土改、工商业改造等，则是完成白色文化向红色文化转化的重要措施，也是中范围流布的典型例子。因为中范围流布往往局限在某个政权有效统治范围内，所以这种流布以政府推动为主，其显现方式往往表现为对歪风陋俗的改造，也叫作"移风易俗"。

三是大范围匡范。以华夏民族的龙凤文化为例。

龙文化秉持的古老，近年来已经可以从考古学成果中得到证明了，东北红山文化出土的猪龙、中原濮阳出土的贝龙，都是远在五六千年之前人们头脑中存储的龙形象。文字产生之后，现在见到的甲骨文中龙的象形写法多达六七种，后起文字中文字学家又把禹、虹等和龙挂上了钩。而口传文学中"太阳与龙车"以及关于龙的系列神话传说也是美不胜收的。

从传世典籍看，远在夏代末年（《诗经》的史诗时代，如《诗经·商、周、鲁颂》以及三《礼》中的古礼记述），就出现了诸如"龙旗""龙首""龙盾"之类标识性仪仗，说明龙的观念早已经形成。只是后世有了文献记录，才开始追述或者叫作集体共意识搜寻，认为龙的原型一为蛇，一为蜥蜴。

比如蛇，很多典籍称：伏羲乃人面蛇身，即人与蛇相交的产物。在传世信史级典籍《左传·襄公二十一年》中有"深山大泽，实生龙蛇"的记载，是把龙和蛇捆绑表述的；唐人写松树树枝的形状，写成："蛇子蛇孙鳞蜿蜿，新香几粒洪崖饭。绿波浸叶满浓光，细束龙髯铰刀剪……"（李贺《五粒小松歌》），在写到蛇的形象时马上想到"龙髯"等等，都是典籍记载的认知显现。

至于蜥蜴，自魏晋南北朝之后极少见人提及。晋崔豹说："蚯蜓，一名龙子……其长细五色者，名为蜥蜴"（《古今注·中》）；北周庾信有"花鬓醉眼缬，龙子细文红"（《夜听捣衣诗》）；我国西部民间称蜥蜴为"马蛇子"；而中原地区蜥蜴又名之曰"变色龙"。看来，蜥蜴无非蛇之一种，这一品种的"蛇"成为龙的一种——"变色龙"，还是蛇变龙。但是，这并不说明蜥蜴为龙之原型的说法没有存在价值。许慎《说文解字》云："易，蜥易，蝘蜓、守宫也。"用蜥蜴解《周易》之"易"因此在日本大为盛行。而《易经》的首卦便取龙为象，正是从书名《易》来的。广西梧州龙母庙门口碑文中讲述龙，也是从"守宫"即蜥蜴开讲的。

用归纳统计的方法，可以把现存典籍中关于龙的记载分为六种九类，其中星座名、地（山、邑）名、玉名与草名三类属于一种，都是从龙的形体来"象"所指，可置毋论，还剩五种六类，足可看出龙之形象的演进轨迹。

第一种，龙为带有图腾崇拜印记的官名或人名。《左传·昭公十七年》载，郯子说："太皞氏以龙纪，故为龙师而龙名。"（《孔疏》引服虔："太皞以龙为官，春官为青龙氏，夏官为赤龙氏，秋官为白龙氏，冬官为黑龙氏，中官为黄龙氏。"这太暐氏就是做八卦的伏羲)《山海经·大荒北经》:"黄帝乃令应龙攻之冀州之野,应龙蓄水……";《尚书·舜典》中舜帝的臣子"龙",是与四岳、十二牧、禹、垂、益、伯夷、夔并列的"二十有二"部落酋长;《管子·五行》中能"辨乎东方"而"为土师"的奢龙,是黄帝的臣子。

在这个阶段,龙图腾与官名、首领与其统领的部落、人名与部族名称,是扭结在一起的概念,史书中虽然竭力试图将之分离,将遥远的模糊记忆尽量清晰化,还是处处透露出远古初民的图腾崇拜、原始宗教信仰痕迹。龙图腾的形成,标志着中华民族主体部分完成融合,所以中国人至今自称龙的传人。

第二种,龙为充溢图腾崇拜追忆意识的神名。《山海经·大荒北经》:"有神人面蛇身而赤……是谓烛龙";《汉武洞冥记》:"……钟火山,日月不照,有青龙啣烛,照山四极";《楚辞·天问》:"应龙何画?"闻一多《疏证》采王逸、洪兴祖旧注以及众多古籍的记载,综之曰:"禹治洪水时有神龙以尾画地。"这似乎是对前引《山海经》中听命于黄帝、参与对蚩尤作战之应龙部落的神化,应龙又成为指导大禹治水的神龙。

第三种,对图腾之龙、神化之龙的具象化。当时龙作为意象,经常与外部奇异天象重合,促使人们产生各种关于龙的遐想,比如龙卷风、雨脚等,人们都可以将之补充为龙象。这大概与今天的 UFO 以及外星人差不多。如《左传·昭公十九年》:"郑大水,龙斗于时门之外洧渊",《左传·昭公二十九年》"龙见于绛郊","龙斗"和"龙见",都不见于《春秋》经,是"左氏浮夸"好异而不"经"的证明;《尔雅》:"有鳞曰蛟龙,有翼曰应龙,有角曰虬龙,无角曰螭龙,未升天曰蟠龙",是对前代关于龙之意象见于典籍的总结;《庄子·列御寇》:朱泙漫学屠龙"三年技成而无所用其巧";《礼记·礼运》:"麟、凤、龟、龙,谓之四灵";《新序·杂事》:"窥头于牖,施尾于堂";《说文解字》:"鳞虫之长,能幽能明,能细能巨,能短能长。春分而登天,秋分而潜渊"等等,都是具象化的典型例子。但是这种具象化导致的结果却是将龙描画成五花八门,一直发展到宋代,罗愿在著名的传世典籍《尔雅翼·释鱼》中引用王符失传了的说法:龙有九似,角似鹿,头似驼,眼似鬼(春秋鬼方人),项似蛇,腹似蜃(蛤蜊:小曰蛤,大曰蜃。《国语·晋语九》:"雀入于海为蛤,雉入于淮为蜃"——虫鸟互幻),鳞似鱼,爪似鹰(海东青部落),掌似虎(长江上游虎图腾部落),耳似牛。完成了 UFO 上古版的定型。

第四种和第五种分为三类，第一类是龙乃马之别称；第二类是龙为天子、君子、贵族的代称；第三类是成为帝王的标识，典籍中这样的记载俯拾皆是，这里就不浪费篇幅细说了。

综上所述，龙的取象，应始于对蛇或者蜥蜴的观察，后来加上图腾崇拜心理机制的想象，龙便成为"一种只是在思想中想象的本质，这种本质作为某种异物与人们对立着"。这种本质被《象》《文言》阐发为龙德，又经后人从中发明出义理；而那"异物"就是"见首不见尾"的神龙。于是，龙的原型逐渐从人们的视野中淡化、消失，从而在人们的想象中完成了与人间的剥离（对立），终于成为人们必须向它祈祷风调雨顺的龙王爷，并演化为人间帝王狐假虎威的重要标志之一。在《易经》产生时代，龙还是令人亢奋仰慕的刚健精神的代表，这就决定了《易经》中龙之形象的美学取向。

凤文化也是这样，考古学的最权威成果，是长沙马王堆帛画太阳中的神鸟三足乌。后代民间传说中还有乌鸦把野鸡描绘成凤凰，而凤凰把乌鸦涂抹成一塌糊涂即所谓"涂鸦"的故事，说明了汉代乌鸦和凤凰关系不但"源远"而且保持了"流长"。当然在口传文学中有凤凰为雄雌二鸟的说法，司马相如琴挑文君唱《凤求凰》就是例证。不过这个意象到汉代之后就少有提及了。

考古发现和口传文学之外，典籍记载的凤鸟文化也是很丰富的。比如早在春秋时期，山东的郯子就有这样一段名言："太皞氏以龙纪，故为龙师而龙名；我高祖少皞挚之立也，凤鸟适至，故纪于鸟，为鸟师而鸟名。凤鸟氏，历正也；玄鸟氏，司分者也……"（《左传·昭公十七年》）。在上述文献记载中，其他鸟类比如爽鸠（司寇）、丹鸟（司闭）、鸤鸠（司空）、鹘鸠（司马）等，也各有所附着的官名。之后，《论语·子罕》记载："（子曰）凤鸟不至，河不出图（龙马），吾已矣乎"；《姓考》："颛顼以鸟名官，有凤鸟氏"；《礼记·礼运》："麟、凤、龟、龙，谓之四灵"（和龙共用文献）；《说文解字》（《韩诗外传·卷八·八章》文字稍异）："神鸟也。天老（汉代经师）曰：凤之象也，鸿前麚〔麟〕后，蛇颈鱼尾，鹳颡鸳思〔腮〕，龙文虎背，燕颔鸡喙，五色备举。出于东方君子之国，翱翔四海之外，过昆仑，饮砥柱，濯羽弱水，莫宿风穴（穴居并且风姓，和禹同姓），见则天下大安宁。"是对汉代之前典籍记载的总括，也属于 UFO 的上古版。

这种流布基本匡范在汉语文化圈内，除了华夏大地之外，还形成了包括日、韩、越等国在内的文化圈现象。

三、民俗与"礼文化"的关系

在"礼"与"俗"的扭动流布方面，应当可以勾画出这样一个轨迹：民间——官方——民间。这方面可以举上古先民日常生活（《易》曰：即有典常）中的卜筮工具为例，最初用的是可以就地取材的土块（"卦"的意符，从重土），然后发展为内陆稀有的贝壳，等到甲骨卜辞出现，卜筮的贵族化转型完成，就不符合"百姓日用"了，到"金钱卦"的出现，又完成了从官方到民间的回归。

当然从文化学角度考量，从俗到礼是一个体系化过程，先哲所谓的古礼三千应当是古代民俗的代称，到吉凶军宾嘉五礼出现，才具有礼文化的发生学意义。到了三礼完备并且形诸典籍，就完成了体系化的过程。关于这个发展过程的功过评判，可以简单厘定为：既有对上古礼俗的集录与整理之功，也有将神学枷锁变为璀璨项圈的自我麻醉之过。

孔颖达在《礼记正义·序》中认为："人之所生，礼为大也。非礼无以事天地之神，辩君臣长幼之位，是礼之时义大矣哉！"在强调礼仪重要性的同时饱含民俗认知。按照现行民俗学、民间文学理论，民间文学四项社会功能之一就是礼俗伴生功能，礼仪通过文学得以宣传推广，使得民俗与文学极有默契地走在一起。

从民俗与礼文化发展走向看，是经历由简趋繁，又由繁归简的过程的，在这个过程中某些元素的消失与元素整合中的融新，是变动不居的常态。比如招魂民俗在上古物质条件匮乏的时代，是应当很简单的，但是到《楚辞·招魂》的上下四方铺陈蔓延华丽繁缛，却是需要贵族的物质条件支撑的。虽然招魂风俗到现在还流传于大江南北，但《楚辞》中展演的方式已经难以再现，大多是弄个破扫帚蒙一件逝者衣物，在附近周游一圈完事，更有甚者，在房顶上摇摆逝者熟悉的劳什子，象征性招呼而已（这时肯定招魂者自己也知道是徒劳）。民间的七夕与清明寒食，和唐玄宗杨玉环的七夕、"轻烟飞入五侯家"的清明寒食，在繁简程度上也不是可以同日而语的。

总而言之，俗是礼的原初形态生发土壤建构材料，而礼只不过是俗的体系化、官方化、程式化。

四、关于民俗的价值评判

因为这个问题是贯穿全书的论说核心，这里只简单罗列一下：一是认知模式的承传，就像《孟子》所说的："以意逆志"（《万章上》）"知其人""论其世"（《万章下》）那样。这包括个体关注和社会共意识评判等内容。

再一个问题，就是雅俗生存空间的争夺。尽管"百家讲坛"中的媚俗文化现象比如易中天、于丹现象（还有更加媚俗的，此两人影响大，故以为例），曾经或者正在引发口水战，但是在为俗文化争夺生存空间方面，这种文化现象无疑是对俗文化的地盘扩充（生存空间开拓）有贡献的。至于近年来政府操作的"免费教育电影"或者叫作"免费媒体教育"，则是雅文化（主流文化）对俗文化的一种定向挤压（或者叫作疏导）。这种现象本身就充斥关于民俗的价值评判，是民俗文化意义（内蕴）的考量。

第三个问题是文化现象的大众、草根认可，与市场价值实现的扭结。即便认知属于理性导引，但是拥趸现象并非受定向导引的制约，提倡学院派音乐或者民歌土风，并不能遏制追星族对流行歌曲、摇滚音乐、诡诞乐律的迷狂。在这个领域谈遵循什么成规，不是徒劳无益就是事倍功半。民俗价值的意义评判是多元流变的，什么"仁者见仁，智者见智"之类都难以囊括其流动不居。

五、文学文献的民俗解读

这是一个重要问题，也是值得维护的论说平台。钟敬文先生早期并不注意文献和民俗的关系，但是中年以后接受了郑振铎先生的意见，开始强调民俗学研究中文献学方法的重要性，认为"不仅搞古代民俗文化研究，即使研究现在的民俗，也要参考文献"，让文献"与用现代科学方法搜集来的资料互相比较分析，为今天田野调查提供历史佐证"①。

正如钟老所言，在典籍文献中，凝聚着巨大的历史和现实信息，像民俗学这样与历史学紧密联系的学科，在具体研究中必须依赖文献工作，这是民俗研究的实践所证实了的。我们在实地调查中遇到的民俗事象复杂多样，而且在不同的历史时代会有变异，特别是民间文学作品，会有很多异文，如果我们不借

---

① 钟敬文. 民俗学概论［M］. 上海：上海文艺出版社，1998.

助古代典籍，而只通过口传，也许就无法知道它们在数百上千年前的原型，无法知道它们为什么变、如何变。而研究民俗现象必须注意典籍考察的另一个重要原因就是在雅文化、文学中蕴含大量的俗文化、文学因子。远古的歌谣、神话，先秦的寓言，汉代的乐府民歌，晋代的乐府，南北朝的小说，唐代的传奇、变文，宋代的话本、南戏、诸宫调，元代的杂剧，明清章回小说、俗曲、笑话，新民主主义革命时期的新秧歌剧，以及我国少数民族的史诗等，原本都是很难"登大雅之堂"的俗文学，但是现在大部分已经进入主流文学史的视野了。而其中所蕴含的俗文化文学因子，却并没有因为跻身主流文学而丧失，反而成为其中最生动活泼成就其某种文学特色的元素。

比如婚俗，《易经》的《屯》卦、《贲》卦中骑马迎亲婚俗；在《诗经》的《小雅·我行其野》中的妇女坐家婚遗俗；《左传》对隐公八年郑公子忽迎陈侯之女的记载中提到了"庙见之礼"；《仪礼·士婚礼》中，可以看到古代婚礼的六个仪节；在《孔雀东南飞》中，则透露了遣归习俗的信息等等，都可以说是民俗事象进入文学世界的一个视角，并且随着社会的发展，这种现象越来越受到文人们的关注。

这里还要注意晚期定向整理文献与传统文献的区别。比如我们今天可以把花山壁画图像解释为祭祀水神习俗的遗存，一方面是我们可以在那些仍保持原始习俗的少数民族的祭神活动中发现类似的活动，另一方面则是人们在历史文献中发现了对此的记述，像《广西左江流域崖壁画考察与研究》《壮族古壁画》《壮族文化遗产的整理与研究》等现代文献那样。这些文献是对古迹的定向解说，而不是可以印证古迹的传世文献，所以其权威性经常受到挑战，就像郭沫若的甲骨文释读经常变化一样。

另外，作为传世古代文献尤其是文学文献，还可以凸显民风民俗的固有文学文化意义，比如形象的鲜活灵动、情境的立体多维、情感的打动人心和人情味的浓郁等等。当然通过这些功能的演绎，也可以让我们摆脱对典籍名物一知半解的尴尬境遇。比如为什么把做生意的人叫作"商贾"或"商人"、"绥靖"的原始意义、"造舟"和"为梁"的联系与区别、"聂耳"与"重华"的生理符号含义及其附着人文意义、夏历与阴历的天文学意义和民俗学意义（日历、月历的所指和能指）等等。而涉及文化积淀方式变化的诸如庠序、辟雍（廱）、泮宫、芹藻等关于教育的话题，在民俗心理的构建、民俗信仰的形成与流动方面具有更为直接的意义。

第二节　传统风习干预文化认同

从存世最早的典籍《易经》开始，中国传统文化经历了从辉煌到裂变的螺旋式发展过程，最终在 1840 年前后，面临外来文化大规模传入的挤压，形成涅槃式文化裂变并构筑了华夏民族的现代文化认同平台。而这种认同的核心，是关系华夏民族生死存亡的两个根本问题：专制政治和多元文化观念的冲突与统一，法制社会建设和人治传统理念的冲突与统一。其结果是，依赖华夏民族传统文化的精髓即《易经》文化的修复能力，通过侵夺式观念认同，形成了大一统观念中蕴涵多元网络化社会结构的超稳定文化体系；通过风习式理念认同，逐步完成了外法制内人治的特色政治格局。正是在这种传统风习文化的嬗变过程框范下，才使得华夏文明在多次改朝换代中得以延续扩衍绳绳不绝，以至于直至今天，仍然渗透到现代社会的各个层面，流布于社会习俗的各个角落，形成无数个奇特的"现代化过程中的传统文化再认同"典型案例。认真解析传统风习干预下的《易经》文化现代认同，应该是我们分析现代社会民俗心理的重要操作平台之一。

一、从辉煌到裂变：涅槃式认同平台

作为在东方大地上蔓延几千年的华夏文化，经过多次血与火的洗礼逐渐形成自己鲜明的民族特色。由于这种产生于泱泱大国、秉持者人数众多的大文化对人类发展的独特贡献和影响范围的广大，被世界文化精英公认为具有中枢指向（Central Directing）功能的人类几大文化圈之一的中枢文化现象，文化学上称之为"母文明"。但是和其他母文明比如巴比伦、埃及、印度、希腊、玛雅文化不同，中华文化作为巫史文化精神内核的扩衍，一直受到巫觋史官等文化精英的青睐，他们的关注自然有利于华夏传统文化作为载体文化的流传，使其不断介入各个时代的政治生活并波及社会风俗的各个方面，这种介入和波及当然很顺利地与华夏文化的民间流传形态形成互动，不断催动文化因子的重新排列组合，形成文化特质与时俱进的不断更新，使得华夏文化在明代永乐之前（当

然也可以靠康乾盛世的光环将这种状态延伸到鸦片战争之前）始终处于世界领军文化的显赫地位。永乐大帝后期的内敛国政，虽然是郑和下西洋在业绩方面的不如人意，也就是既无政治影响（不见那些被郑氏认为已经"荒服"的南亚乃至非洲蛮民来顶礼膜拜，其实这是封建王朝最关心的），又无任何经济利益（反而送了不少东西给那些不知道赠送者为谁的蛮民）的结果，当然也有倭寇骚扰的因素在其中。但是无论如何，中国从此在世界飞速发展的时代沉浸于《永乐大典》式的传统文化之中，于妄自尊大政治腐败官吏贪酷民不聊生中，迎来了鸦片战争的炮火和八国联军的硝烟。

正是从这时开始，中国传统文化对汉文化圈内的朝鲜、日本、越南、老挝、柬埔寨、马来西亚、新加坡等国家的政治影响逐渐削弱。只是因为生活在那里的大批华人，在祖国封闭内敛国力虚弱，造成鞭长莫及无法保护他们的情况下，仍然团结乡党心系祖国，顽强坚守华夏文化的秉持，甚至有的华商在清朝不提供办公经费的情况下，自告奋勇担任操心耗资的所谓清朝廷外交官（比如中国葡萄酒之父张弼士自费充当驻新加坡大使等）以维护国家尊严。海外华侨的爱国壮举，实在不是从 14 年抗战才开始的。与此同时，国内文化精英的钱谦益情结①并没有因明清易代完成而结束。在痛苦思索传统文化的利弊之后做出了睁眼看世界的抉择。这种抉择当时只是局限在文化精英层，因为反动势力的强大而无法介入政治生活，所以最终以向国人提供超前的文化食粮为结局。

和其他汉语文化圈内国家不同的是日本。在 17 世纪中叶，就和中国的"闭关政策"遥相呼应，在德川幕府统治下，也施行了近两个世纪的"锁国政策"，使得"闭关锁国"这个用两国外交政策叠加起来的名词，成为明清政府和日本政府愚蠢外交观念的别样标识。这两个政权活像人类发展史上为本国人民制造灾难的一对另类"难兄难弟"，分别为自己的不合时宜付出了惨重的代价。1840年中国文化精英大量介绍西方文化的时候，日本的人才储备还不具备对于西方文化的译介能力。从 1840—1868 将近 30 年间，中国译介西方文化的著作大量传入日本，从而催动了明治维新运动的形成。以明治维新为界，中日关系开始交

---

① 钱谦益《狱中杂诗三十首·十一》："三韩〔马韩、辰韩、弁韩，即今韩国〕残破似辽西，并海缘边尽鼓鼙。东国〔即今朝鲜〕已非箕子〔《易·明夷·六五》：'箕子之明夷'，被有的学者解说为箕子下放到朝鲜做总督之类〕国，高骊今作下句骊。"讲宗主国衰微造成附属国的树倒猢狲散。

恶。由于康梁变法失败导致中国文化精英生存条件严重恶化，大量秉持民主思想的精英远赴日本，再加上明治维新之后日本开始向西方派出外交使团，从而改变了日本单纯从中国汲取文化变革营养的单向交流状态，造成一直持续到1894年中日甲午海战开战之前的，中日文化精英的双向交流局面。甲午海战之后，除了主动流亡的反清精英外，清政府按照1895年《马关条约》的条款，也开始向日本选派留学生，中国作为西学东渐中转站的地位彻底丧失，双向交流变成逆向交流——中国文化精英的单向朝日本（当然也包括西方，当时文化青年认为：去西方留学是镀金，去日本留学是镀银）流动。以早稻田大学为例，国民党元老宋教仁和共产党元老李大钊，竟然都是这个大学的留学生。据有关资料统计,[1] 到1919年"五四"运动蓬勃兴起，中国在读赴日留学生已经达到3000人。这个数字虽然和今天不可同日而语，但问题在于，这充分说明中国文化在地域文化圈内的中枢指向能力的丧失！

日、韩近年的"去中国化"动向，是渊源有自的。

正是在中国逐步丧失文化中枢指向能力的煎熬过程中，中国传统文化发生了一次涅槃式的蜕变，鸦片战争之后中国的逐步殖民地化，使得传统文化不得不面临外来文化的介入压力，正是在这种压力下，中国传统文化的重新整合竟然在没有任何政府行为干预的情况下自动展开。这种整合的结果是将浸润弥漫型的传统文化收束起来，形成了更具特色的华夏民族文化形态。而经过整合的传统文化的各种特性的凸显甚至张扬，便激化了和西方文化的冲突，这种冲突纠缠滚动一直延续到五四运动对传统文化的彻底否定，中国传统文化才突然处于失重状态，开始了接受马克思主义进入中国的虚怀若谷状态，虽然马克思主义也是西方文化。

自从华夏传统文化遇到前所未有的挑战、在外来文化介入压力下开始自我整合直至今天，华夏传统文化在和西方文化的交锋中形成了多方面的短兵相接，并且其中很多冲突至今没有得到彻底解决。其实这当中很多冲突是文化错位现象造成的，比如层面观照、特质交互、历时现象等，使得构成冲突的双方有时简直无所适从——因为他们之间本来没有矛盾，只是交汇时空的错误（即现代文化人类学常用的名词：误区）造成了它们的不期而遇，这种遭遇战本来是可

---

[1]　王晓秋．近代中日文化交流史［M］．北京：中华书局，2000：562.

以避免的。这也是我们今天在探讨大易文化和现代先进文化的契合也就是和谐之前，必须对这些冲突予以观照的根本原因。

二、大一统蕴多元：侵夺式认同观念

公元前781—771年，在西周幽王姬宫湦朝廷工作的一位大夫，曾经因为"役使不均"大发牢骚说："溥天之下，莫非王土；率土之滨，莫非王臣。大夫不均，我从事独贤！"（《诗经·小雅·北山》）这位政治精英当然也是文化精英所秉持的大一统观念，其实来自《易经》所记录的前代理念。比如"利建侯"（《屯·卦辞》）、"利建侯行师"（《豫·卦辞》）等的分封观念，"不宁方来，后夫凶"（《比·卦辞》）等的联盟约束，"高宗伐鬼方，三年克之"（《既济·九三》）、"震用伐鬼方，三年，有赏于大国"（《未济·九四》）等对周边少数民族地区的征伐观念等等，都是大一统观念的正向扩衍。

正式把"大一统"作为一个概念提出，是《春秋公羊传·隐公元年》，该篇是《春秋公羊传》的第一篇，提出"大一统"观念的解说话语是针对这第一篇的第一句话："元年春，王正月。"公羊子是这样解说"王正月"这三个字的："王者孰谓？谓文王也；曷为先言王而后言正月？王正月也；何言乎王正月？大一统也。"① 按说，这公羊子应该是限于统一历法于天下的意思：说正月而前面冠之以文王，是说这个正月是周王朝历法的正月，而不是鲁国历法的正月。《春秋》是鲁国的国史，因而用鲁国国君的年号系年，这可以，但是涉及到历法，就必须用天子的年号，因为鲁国的历法不是天下通用的，容易造成读者的误解。但是公羊学大师何休先生却对这句话作了这样的解诂："统者，始也，总系之辞。天〔夫〕王者始受命改制，布政施教于天下，自公侯至于庶人，自山川至于草木昆虫，莫不一一系于正月，故云政教之始。"② 这大一统的意思就出现了微妙的变化：受命改制，本来就是对修改历法的自神其说。改制无非是修改反映天地关系的历法，当然里面也包含更改属于人事的其他政治制度、体制的意思，所以应该算是"布政施教于天下"的重大举措，正因为如此，才有"自公侯至于庶人，自山川至于草木昆虫，莫不一一系于正月"（这里的"系于

---

① 〔清〕阮元．十三经注疏［M］．影印版．北京：中华书局，1980：2196.
② 〔清〕阮元．十三经注疏［M］．影印版．北京：中华书局，1980：2196.

正月"和前面的"统者始也"总是让人感觉别扭。唐代徐彦说"万物无不一一皆奉之",似乎是对何休本意的较好理解)。这其中就包含前面所引《诗经》中普天之下莫非王土王民的观念了。

董仲舒作为公羊学派的嫡传学者,根据汉武帝的政治需要,据此将"大一统"作为华夏传统文化的神髓来加以宣扬,虽然有"遵命"文化的嫌疑,但是从华夏文化特质的形成方面看,这种观念在增强中华民族凝聚力方面的作用,是有目共睹的。如果说这种"大一统"观念的构建是源自对公羊子的侵夺式歪曲的话,那始作俑者不是董仲舒而是何休;如果说这种观念此后衍生了什么专制政治、官本位等违背社会进步因素的话,那责任也不在董仲舒而在于历代君主及其马屁精们对这个概念的无限扩衍,这种扩衍不是光大而是阉割了"大一统"观念的健壮躯体。

话说到此,我们似乎可以看出,和大一统观念构成冲突的"建立网络型(多元化)社会结构的要求"似乎不是一个层面上的概念,后者所遭遇的应该是大一统观念的衍生物并且是不健康的衍生物。比如大一统观念强调的是天子和"自公侯至于庶人,自山川至于草木昆虫"的亲和,正如大易文化中所谓的"雷雨之动满盈,天造草昧,利建侯而不(丕也,大、非常之义)宁"(《易·屯·象》)、"解利西南,往得众也。……天地解而雷雨作,雷雨作而百果草木皆甲坼"(《易·解·象》)那样,这种观念本来和"建立网络型(多元化)社会结构的要求"不会构成冲突,但是从大一统衍生出来的专制政治、官本位观念却是对大一统文化的反动。因为在华夏文化的嬗变史上离经叛道的人太多,所以在文化冲突发生时对矛盾性质予以甄别倒是更为重要的。再说,比如专制政治吧,不是有时还可以成为政治强人制造民族国家分裂的工具吗?当今世界上这种情况还是屡见不鲜的。

如上述,近现代文化学者对华夏传统文化中所谓的"大一统"观念的理解,是建立在对公羊子著作的误读和侵夺基础上的。政治上的大一统不一定就是专制,也就是说不一定非要和网络型多元化社会相矛盾。没有一个共同体的多元化是不成立的。作为大易文化精华的太极、阴阳观念以及在此基础上勾勒出的八卦、三才社会结构,本来是比照自然(天地,包括天体天象地理地貌)的结构建构起来的,不能因为图说出自后代就否认其建构的古老性,比如在易学史上被公认为太卜遗法的《系辞上》"大衍章",和被怀疑为本来属于早已失传了的《连山易》或者《归藏易》逸文的《说卦》"帝出乎震"章，都已经用文字将人类社会的网络结构编织成了。这种编织，不管是出自河图洛书的天启也好，还是出自先圣伏羲的仰观俯察也好，总之是在大易文化创建伊始，人类文化精英的智慧便具备将社会组织符号化的能力了。因此，我们从大易文化的大一统观念中，丝毫看不到专制主义的阴沉压抑，反而体味到的是振奋昂扬，开发本土资源的张扬和周边关系处理中的内敛相辅相成，构成了华夏文化的脊骨。正是大易文化的欣欣向荣特质，才造就了汉唐盛世的大文化气象。

多元化社会的创立前提是多元的共生共荣，基本要求是多元的相安无事社会稳定。这就要求社会中坚力量对社会中各个组成单元的特性有细致了解并具备涵纳的张力。《易经》文本虽然文字高古语言简洁，但是在这方面却从不掉以轻心，以《比》卦为例：

该卦的卦辞说：团结联合大一统自然是吉利的卦象（比，吉）。再重复卜筮一遍，最为首的占断辞还是吉利亨通，说明这种卦象是有始有终靠得住的，因此到什么时候也没有咎害（原筮，元永贞，无咎）。占到这个卦还有一个好兆头，就是在这种大联合大团结大聚集的大气候下，原来总是制造麻烦的边缘地方政权，即所谓的"不宁方"也会争先恐后地来参加占卜者的联盟，因为在他们头脑中已经形成了一个共识：谁来得晚了，就会灾祸临头（不宁方来，后夫凶）。

初六也是一个不错的卦象。"有孚比之，无咎"，是说有诚信保障的联合终归是没有咎害的。更何况这种诚信充满内心就像食品之类充盈容器那样（有孚盈缶），最终的结果，必定是使得本来怀有二心或者对联合抱迟疑态度即"有它"的团体，也会被招徕到联盟中来。这自然是无比吉利的卦兆（终来〔徕〕有它，吉）。六二和六四是讲联合的范围。六二说：内部的团结固然重要，肯定会带来吉利的兆头（比之自内，贞吉）；但是正如六四所说的："外比之"，也是一种吉利的气象（贞吉）。但是，在这种大一统氛围中还有一个重要的问题，就是在这种时候不能像《乾·用九》那样"见〔现〕群龙无首，吉"，而是如同上六爻辞所警告的那样："比之无首，凶！"这就是大一统的真谛。

三、外法制内人治：风习式认同理念

在诸子百家的十家显学中，唯有中国法家声名狼藉。这是因为他们竟然在

两千年前，就撕破了维系人类之间关系的温情脉脉的亲情面纱。比如君臣关系，按易传《序卦》的说法："有父子然后有君臣"，君臣之间原本如同父子的关系，却被韩非子涂抹成："主卖官爵，臣卖智力"（《韩非子·外储说右下》），所以管仲的"礼义廉耻"虽然作为政治家安邦治国的宝典长期被使用，但是其"尊王攘夷"的实用主义图强方针，至今让周边少数民族文化精英对其心存不快；慎到"无劳之亲，不任于官；官不私亲，法不遗爱"（《慎子·君臣》）的理论，也只能在稷下学宫中束之高阁；子产见疑于自己鞠躬尽瘁的百姓，吴起碎尸于帮助自己攻城拔地的弓箭，商鞅车裂、晁错亡身，贾谊流放、王充泥滓，韩非、李斯同窗相残……历史上凡和法家沾边的人物几乎没有一个有好下场。

　　这种历史现象的出现，是因为法家选择了和中国强大的血缘政治为敌的危险道路。从《易·蛊·初六、六五》的"干父之蛊，有子，考无咎""干父之蛊，用誉"，到《尚书·盘庚上》引用并充分肯定，作为调整王族和其他贵族关系准则的、比盘庚还古老的"迟任有言曰：'人惟求旧。器非求旧，惟新'"，这种根深蒂固的人治政治观念就已经深深扎根于华夏"王土"上。"古我先王，暨乃祖乃父，胥及逸勤〔过去我家的先王和你家的祖先同甘共苦〕……兹予大享于先王，尔祖其从与享之〔现在我祭祀先王，你的祖先跟着受到祭祀〕"（同前），这就是"亲"和"爱"的永久联盟基础，别人是很难跻身其中的。因此，在熟人社会里搞生人政治自然是很难以立足，也不容易有好下场的。如果没有大的政治变动，这种情况是不会轻易停止的。如果能在人治社会环境中做到"天子犯法，与庶民同罪"的认知程度，就已经算是开明政治了，至于同罪是否也"同罚"，要看具体情况而定，比如曹操以割发代替斩首的自我处罚，不也是在当时和后世感动了很多庶民吗？所以，往往是天子不管犯多大的错误，下一道"罪己诏"完事。这种人治和法制的矛盾在传世典籍中经常被记载，如《孟子·尽心上》中"舜枉法救父"的故事虽然记载的是孟子面对桃应胡搅蛮缠的尴尬，但是，仔细想想，不也是封建政治本身与生俱来的尴尬吗？孟子对舜的误解与侵夺是无法真正化解这种矛盾的。因此，法治要求和人治传统的冲突这个问题的提出，从表面上看起来似乎很时髦，其实是一个很古老的问题。在华夏文化中起码已经古老到五帝之一的舜那里去了。其实这还不算古老，更为古老的记载在大易文化的《易经》文本中。《易·中孚》就是一个很好的例子。

　　该卦卦爻辞让人看起来时而宴会诉衷情，时而战场写士兵，时而下河看豚鱼，时而仰望听鸟声，甚至连月圆之夜马儿走失都掺和进来，不知道巫师要说什么。难道这《中孚》卦的卦爻辞从字面介入就真的没有逻辑关系吗？回答是否定的。

该卦《卦辞》说："中孚，豚鱼吉。利涉大川，利贞。"关于卦辞中为什么出现豚鱼，先贤认为是卦象暗示的，这些说法被一位现代学者概括成这样："我国长江中所产的一种鲸类鱼……也叫江豚……江豚来时有风，……所以卦中泽上有风为江豚将到的征候。《周易》作者认为：信发于中，江豚可感而至，因而诚信可以获得吉祥。"① 通过阅读上面的文字，大概谁都会同意将这样的解说评说为牵强附会。近代学者高亨曾经想扭转这种解说尴尬，所以引经据典，将"中孚豚鱼吉"连读〔因而说卦辞前面脱落了卦名，要补充上"中孚"二字，否则就不能连读了〕，并解说成这样："指祭祀而言〔把五个字连读，也没有看到祭祀字样，并且全卦连读到哪里，也没有祭祀字样，这是高亨为了解说通顺附加的内容、规定的场所，和该卦应当没有关系〕。谓事神有忠〔高亨认为"中"就是"忠"〕信之心，虽豚鱼之薄祭亦吉也。古人事神，贵有诚心，不贵厚物，故曰……。"② 第一，正如我们在引文中夹注的，祭祀的意思是高亨为了说明薄祭亦吉利强加给文本的，属于信息传递过程中的数码增益；第二，说豚鱼用于祭祀并非先秦古籍中记载的观念，比如《国语·楚语》："士有豚犬之奠，庶人有鱼炙之荐"，用豚鱼祭祀的是士而不是庶民，那"鱼炙"和"豚犬"相比才能算是"薄祭"。我们在这里不是执意对前辈们的研究成果吹毛求疵，而是想说明，这卦辞在描述卦象时由于语焉不详，给人们解说带来了何等的麻烦。

其实，该卦从双爻构卦（这也是前贤解卦的一种常用方法）看，本来是一个中虚的《离》卦。《说卦》曰："离……为鳖，为蟹，为蠃，为蚌，为龟……"在《说卦》中涉及水产的就这么几样，都包含在这《离》卦的解说中。按照《说卦》的思路，凡是属于"为甲胄""为大腹""为科上槁〔中空大树〕"之类"中空"物像的，都属于这《离》卦的卦象。豚鱼既是水产，又是大腹中空物像，所以这双爻构卦组成的《离》出现豚鱼物像就是合理的，用不着委曲求解。

---

① 谭景椿．周易通俗评议［M］．哈尔滨：黑龙江人民出版社，1989：226.

② 高亨．周易古经今注［M］．北京：中华书局，1984.

将双爻卦看破之后还有一个意义，就是解卦的逻辑次序可以和《离》卦相互参证了。现在简要解说爻辞：凡事有所准备才吉利，否则别想舒服过日子（初九：虞吉，有它不燕），这就像在生活中必须广交朋友一样，要经常联络感情（九二：鹤鸣在阴，其子和之。我有好爵，吾与尔靡之），只有这样，在遇到变故几家欢乐几家愁的时候（六三：得敌，或鼓，或罢，或泣，或歌），才能有减灾甚至免灾的保障（六四：月几望，马匹亡，无咎）。比如这次被审查的过程中，本来是死罪，却能够得以免死（该卦《大象》：中孚，君子以议狱缓死），就是因为平常以拳拳之心呼朋引类，所以才免除咎害的（九五：有孚挛〔即拳拳之意，现代汉语有痉挛〕如，无咎）。但是这种铁杆朋友的关系不能过于张扬，如果有了可以在关键时刻帮你并且官位重要说了算的朋友，像野鸡那样在天上飞舞盘桓自鸣得意，就不会有这种结果了（上九：翰音登于天，贞凶）。

通过解说可以看到，这原来是一则中国式的解决法治要求和人治传统冲突的醒世恒言！看来大易文化面对这矛盾冲突的独特的解决问题的方式，不但独具华夏文化的鲜明特色，而且充满中华民族的聪明智慧。

第三节　与祭祀民俗伴随的角色转换

泰山庙会文化的产生、涵育、流转平台，是泰山。作为华夏亮丽名片之一的泰山，在华夏民族发展史上的不同时期，曾经扮演了不同的角色，这种角色的转换，虽然在古代文学典籍中脉络清晰，但是至今没有见到对这一角色来龙去脉的正确清晰的梳理。借助对泰山角色转换的梳理，可以解读让人振奋的庙会现象为什么在泰山形成；可以计量在中国大地上诸多的庙会文化中，泰山东岳庙会处于什么样的地位；可以预测泰山东岳庙会文化的未来走向乃至生存发展空间的拓展方向。从古代文学文献看，泰山经历了从封疆符号到天人合一圣地的辉煌过去，这种辉煌在遭遇五四以来的文化裂变之后，近年来借助东岳庙会的高调开张，是华夏精神的辉煌再铸还是封建迷信的回光返照，"五岳独尊"的地位能否长久，要靠泰山人的认知水平回答：文化圣地的内涵和旅游胜地的生机，就蕴含在庙会文化活动导向的机制中。

20 世纪 80 年代，泰山除了以自己的天生丽质吸引"乐山"的"仁者"之外，还可以为风流不羁之辈提供泰山云海、东瀛日出之类美景。如今这热闹的庙会，是2001年才恢复的。庙会恢复当时，泰安官员就对泰山东岳庙会的发展脉络，提出了现在还流行的通说："起源于唐代，发展于宋代，鼎盛于明清。"直至今天，关于泰山庙会的发展脉络还是这种表述。但吸引外地游客不远千里来泰山参加东岳庙会，总要给他们一个理由吧。因为第一，各地庙会并不少见，名气和东岳庙会不相上下甚至更大的，比如北京地坛庙会、苏州"轧神仙"庙会、成都武侯祠庙会、沈阳皇寺庙会、重庆丰都庙会、河南太昊陵庙会、火神台庙会等等，都是全国著名庙会，并且散布神州大地东西南北中；第二，从庙会的古老程度看，唐代是中国庙会成型、盛行时期，已经是庙会文化发展的成熟阶段了，比如河南的庙会文化就比泰山早，庙会活动一应俱全的著名佛教"行像"活动，南北朝时期就在河南境内的洛阳等地举行了，古代著名典籍白纸黑字都在那里写着。① 至于财物交易、拜神祈福、祭祀神祇、游艺杂耍之类活动，更是哪个庙会都有的。

那么，东岳庙会的过人之处到底在哪里？在泰山。

泰山是东岳庙会的展演平台，也是华夏民族精神图腾的丰碑，还是中华文化的亮丽名片，更是全世界华人接地通天的心理支撑……东岳庙会文化只不过是泰山文化精神的宁馨儿。所以，我们在解读、推崇东岳庙会文化的时候，就不能不解读泰山文化的深刻内涵从而推崇之。我们起码可以依据著名传世文学典籍，从以下三个方面解读泰山文化：从封疆符号到祭祖圣地；从区域圣地到天柱地维；从心灵圣地到身心胜地。

一、《尚书·舜典》——从封疆符号到祭祖圣地

孔子之后泰山知名度达到无以复加的程度，我们先从孔子之前的文献说起。

从上古文学文献考察，泰山出名是有一个过程的，并非刚开始就享有后世所谓"五岳独尊"地位。比如在现存最古典籍《易经》中，那历代国王也就是后来的皇帝，祭祀神祇是在"西山"上并且明确指出是陕西的岐山（连五岳之一的西岳华山都不是），② 跟泰山没有关系，并且在整本书中也没有提到泰山。

① 如《魏书·释老志》《洛阳伽蓝记·卷三》《法苑珠林·卷三十一（潜遁篇感应缘）》记载的那样。
② 《易经·随·上六、升·六四》"王用亨于西山"，"王用亨于岐山"。

到了三代之前的唐尧虞舜时代，在《尚书·虞书·尧典》中尧帝和大臣们讨论鲧治水功过、讨论考验虞舜德行，提到过"四岳"，但是后面的文字中有"岳曰"字样，如果不是四个人异口同声，那四岳就应当是一个人，这人管理四岳也就是边疆事务大臣或者是总理（管理四方之内，即全国）也不一定。但是可以肯定的是，这四岳不是后世所谓"五岳"一样的山名，而是官职名称。这人（们）管理的四岳是否包括泰山，因为文献语焉不详所以不得而知。

到了《尚书·虞书·舜典》，记载有"觐四岳群牧，班瑞于群后""舜格于文祖，询于四岳"之类的话，并且在讨论不食周粟的伯夷（或者其前辈?）、中国历史上第一任文化部长夔、治水的大禹等知名人物政绩或任命时，也常有"咨！四岳！"之类的招呼，并且下面有"佥曰"（都说）之类的回答提示，说明这四岳是四个人并且应当分管四座山为标志的四方，按说应当包括泰山在内。宝贵的应该是书中如下记载：

> 岁二月，东巡守，至于岱宗，柴，望秩于山川……
> 五月南巡守，至于南岳，如岱礼。八月西巡守，至于西岳，如初。
> 十有一月朔巡守，至于北岳，如西礼。归，格于艺祖，用特。五载一巡守，群后四朝。

引文中的"岱"，后代注家公认是泰山，四岳中其他三岳祭祀方式和规格都参照泰山祭祀执行，如果是为了省事统一行事，那祭祀泰山的时间是五月祭祀南岳之前的二月。根据《逸周书·周月》等西周至战国时期文献的传统说法，夏历的二月刚好是周历的四月，①《春秋》用周历是鲁国史书，鲁国的四月正和现在的泰山庙会（东岳大帝、碧霞元君生日）是一个时段，证明东岳庙会此时段举行，有公元前27—前22世纪即4000—5000年前的仪式节令作为依托；如果解读为诸家祭祀规格都不许超过泰山的规格，那泰山不是四岳独尊也是排行老大了。

不过还不能高兴这么早，在"五经"之一的"三礼"中，《周礼》虽然创

---

① 《逸周书·周月》："周正建子，殷正建丑，夏正建寅"，成为传统说法。近年来此说受到挑战但仍无结论，本文姑从通说。可参看赵翼《陔馀丛考》、光明日报1999年05月21日4版《"夏商周断代工程"金文历谱研讨会简述》等资料。

制于西周，但是公认成书于战国。《礼记》虽然有古礼在其中，但是公认成书于秦汉之间，最早战国末年。只有《仪礼》是孔子之前和《尚书》成书时间可以比肩的典籍，这《仪礼》现存文本中谈及狩猎（《士虞礼》，相当于《尚书》中的巡守即巡狩）、郊祀（《特牲馈食礼》）等等，就是没有泰山祭祀的记载。而关于"祭天，燔柴。祭山、丘、陵，升。祭川，沉。祭地，瘗"（《仪礼·觐礼》）之类记载只是谈及祭祀方式，根本没有涉及祭天、祭山的地点。也就是在《仪礼·觐礼》中倒是有这样一段话：

> 诸侯觐于天子，……拜日于东门之外，反祀方明。礼日于南门外，礼月与四渎于北门外，礼山川丘陵于西门外。

这祭天在都城东门或者南门外就可以了，根本不用上泰山；并且祭祀"山川丘陵"要到西门外面，如果这国君不是在威海、日照、连云港，西辕东辙在西门外肯定"遥祭"不着泰山。事实是那时的国都在泰山西面，遥祭的大概还是《易经》中所谓的"西山"即岐山。①

到了《诗经》时代，"节彼南山，维石岩岩"（《小雅·节南山》）是用南山比喻大臣师尹；"高山仰止，景行行止"（《小雅·车辖》）是用高山比喻"以慰我心"的新婚白马王子；"奕奕梁山"（《大雅·韩奕》），是"维禹甸之，有倬其道"施行有效统治，激励大禹后代韩侯"缵戎祖考，无废朕命"的，和《周颂·天作》的"天作高山，大王荒之。彼作矣，文王康之。彼徂矣岐，有夷之行。子孙保之"、《周颂·般》的"於皇时周！陟其高山，隳山乔岳，允犹翕河。敷天之下，裒时之对。时周之命"之类诗句意思差不多。

从以上引述可以看出，泰山在西周即《诗经》时代之前，只是作为封疆符号官职名称出现在典籍中的。至于《尚书·舜典》中记载"巡守（巡狩）"祭祀泰山的事情，除了五年一次算不上"经常"之外，还有一个重要因素：舜帝是个大旅行家（此公就是旅行途中亡故、埋葬在广西的），又是山东济南人，把泰山山神祭祀作为旅行途中四望山川祭祀的参照，是经验主义的表现。

---

① 以上引述文献，在内容和成书时代排列等方面，和泰山文化研究专家叶涛先生的说法有所不同。可参看叶涛先生·论泰山崇拜与东岳泰山神的形成［OL］.中国民俗学网，2008－9－13.

泰山声名鹊起，始于《诗经·鲁颂》中把泰山作为鲁国自己的祭祖圣地。

二、《诗经》——从区域圣地到天柱地维

尽管《诗经》文本中收录诗歌的创作年代问题目前在学术界还没有形成一致看法，但是《鲁颂》是西周中期以后的作品是没有问题的。并且我们要引用的如下资料，应当有具体年代可以指划：

> 泰山岩岩，鲁邦所詹。奄有龟蒙，遂荒大东。至于海邦，淮夷来同。莫不率从，鲁侯之功。

这几句诗出自《诗经·鲁颂·閟宫》，是说鲁侯文治武功的。诗中还说，这位鲁侯是"周公之孙，庄公之子"。鲁国封于西周初年，到《春秋》文本中记载的公元前722年，是鲁隐公执政，中经桓公、庄公共计62年，因此这位鲁侯应该是公元前660年之后的闵公或者僖公。所谓"周公之孙"并非周公之下第三代，而应该是泛指后代，"庄公之子"倒是可以凿实的。在《诗经》中可以看到，此公经常"龙旂承祀""六辔耳耳"出行，很是风光。

现在人们往往把这几句诗看作最早记载泰山的文献，其实在上面列举的虞舜时期（公元前22世纪之前）的《尚书·虞书·舜典》，这《虞书》篇章中除了《大禹谟》之外都不是伪书，是学术界公认的上古真籍。不过我们可以把首次明确提高泰山地位的功劳记在这首诗身上，虽然有"谁不说俺家乡好"之嫌。

诗中把有大作为（不庸碌屑屑头）并且喜欢大排场（不猥琐小气）的鲁侯比作泰山，可以看出泰山在鲁国人心目中的地位。当然，翻检稍前稍后同一地区的文学作品也有不提泰山的，比如发祥于鲁地的殷商先人，在其庙堂乐章也就是主流文学《诗经·商颂》中，似乎只字不提泰山——虽然有些明显是泰山周边出产的作品。比如《商颂·殷武》，涉及山时，竟然只是说"陟彼景山，松伯丸丸"，这景山是哪座山？"景山"就是高山，鲁地最高的山只有泰山，"天命玄鸟，降而生商"（《商颂·玄鸟》），这诗句的附着神话是天池仙女吞鸟卵生殷商始祖，并且和西王母、玉女有关，这天池只能是泰山瑶池，当然这吞卵仙女游戏的不是现在王母庙中那王母泉涵澹的漱玉流翠的王母池，起码是虬在湾规

模的天池，并且当时的规模也应相当于如今的虎山水库。所以说，殷商部族的发祥地就是在这泰山上——这种说法虽然是孤证，但逻辑线条不是很清晰吗？所以说殷商先人创作的《商颂》，非但写了泰山，而且写得很神圣，现代汉语中还有"景仰"这个词，他们对泰山还是很"景"仰的。

至于《齐风·南山》中拿泰山开涮："南山崔崔，雄狐绥绥。鲁道有荡，齐子由归。既曰归止，曷又怀止？"虽然表面没有写泰山，但是此山在齐国的南面并且山下就是"鲁道"（鲁国国道相当于现代高速公路），也应当是泰山。而那所谓的不恭敬（拿泰山比喻乱伦的贵族男女即"怀"有夫之妇"齐子"的"雄狐"），是齐、鲁两国之间的恩怨反应，以"齐东野语"视之可也。

总而言之，到了春秋前后的《诗经》时代，泰山已经属于名副其实的区域圣地了。孔子"登泰山而小天下"（《孟子·尽心上》）而非登珠峰或者其他四岳而小天下，那俯瞰人寰的气概绝非只是缘自泰山的高不可攀，可以说，天柱地维的观念是冲荡于圣人胸中的，圣人出生、钟情的地方，自然是圣地。战国时代稷下学宫在泰山脚下百家争鸣龙吟虎啸、百花齐放姹紫嫣红；秦始皇泰山刻石流芳百世，都应当是天柱地维情结的淋漓展演。

三、《封禅仪记》——从心灵圣地到身心胜地

虽然《史记·封禅书》中有七十二帝王封禅泰山的记载，但是现在一般认为正式（或者最著名的，比如魏文帝之类封禅泰山就默默无闻）在泰山举行封禅大典的只有六位帝王，秦始皇、汉武帝、光武帝、唐高宗、唐玄宗、宋真宗。

其中秦始皇的自吹自擂（传世明代安国藏北宋全石拓本《泰山刻石》为证）、唐高宗的灰头土脸（强撑病体，大权旁落父妾出身的宠妃武则天）、唐玄宗的狼狈失据（两度狂风搅局，人仰马翻支离破碎）、宋真宗的假模假样（自己想封禅还施计谋让别人"劝封"，劳民伤财还假装为民祈福），都消减了泰山封禅的意义，甚至亵渎了天柱地维的神圣。如果说其中有天帝信仰的神圣光晕闪现，也只不过是信仰势能的惯性扩衍，跟这几位君王的德行没有什么关系。只有汉武帝封禅泰山属于可圈可点的旷世盛举：此公即位后埋头苦干，发展经济张扬文化，穷兵黩武开疆扩土竟然能盛世太平国泰民安，奋斗30年之后的公元前110年才开始向往已久的泰山祭祀封禅，报天告地躬行大礼，更改年号振奋国威，自然让天、地、人"三才"（《易经》思维）服气无话可讲。况且此次封

禅，修建"明堂"信而好古礼仪之邦传佳话（史称"仿黄帝旧制"，因此《礼记·明堂位》应当在其中活灵活现展演，后来有人根据《史记·郊祀志》《汉书·地理志》，认为明堂建于二次封禅，本文以《史记·封禅书》为准），"无字碑"让历代政治精英怦然心动（武则天墓前无字碑铮铮证明：华夏最牛女强人是武帝先生的粉丝），和"五大夫松"（秦松）齐名的汉柏更是以其傲然身姿让古往今来文化精英景仰……诸如"雄豪奔放""昂扬进取"之类溢美之词更是描述汉武帝第一次封禅泰山的关键词。

关于汉武大帝首次封禅泰山的盛况，历代多有盛赞之辞，此不赘述。

我们要说的是，汉武帝在其人生的最后 20 年（前 109—前 89）中在封禅泰山的活动中一发不可收拾，先后七次封禅，除了前 104 年封禅改历法，制定华夏历史上影响甚巨的"太初历"（被公认为我国第一部完整的历法，当时世界上最先进的历法）尚可称道之外，其他封禅除了劳民伤财没有给后人留下夸奖老先生的任何"报料"。倒是"尤敬鬼神之祀"希冀"长寿永年"（《史记·孝武本纪》）的微词史不绝书。从史书中看，如果说汉武帝第一次封禅泰山之前东巡海滨是由于泰山草木不丰消磨时间的话，那么元封二年之后的祭祀经常有到东海、南海巡游之后再上山的记载，就只能说明他七次封禅多为求仙心理驱使了。汉武帝会见西王母的故事如果不是空穴来风，那只能是此公参拜泰山娘娘的民间版了。班固听九十多岁的齐人丁公说过："封禅者，古不死之名也"，与其将之解读为"警世通言"，倒不如当作对汉武帝为代表的"动机不纯"封禅者的揶揄。

不过从另一个角度看，正是汉武帝的多次"无厘头"封禅，完成了泰山本身从心灵圣地到身心胜地的转换。这种转换的最终完成，是他的本家光武大帝刘秀。

刘秀比前辈汉武帝还低调，在他即位也是三十年的时候，有一位好事之徒叫作张纯的大臣大概想起了汉武帝，便建议封禅泰山，但被刘秀严厉拒绝。在两年后，其即位三十二年（公元 56 年）时，才自己找借口（"赤刘之九，会命岱宗。"）封禅泰山。虽然光武大帝文治武功足资称道，但是这次封禅泰山在刘秀的心目中并非以其成功告于神灵，因为就是在两年前他拒绝张纯谏议时，有这样的话：

即位三十年，百姓怨气满腹，吾谁欺，欺天乎？曾谓泰山不如林
放，何事污七十二代之编录！桓公欲封，管仲非之。若郡县远遣吏上
寿，盛称虚美，必髡，兼令屯。——《后汉书·祭祀志》

引文中刘秀把自己比作没有资格祭祀泰山的季氏和桓公，并且明令"上寿"
者要剃发劳改，可见刘秀除了拒绝封禅出于真心之外，还是把泰山封禅与延长
寿命捆绑理解的。

这时光武大帝已经 59 岁，衰老的征兆驱使这位沉迷于谶纬的中兴强人想到
了或许能够"永年"增寿的泰山。据《后汉书·祭祀志》记载，这次封禅虽然
隆重高调，但是整个过程充溢荒诞的谶纬氛围，仪式僵硬、过程死板，完全没
有前辈汉武帝的豪迈倜傥。相比之下，《后汉书·光武帝纪》所记"吕太后不宜
配食高庙"，"迁吕太后庙主于园，四时上祭"，倒是让人生发诸多联想，但也仅
只寥寥数语而已。此次封禅后改元建武中元，第二年光武大帝就去世了。

既然刘秀封禅泰山意在作秀，本意是自己求长生，再加上万一不能长生要
防止吕雉、王莽之类后宫、外戚篡权，正所谓一颗红心两手准备，所以随从人
员心不在焉把封禅盛典当公费旅游就不奇怪了。

光武帝封禅泰山的从臣（据说是先行官即打前站的）马第伯写的《封禅仪
记》，就是这种心理状态的精致写照，所以该文历来有中国最早游记文学散文之
美誉。从内容看，虽然名之曰《封禅仪记》，但内容属于封禅仪式的几乎没有。
遗迹文物、自然景观、民情风俗等旅游胜地元素却跃然纸上。比如属于遗迹的
有：始皇立石及阙在南方，汉武在其北；北有石室，坛以南有玉盘，中有玉龟
等。属于文物的有：铜物形状如钟、方柄有孔的封禅具和武帝时的神主木甲等。
属于自然景观的有：从谷底仰观抗峰，其为高也，如视浮云，其峻也，石壁崔
嵬，如无道径，遥望其人，端如行朽兀，或为白石，或雪，久之白者移过树，
乃知是人也；仰视岩石松树，郁郁苍苍，若在云中；俯视溪谷，碌碌不可见丈
尺；羊肠透迤，……后人见前人履底，前人见后人顶，如画重累人矣；山南胁
神泉，饮之，极洁美利人等等。属于泰山民情风俗的如：人多置钱物坛上，亦
不扫除；置梨枣钱于道，以求福等。甚至还有地方豪绅王公贵族趁皇帝封禅之

机，皆诣孔氏宅，赐酒肉的公款吃喝记载。① 作者对个人感受、景物趣闻、风俗民情的描写，把封禅泰山的神秘庄严淹没殆尽，泰山完全成为了澡雪精神愉悦身心的旅游胜地。

如今年年在这里举行隆重的泰山东岳庙会，除了流连灿烂文化遗产、品味斑斓民俗民风、欢娱大众和谐身心等表层意义之外，其核心意义难道不是相当于泰山旅游节，推介泰山风景名胜区的旅游品牌吗？

除了以上三点，泰山作为华夏民族的精神名片，还充当过从汉族精神之祖到华夏灵魂之宗的民族融合碑志作用；而从泰山庙会文化发展历程看，也经历过从张扬节庆欢娱（娱人、娱神）的酒池肉林，到固守民俗风情的金城汤池的过程等等，这些都是泰山文化延续辉煌所需要的综合理性支撑。这些问题，才应该是讨论的焦点。

---

① 所引内容，据《后汉书·祭祀志》收录应劭《汉官仪》所引马第伯《封禅仪记》，因而与通行辑录本文字稍有不同，所以一律没有加引号。

第一章

神话思维与历史思维

在上古神话中，除了很多匪夷所思的情节让后人惊异之外，流传"版本"的芜杂更是使得后人无所适从。比如女娲"造人"与盘古"造人"孰先孰后的问题，鲧腹〔复〕生禹的生育性别误区问题，《淮南万毕术》"异端邪说"的现实依托问题，夸父逐日与后羿射日故事中人和太阳的关系问题等等，都有很多值得讨论的、与现实链接方面的龃龉现象。而这种现象的存在，根源在于我们本章要讨论的"神话思维与历史思维"的错综复杂关系。

第一节　女娲"造人"与盘古"造人"

在西汉典籍《淮南子·览冥训》中，有一段这样的记载：

> 往古之时，四极〔1〕① 废，九州〔2〕裂，天不兼覆，地不周载，火爁（lǎn）炎而不灭，水浩洋而不息，猛兽食颛民〔3〕，鸷鸟〔4〕攫老弱。于是，女娲炼五色石以补苍天，断鳌足以立四极，杀黑龙以济冀州〔5〕，积芦灰以止淫水。苍天补，四极正；淫水涸，冀州平；狡虫〔6〕死，颛民生。

《淮南子》又名《淮南鸿烈》《刘安子》，淮南王刘安主编。据《汉书·艺文志》记载，这本书本来分为内外两部共计 54 篇（淮南内 21 篇，外 33 篇），

---

① 本书引文中的序号，在"国学知识拓展"中有相对应的内容。之后不再加注。

并且分工明确："内篇论道，外篇杂说"（颜师古注），说明该书原来的"外篇"33 篇好像已经失传，而现存的 21 篇，大概是该书的内篇所遗。高诱在该书的《序言》中说"鸿"是广大的意思，"烈"是光明的意思，串讲就是"大光明"之意。这解说当然有点浅层次表述，即常言所谓"小儿科"的缺陷。贾谊在《过秦论》中有："及至始皇，奋六世之余烈，振长策而御宇内，吞二周而亡诸侯"的句子，那"烈"是事业的意思。和鸿（宏）大串联成"伟大的事业"，似乎更符合汉初常用词义的语义场。

按照西汉初年社会精英"究天人之际"的开拓性思维方式，这引文中刘安是说值得后人景仰的女娲功绩，在于收拾变得很糟糕的人类生存环境、挽救濒临灭绝的人类本身。但是，这天、地、人类哪里来的，即中国的开辟神话和造人神话的主角是哪位大神？按照典籍记载，起码汉代还在社会上流传着这样一种精英思维："女娲造人"，也就是说关于女娲的神话，还有另外的版本，介绍如下：

> 天地开辟，未有人民，女娲抟黄土做人。剧务〔1〕，力不暇供，乃引绳于泥中，举以为人。故富贵者，黄土人；贫贱者，引絙〔2〕人也。
>
> ——《太平御览》引东汉应劭《风俗通》

上引西汉初东汉末两则典籍记载的龃龉之处暂且不论，对下面所引三国时代的典籍记载我们也不能视而不见：

> 天地混沌〔1〕如鸡子。盘古生在其中，万八千岁，天地开辟。阳清为天，阴浊为地。盘古在其中，一日九变。神于天，圣于地。天日高一丈，地日厚一丈，盘古日长一丈，如此万八千岁。天数极高，地数极深，盘古极长。故天去地九万里，后乃有三皇。
>
> ——《艺文类聚》引徐整《三五历纪》

> 天气濛鸿〔2〕，萌芽兹始，遂分天地，肇立乾坤，启阴感阳，分布元气〔3〕，乃孕中和，是为人也。首生盘古，垂死化身，气成风云，

声为雷霆；左眼为日，右眼为月；四肢五体为四极五岳；血液为江河；筋脉为地里〔4〕；肌肉为田土；发为星辰；皮肤为草木；齿骨为金石；精髓为珠玉；汗流为雨泽；身之诸虫，因风所感，化为黎甿〔5〕。

　　　　　　　　　　　　　　——《绎史》引徐整《五运历年纪》

　　这两则记载，被后人叫作"盘古开天辟地"和"盘古垂死化身"。

　　综合以上内容，我们可以有这样的认知：西汉典籍《淮南子·览冥训》、东汉典籍《风俗演义》中的"女娲补天""女娲造人"等神话或者叫作传说，虽然在记入典籍的时间上比记载盘古开天辟地化生人类故事的三国吴徐整《三五历记》《五运历年纪》、南朝梁任昉《述异记》等要早，却应当是盘古开天辟地之后的神话。因为女娲所处的母系氏族社会时代，虽然也是"往古之时"，但是：第一，"四极废，九州裂，天不兼覆，地不周载"是说本来有天，只不过因为水灾野火破坏了天地的平衡状态；第二，"猛兽食颛民，鸷鸟攫老弱"，是说本来经过盘古垂死化身之后，已经有了人类，且在年龄结构和健康状况方面已经有"老弱"之分，在品行区分方面已经有绝不招灾惹祸的"颛民"存在，只不过由于人类生存环境恶化，人类遭到毁灭性戕害而已。所以典籍中所谓的女娲造人，那所造的人也是第二代人类。

　　据此，我们可以得出这样的结论：

　　第一，盘古是开天辟地、化生人类的始祖。第二，女娲修正了被水灾野火破坏了的天地平衡状态；那所造的人是第二代人类。所以女娲比盘古"造人"晚，盘古是开天辟地、化生人类的始祖。

　　就像传说流布会形成族群乃至人群、社会整体"意识走向"被框范一样，典籍流传必然造成精英思维定向扩衍。在我国精英思维当中，也普遍承认盘古是三皇五帝之前的始祖。比如在司马迁《史记》、刘安《淮南子》、应劭《风俗通》与三国吴整之后，出现了皇甫谧的《三皇本纪》，这样我国文明史夏代之前的族群传承脉络就形成了盘古→三皇→五帝的清晰线条。

　　我们说的"清晰"，是建立在对"纷乱"的甄别与整理、乃至权宜认定基础上的。

国学知识拓展（01）：

〔1〕四极

本义是四方的擎天柱，这个观念出自上古神话，是说天之所以不会塌陷，是因为天穹像房子一样，四个角落靠柱子支撑。因为柱子在四方的极点，所以历代典籍中都叫作"四极"。

战国秦汉间神话思维的主流地位受到历史思维的挑战，浑天仪等科学发明也冲淡了"天柱"的迷雾，所以就引申为四方极远之地。因此，郭璞在注释战国典籍《尔雅·释地》时，就说："四极，皆四方极远之国。"朱熹注释《楚辞·离骚》说："四极，四方极远之地。"又因为李斯《峄山刻石》有："皇帝立国，维初在昔，嗣世称王，讨伐乱逆，威动四极，武义直方。"晁错《对贤良文学策》说："四极之内，舟车所至，人迹所及，靡不闻命，以辅其不逮。"所以武则天时代的尹知章注释《管子·问》就说："四极，谓国之四鄙也。"意思是国家的四方边界即四极，大家都不说什么"天柱"了。稍后杨炯《遂州长江县先圣孔子庙堂碑》："历三辰而玉步，照四极而金声。"直接影响了文学作品中对"四极"观念的国界解读，比如金代完颜璹《自适》诗："小斋蜗角许，夜卧膝仍屈；能以道眼观，宽大犹四极。"清代徐昂发《经广武城》诗："四极失所制，关塞起龙争。"就是证明。

另外，战国秦汉至西汉中叶以来科学界（天文学、医学）还将"四极"引申为日月周行四方所达的最远点和人体的四肢。比如《周髀算经》卷下："凡日月运行，四极之道。"东汉赵爽就注解为："极，至也，……日月周行四方，至外衡而还，故曰四极也。"《素问·汤液醪醴论》："四极急而动中，是气拒于内，而形施于外，治之奈何？"是说肢体气脉攻心，这病没治了，这个"四极"就被唐代王冰解说为："四极言四末，则四肢也。"文学作品中比如元代揭傒斯《铜仪》诗："飞龙缠四极，黄道界中天。"（天文学观念）清代顾炎武《将远行作》诗："神明运四极，反以形骸拘。"（医学）都是这个意思的活用。

〔2〕九州

《尚书·夏书·禹贡》记载，大禹的时候，天下分为九州，分别为冀州、兖州、青州、徐州、扬州、荆州、梁州、雍州、豫州。其中豫州是中心，其他州环绕豫州。《尔雅·释地》："两河间曰冀州，河南曰豫州，河西曰雝州，汉南曰荆州，江南曰扬州，济河间曰兖州，济东曰徐州，燕曰幽州，齐曰营州。"其中提到幽州、营州，而没有青州、梁州。《周礼·职方》解说最为详细（有幽州、并州，而没有徐州、梁州）。《吕氏春秋·有始览》则有幽州而无梁州：

> 何谓九州？河、汉之间为豫州，周也；两河之间为冀州，晋也；河、济之间为兖州，卫也；东方为青州，齐也；泗上为徐州，鲁也；东南为扬州，越也；南方为荆州，楚也；西方为雍州，秦也；北方为幽州，燕也。

传统上人们以为，《尚书》记载的九州是夏朝的制度，《尔雅》记载的是商朝的制度，而《周礼》记载的是周朝的制度，但根据《吕氏春秋》对九州的解释，九州的地域，反映的是春秋战国时人们的地域观念。比如上引《吕氏春秋·有始览》中说：豫州在河水和汉水之间，是周的王畿；冀州在两河之间，是晋国领地；……雍州在西方，是秦国领地；幽州在北方，是燕国领地。这些都属于正规典籍的地理科学概念。

战国时期，齐人阴阳家邹衍又创立了大九州的说法，声称《禹贡》九州是小九州，合起来只能算一州，称为"赤县神州"；九个这样的州构成了裨海（小海）环绕的中九州；中九州也有九个，共同组成了大九州，其外为大瀛海所环绕。根据这一说法，中国只居天下八十一分之一。他的这些说法被记载于《史记·孟子荀卿列传》中：

> 驺衍……以为儒者所谓中国者，于天下乃八十一分居其一分耳。中国名曰赤县神州。赤县神州内自有九州，禹之序九州是也，不得为州数。中国外如赤县神州者九，乃所谓九州也。于是有裨海环之，人民禽兽莫能相通者，如一区中者，乃为一州。如此者九，乃有大瀛海环其外，天地之际焉。

根据现在的世界地理学知识，驺衍的说法反而得到印证。现在全球也是划分成九个大洲，按其面积大小依次划分为亚洲、南非洲、北非洲、北美洲、南美洲、南极洲、欧洲、大洋洲、北极洲。

〔3〕颛民

段玉裁《說文解字注》这样解说颛：

> 颛，头。颛颛，谨貌（按：此引《说文》原文）。此本义也。故从页。《白虎通》曰："谓之颛顼何？颛者，专也。"……如《淮南》云："颛民"，《法言》："云颛蒙"，《汉书》言："颛颛独居一海之中"皆是。从页，端声。

《玉篇》说"昌意生高阳，是为帝颛顼。颛者，专也。顼者，正也。言能专正天之道也。"虽然说的是古帝号，但是已经有"专一"的意思在其中。《史记·陈涉世家》"客愚无知，颛妄言轻威。"《前汉·高后纪》："上将军禄、相国产颛兵秉政。"《班固·典引》"岂其为身而有颛辞。"等等，意思为只是胡说（颛妄言）、专权军事领域（颛兵）、独到之言（颛辞）等，这里颛当作"专"讲，和现代汉语的"单独""专一"没什么区别了。而段玉裁引用的《汉书》，则是《前汉书·贾捐之传》中的话。所以颜师古注释为："颛与专同。……犹区区也。一曰圜貌。"就有《说文》所谓的谨小慎微，引申为圆滑不敢得罪人的意思了，所以说"谨貌"。

这里应当注意，《山海经·海内经》："黄帝妻雷祖，生昌意，昌意降处若水，生韩流。韩流……取淖子曰阿女，生帝颛顼。"《山海经·大荒南经》："有国曰颛顼，生伯服，食黍。"北魏郦道元《水经注·瓠子河》："河水旧东决，迳濮阳城东北，故卫也，帝颛顼之墟。昔颛顼自穷桑徙此，号曰商丘，或谓之帝丘。"（《大戴礼记·五帝德》《史记·五帝本纪》记载略同）是正经的历史思维，颛顼是上古帝王名（或者国名）。"五帝"之一，号高阳氏。相传为黄帝之孙、昌意之子，生于若水，居于帝丘。十岁佐少昊，十二岁而冠，二十登帝位。在位七十八年。而《淮南子·天文训》："北方，水也，其帝颛顼，其佐玄冥，执权而治冬。"则是典型的神话思维，是北方掌管水的神，那副手玄冥也在华夏先民创造的神谱中。但这里说的是"颛顼"而不是"颛"字。

现在的通说："指善良的人民，即善良的老百姓。"乃是从颛颛，即"谨慎""专一"来的，指善良谨慎，从不招灾惹祸的老实人民。

〔4〕鸷鸟

唐代之前，比如《楚辞·离骚》："鸷鸟之不群兮，自前世而固然。"传为鬼谷子所著《本经阴符七术》："散势法鸷鸟"，兵书《孙子·势》："鸷鸟之疾，至于毁折者，势也。"杜甫《醉歌行》："骅骝作驹已汗血，鸷鸟举翮连青云。"等，是指凶猛的鸟。如鹰、鹯、雕、鹗之类。乃食肉大鸟，头秃无毛，喜食尸体。全身羽毛黄色，高约四尺，爪尖嘴锐可畏，筑巢于山谷中。此鸟现代较少为人知，反而为巴勒斯坦最著名之鸟。属于生物学上一种禽类。

作为神话思维的代表，比较著名的是五代马缟《中华古今注·燕》："燕，一名神女，一名天女，一名鸷鸟。"作为燕子的别名，大约是从《易经》《诗经》当中对燕子的神化生发而来，比如"玄鸟（就是燕子）生商（商朝的先祖）"，那玄鸟就是天女、神女。到了元代刘永之《江滨小警胡居敬助教来访雨中有述》诗："慈乌低避雨，鸷鸟急冲寒。"还有些神秘分分在其中。至于明代李时珍《本草纲目·禽二·燕》："能制海东青鹘，故有鸷鸟之称。"这其中的"制"大约是药性相克的意思，应当是神话思维的延伸。

为了拓展国学知识，下面介绍一则关于鸷鸟的文坛掌故：

> 衡始弱冠，而融年四十，遂与为交友。上疏荐之曰："臣闻洪水横流，帝思俾乂，旁求四方，以招贤俊。昔孝武继统，将弘祖业，畴咨熙载，群士响臻。陛下睿圣，纂承基绪，遭遇厄运，劳谦日昃。惟岳降神，异人并出。窃见处士平原祢衡，年二十四，字正平，淑质贞亮，英才卓跞。初涉艺文，升堂睹奥，目所一见，辄诵于口，耳所瞥闻，不忘于心。性与道合，思若有神。弘羊潜计，安世默识，以衡准之，诚不足怪。忠果正直，志怀霜雪，见善若惊，疾恶若仇。任座抗行，史鱼厉节，殆无以过也。鸷鸟累伯，不如一鹗。使衡立朝，必有可观。飞辩骋辞，溢气坌涌，解疑释结，临敌有余。昔贾谊求试属国，诡系单于；终军欲以长缨，牵致劲越。弱冠慷慨，前世美之。路粹、严象，亦用异才擢拜台郎，衡宜与为比。如得龙跃天衢，振翼云汉，杨声紫微，垂光虹蜺，足以昭近署之多士，增四门之穆穆。钧天广乐，必有奇丽之观；帝室皇居，必蓄非常之宝。若衡等辈，不可多得。激楚、杨阿，至妙之容，台牧者之所贪；飞兔、騕褭，绝足奔放，良、乐之

所急。臣等区区，敢不以闻。"

——《后汉书·文苑列传下·祢衡》

引文主体就是著名的孔融《荐祢衡表》，祢衡因此落入曹操掌握之中，由处士变成了冤死鬼，引文中的"鸷鸟累伯，不如一鹗"，颜师古在注《汉书·邹阳传》时引如淳曰："鸷鸟比诸侯，鹗比天子。"看来这鹗在汉代不是我们今天说的鱼鹰，因为它比鹰、鹯、雕、鸮之类还要凶猛。

〔5〕冀州

最早是九州之一，《尔雅·释地》："两河间曰冀州。"这里的"两河"郭璞说是："自东河至西河。"《尚书·禹贡》："冀州，既载壶口。"蔡沈在《书集传》中解说为："帝都之地，三面距河：兖，河之西；雍，河之东；豫，河之北。"《周礼·职方》："河内曰冀州。"和兖、雍、豫三州接壤，相当于现在河北大部和山西大部。后来扩充为以中原地区为中心的整个国土，所以屈原《楚辞·九歌·云中君》有："览冀州兮有余，横四海兮焉穷？"把冀州和四海相提并论，相当于项羽"威加海内"的天下即全国观念。自汉至清代，行政区划名中沿用冀州这个地名。汉武帝时为十三刺史部之一，辖境大致为河北省中南部，山东省西端和河南省北端。后代辖境渐小，治所亦迁移不一，大致指今陕西和山西间黄河以东，河南和山西间黄河以北，山东西北和河北东南部、辽宁省辽河以西的地区。

这是典型的历史思维。

宋代罗泌《路史·后纪二·女皇氏》中，说女皇氏即女娲补天之后："四极正，冀州宁。"是远接"女娲补天"的神话思维传承，罗苹解说为："中国总谓之冀州。"是没有分清历史思维和神话思维的界域，所以把神话历史化，把茫茫洪荒的冀州坐实为"中国"（中原地区）。

〔6〕狡虫

在《吕氏春秋·恃君》篇中，有"犹裁万物，制禽兽，服狡虫"的话，似乎这虫和兽有些关系，高诱解说为："狡虫，虫之狡害者。"不得要领，因为凶害之虫并没有说明白是什么虫。倒是《集韵》《韵会》《正韵》等韵书说这虫是"狩"，舒救切，音兽。说明在古人的观念中这虫也是兽的一种，并且是狡诈害人的兽。直到《水浒传》还把老虎这种食人猛兽叫作"大虫"，应当是这种称呼的遗存。

国学知识拓展（02）：

〔1〕剧务

剧务不是现在剧组杂务的意思，这个复合词东汉出现，到魏晋南北朝时期被普遍使用，本义是指繁剧的事务。《北齐书·娄昭传》说娄昭喜欢喝酒，晚年中风偏瘫，虽然捡了条命，但是不能担任繁重芜杂的工作了，叫作"犹不能处剧务"。后来白居易《哀二良文》："故其历要官、参剧务，如刀剑发铏，割而无滞。"宋 文同《李坚甫净居杂题·静曳》诗："米盐辞剧务，宫观得清资。"《清史稿·醇贤亲王奕譞传》："俾皇帝专心大政，承圣母之欢颜，免宫闱之剧务。"等都是这个意思的传承。

〔2〕緪（gēng）

在东汉，緪的意思是粗绳索，东汉应劭引马第伯《封禅仪记》："直上七里，赖其羊肠透迤，名曰环道，往往有緪索，可得而登也。"直接把"緪"和"索"连接，相当于今天的绳索，但是因为是人攀缘的凭借物，所以不会很细，应当是粗绳索。后代把走绳索的技艺称为"緪伎"，把绳子编制的梯子叫作"緪梯"，都是起码承担一个人的重量，那绳子也一定是粗的。

注意"粗绳子"这个意思战国时期还没有，那时这个緪是动词，是连接、贯穿的意思，屈原《楚辞·招魂》："姱容修态，緪洞房些"，就是用的这个意义。《后汉书·班固传》："修涂飞阁，自未央而连桂宫，北弥明光而緪长乐。"把"緪"和"连"并用，明显是连接贯穿的意义。只不过这是历史学家信而好古，用战国时期的词义罢了。

女娲一个女人，用粗绳子甩泥巴"造人"，似乎不合情理。因为绳子粗就重，再浸湿并且裹上泥巴，不是更重吗？哪里甩得起来？这表面看来的不合情理，正是神话思维的特点，圣母级别的神女，不是手无缚鸡之力、弱不禁风的平常女人可比的。否则就不神奇了。因此后代把女娲用绳子贯泥所做的人，称为緪人。

国学知识拓展（03）：

〔1〕混沌

混沌这个词在历史思维范畴中，是模糊、不分明的意思。《鹖冠子·泰鸿》中说："五官六府，分之有道。无钩无绳，混沌不分。"是说政府机构在分理政务的时候，要有规矩绳墨，不能信口雌黄朝令夕改，否则就会成为模糊不分明的糊涂政府。注意：这里的"五官六府"还不是后代命理学、相面的术语，更与五脏六腑无关。晋代葛洪《抱朴子·广譬》："混沌之原，无皎澄之流；毫釐之根，无连抱之枝。"《陈书·高祖纪上》："自古虫言鸟迹，混沌洪荒，凡或虔刘（劫掠；杀戮），未此残酷。"明代王宠《旦发胥口经湖中瞻眺》诗："混沌自太古，潆洄开吴天。"都是用的这个意义。

这个意义被司马迁活用在《史记·五帝本纪》中："昔帝鸿氏有不才子，掩义隐贼，好行凶慝，天下谓之混沌。"张守节正义说司马迁所谓的"不才子"就是讙兜，说是因为此人："言掩义事，阴为贼害，而好凶恶，故谓之混沌也。"也就是杜预解说的："不开通之貌。"讙兜在尧舜时代被称为"四凶"之一，清浊不分、愚顽、糊涂是他们的共同特点。是"混沌"这个词"模糊""不分明"意义的引申。这些都是历史思维的产物。

较早把"混沌"引入神话思维领域的，应当是《庄子·应帝王》：

> 南海之帝为儵，北海之帝为忽，中央之帝为混沌。儵与忽时相与遇于混沌之地，混沌待之甚善。儵与忽谋报混沌之德，曰："人皆有七窍以视听食息，此独无有，尝试凿之。"日凿一窍，七日而混沌死。

陆德明释文引崔撰曰："言不顺自然，强开耳目也。"想用"自然"解说混沌但是没人买账，反而是神乎其神的传承甚嚣尘上。比如东汉王充《论衡·谈天》引说《易》者的话，说是指"元气未分，混沌为一。"曹植《七启》："夫太极之初，混沌未分。"清代孙枝蔚《饮酒和陶韵》之二十："混沌一以凿，几客返其淳。"卓尔堪《宁羌将军行赠高枚升》诗："五丁凿开混沌气，一夫当关万夫畏。"都是在庄周虚拟的神话空间中游弋。

这种神话思维，被后代调和为这样的解说：寓言里的中央之帝。其天然无耳目，开之则死。后亦用以比喻自然淳朴的状态。亦指世界开辟前元气未分、模糊一团的状态。

另外，传说是东方朔写的《神异经》中专门有《混沌》篇，说是："昆仑西有兽焉，其状如犬，长毛四足，似熊而无爪，有目而不见，行不开，有两耳而不闻，有人知往，有腹无五脏，有肠，直而不旋，食物径过。人有德行，而往抵触之；有凶德，则往依凭之。天使其然，名曰混沌。"是一个不识好人歹人的混蛋畜生。龚自珍《伪鼎行》："内有饕餮之馋腹，外假混沌自晦逃天刑。"继承的是《神异经》的衣钵，属于神话思维的定向延展。

〔2〕濛鸿

这个词三国魏以后才常见于典籍，曹魏朝宋均的纬书《春秋命历序》有"濛鸿萌兆，浑浑混混"的说法，南朝梁江淹《丹砂可学赋》："出洈泣而遅骛，贯濛鸿而上厉。"和宋均的用法差不多，都是融合谶纬神仙观念的手法。而韩愈《元和圣德诗》："渎鬼濛鸿，岳祇巢峨（亦作"蝶峨"，高大巍峨），"则在神仙谶纬之外补充了鬼怪，这下神鬼俱全了。意思和上述的"混沌"差不多，属于神话思维的中古版。至于辛弃疾《水调歌头》词："有时三盏两盏，淡酒醉濛鸿。"淡酒两三杯就醉得迷迷糊糊，是酒不醉人人自醉的激愤，于痛苦的现实境遇中超凡脱俗"快活似神仙"的自我开脱，还是神话思维的活用。

〔3〕元气

这个观念在汉代也和混沌有关，本来指天地未分前的混沌之气，并非是宇宙自然之气。《汉书·律历志上》的"太极元气，函三为一"，把元气归于太极，所以三国时期大学者孟康说："元气始起于子，未分之时，天地人混合为一。"（颜师古注引）是非常精辟的解说。子是地支的子位，是原始之位，天地人是《易经》所谓的三才，整个意思是说元气乃天地未分之前的混沌之气。因此，把王逸《楚辞·九思·守志》："食元气兮长存"的元气说成是"天气"（古注）即自然之气，是错误的，因为自然之气就是大气层接近地面的空气，不呼吸（食）空气自然不能生存，但不见得都能长生（长存）。这是典型的神话思维。后代陈子昂《谏政理书》："元气者，天地之始，万物之祖。"曾巩《地动》诗："吾闻元气判为二，升降相辅非相伤。"虽然有一些科学思维的元素在其中，比如把地震说成是地块升降，但骨子里仍然是神话思维的混沌气在翻动。

因为元气神奇珍贵，神秘朦胧，所以也被用来形容人类个体、群体（乃至国家）的精气、精神，用现代的话说就是赖以生存发展的物质力量或精神力量。这本身就是一种务虚的神话思维变形。《后汉书·赵咨传》说人类个体的死亡是："元气去体，贞魂游散。"元气离开肉体和真（贞）魂魄离体骈行，因为是骈体文，所以是一个意思，元气就是真魂，就是和肉体相对的精神。苏辙《龙川别志·卷下》："凡人元气重十六两，渐老而耗。张公所耗过半矣。"是说张老儿没精打采已经近于老年痴呆了，是元气大部分离体的结果，是指精气神。元气在中医学中指称人体内与"邪气"相对的正气，比如宋龚鼎臣《东原录》："譬诸疾病者，元气已虚，邪气已甚，姑以平和汤剂扶持之可也。"明代《醒世恒言·吴衙内邻舟赴约》："这般尅罚药，削弱元气。再服几剂，就难救了。"之类，都是从这个意义生发的。宋话本《京本通俗小说·拗相公》："后人论我宋元气，都为熙宁变法所坏，所以有靖康之祸。"清王韬《上当路论时务书》："治国之道，先在养其元气。"是指支撑整个国家的精神力量。信仰危机道德沦丧人心涣散，一个国家、民族失去凝聚力，就等于丧失了元气。都是神话思维的合理引申。

至于文学作品中对元气的活用，则另当别论，比如唐刘长卿《岳阳馆中望洞庭湖》诗："叠浪浮元气，中流没太阳。"诗句中的元气是指天地，因为天地是元气判分为二形成的。

〔4〕地里

地里在秦汉间是两个词，"里"是"地"的计量单位，《管子·地里》篇是讲某地区"方"（方圆、平方）多少"里"，贾谊在《新书·制不定》中所谓的"地里早定"也是这个意思，相当于现在的（行政）区域、区划。唐代以后引申为两地相距的里程。杜甫《哭王彭州抡》："蜀路江干窄，彭门地里遥。"岳飞《奏措置曹成事宜状》："一行官兵已过袁州，地里稍远。"《元史·历志一》："又以西域、中原地里殊远"都是这个意思。

本节中的"地里"，是土地、山川等的环境形势的意思，唐孙揆《灵应传》："余素谙其山川地里形势孤虚"正是用的这个意义。至于指地理之学和今天的"地理"接轨，是宋代以后的事情了，比如《新唐书·郑虔传》："虔学长于地里，山川险易、方隅物产、兵戎众寡无不详。"宋朱弁《曲洧旧闻·卷五》："本朝《九域志》……乞选有地里学者重修之。"就和今天的地理学在意义上没有区别了。

〔5〕黎甿

在先秦典籍中，黎都是"众"的意思。《诗经·大雅·桑柔》："民靡有黎，具祸以烬"；《尚书·尧典》："黎民于变时雍"；《礼记·大学》："以能保我子孙黎民"；《孟子·梁惠王上》："黎民不饥不寒"等，古注都解说为"众也"。似乎和人的等级没有什么关系。其实殷、周时期，"众"专指从事农业生产的奴隶，承载这个意义的标志性典籍是《尚书·汤誓》，其中有"格！尔众庶，悉听朕言"的话，训话对象就是没有人身自由的奴隶。明代仲氏其《黉山子·损益篇》所谓："寡者，为人上者也。众者，为人下者也。"把众、寡对举，就是对这个意义的传承。所以说黎就是众，就是"常年在烈日下劳作的奴隶"，就像甲骨文、金文字形映射的那样。

魏晋之后"黎甿"组合出现，指普通百姓。晋袁宏《后汉纪·灵帝纪中》："秦作阿房，黎甿愤怨。"《南史·循吏传序》："守宰……聚敛，侵扰黎甿。"《旧唐书·柳公绰传》："廪禄虽微，不可易黎甿之膏血。"都是这个意思。

关于黎甿的黎，还有神话思维和历史思维的纠缠值得称说。

先说神话思维。

在《尚书·吕刑》中有"乃命重黎，绝地天通，罔有降格"的记载，《孔传》对这句话的解说是："重即羲，黎即和。帝命羲、和，世掌天、地、四时之官，使人、神不扰，各得其序。"有些让人不得要领。详细一些的答案在《国语·楚语下》：

> 昭王问于观射父，曰："《周书》所谓重、黎寔使天地不通者，何也？若无然，民将能登天乎？"
>
> 对曰："非此之谓也。古者民神不杂。……及少皞之衰也，九黎乱德，民神杂糅，不可方物。夫人作享，家为巫史，无有要质。民匮于祀，而不知其福。烝享无度，民神同位。民渎齐（斋）盟，无有严威。神狎民则，不蠲其为。嘉生不降，无物以享。祸灾荐臻，莫尽其气。颛顼受之，乃命南正重司天以属神，命火正黎司地以属民，使复旧常，无相侵渎，是谓绝地天通。"

这里屏蔽了一则上古神话：远古天地之间有一棵参天大树，连接天地，神可以据此下到地面和人交往，人可以凭借天梯上天和神约会，弄得人神不分，等级秩序混乱。天帝就砍断了这棵树，让重管理天神，让黎管理地面上的人，人神不经过两人同意、不通过一定的仪式，不得随意交往。也就是上面典籍记载的"民神不杂"，"无相侵渎"。因为生活在大地上的人归"黎"管理，所以叫作"黎民"。

后来各种史书把重、黎历史化，《国语·楚语下》说："颛顼……命火正黎司地以属民……尧复育重黎之后，不忘旧者，使复典之，以至于夏商。"甚至把重黎记载为一个人，是神话思维和历史思维纠结的结果。

国学知识拓展（04）：

三皇五帝

三皇五帝的记载，应当起于西周至战国时期成书的典籍，即《周礼·春官·外史》中记载的"外史"官员的岗位职责："掌三皇五帝之书。"但是这种记载在先秦典籍中属于仅见并且语焉不详。以至于形成之后传说蜂起的局面。在这些蜂起的传说中，关于三皇（前？—前27世纪）的记载影响比较大的有6种：

1. 伏羲、神农、黄帝

〔《世本》、《尚书》孔安国《序》、皇甫谧《帝王世纪》〕

2. 天皇、地皇、泰皇〔《史记·秦始皇本纪》〕

3. 伏羲、神农、祝融〔《白虎通义·号（名号也）》〕

4. 伏羲、女娲、神农

〔《风俗通·皇霸》、《史记·三皇本纪》（唐司马 贞补）〕

5. 天皇、地皇、人皇〔《艺文类聚·十一·春秋纬》〕

6. 伏羲、神农、燧人〔《白虎通义·号（名号也）》〕

如果比照《易经》的"天地人"三才思维，《史记·秦始皇本纪》《艺文类聚·十一·春秋纬》的描述更为靠谱。

关于五帝（前26—前22世纪）比较流行的有4种说法：

1. 伏羲（太皞）、神农（炎帝）、黄帝、尧、舜《易·系辞下》

2. 黄帝、颛顼、帝喾、尧、舜

《世本·五帝谱》《大戴礼记·五帝德》《史记·五帝本纪》

3. 少昊、颛顼（高阳）、高辛、尧、舜《帝王世纪》

4. 太昊、炎帝、黄帝、少昊、颛顼

《周礼·春官·小宗伯》"兆五帝于四郊"《注》

这五帝是夏商周三代的"直接"时代。夏代、商代孔子说"文献不足"，所以史书往往凿实到"郁郁乎文哉"（《论语·八佾》）的周朝。根据夏商周断代工程的初步成果，我们可以比照前代流传的年表开列出如下文明轨迹：

西周　　前 1046～前 771（原年表：前 11 世纪～前 771 年）

东周　　前 770～前 256（原年表：前 770～前 256 年）

〔春秋：前 722～前 481（春秋编年）；〔弑君 36、亡国 52〕〕

现划分：前 770（平王东迁）～前 476 司马《六国年表》始

〔战国：前 403（三家分晋）～前 221（秦更号"始皇帝"）；

现划分：前 475（司马《六国年表》第二年）～前 221

春秋、战国（从东周延伸出 35 年）基本可以覆盖东周。

秦代：前 221～前 207（按：应为前 221～前 202。公元前 206 年沛公破咸阳，二世胡亥兄子婴降，有"鸿门宴"；得关中四之一，为汉王。五年楚汉之争，至公元前 202 年正月，杀项羽；二月，汉王更号皇帝，即位于定陶，欲建都洛阳，纳娄敬谏改都长安，六月入关。）

第二节　鲧腹〔复〕生禹与《万毕术》

在神话思维和历史思维的纠结过程中，往往形成一些匪夷所思的传说故事。社会精英在将这些传说故事书写成文本时，自然在一头雾水的认知状态中难以自圆其说，造成后代面对典籍的聚讼纷纭。鲧腹〔复〕生禹故事的文本流变过程与《淮南万毕术》文本的流布嬗变，就是这种现象的活标本。

关于这方面的思维龃龉，我们作如下讲解：

一、鲧复〔腹、愎〕生禹

洪水滔天。鲧窃帝之息壤〔1〕以湮洪水，不待帝命。帝令祝融杀鲧于羽郊〔2〕。鲧复生禹〔3〕。帝乃命禹卒布土以定九州。

——（《山海经·海内经》）

按照引文的说法（《史记》记载略同），是尧派鲧治理洪水，鲧治水九年不成，尧为此负领导责任，引咎辞职禅位于舜。接下来《舜典》就像下一集连续剧一样记载舜新官上任三把火，殛鲧于羽山，并且霸气十足不管大禹的推辞，任用他这罪臣鲧的儿子继续治水，禹终于用疏导的办法平治了水土。按照《尚书·舜典》记载，这大禹就是一个实实在在的"官二代"，没有任何神话色彩：第一，大禹出身清楚，鲧是尧朝廷的官员，大禹就是鲧的儿子；第二，大禹治水是被众人推举的子承父业，即《易经》所谓的"干父之蛊"（《蛊》）。这些都是典型的史官思维。

但是上引《山海经·海内经》的说法，尤其是"腹""愎"版本的存在，就只能算是标准的巫觋思维，即所谓"个体幻化（个体人→具体神）"了：鲧如同西方的普罗米修斯一样偷窃了帝的息壤，息壤据郭璞所说是一种"自长息无限"的土壤，显然此处的"帝"是经典史书《尚书》中所载居于"紫微宫"的神性十足的天帝，而不是史官思维中五帝之一的尧帝。

其实从先秦典籍（甚至包括正统史书）开始，关于鲧和禹的生命、事业传承的记载，就是神话思维和历史思维纠结的产物。《左传·昭公七年》："昔尧殛鲧于羽山，其神化为黄熊。"《述异记》："尧使鲧治洪水，不胜其任，遂诛鲧于羽山，化为黄熊，入于羽泉。"《拾遗记》："尧命夏鲧治水，九载无绩，鲧自沉于羽渊，化为玄鱼。时扬须振鳞，横修波之上，见者谓之河精。"晋郭璞注《山海经》引《归藏开筮》："鲧死三岁不腐，剖之以吴刀，化作黄龙（玄鱼、黄熊）。"

但在后人的心目中，鲧化作什么只是大禹出生幻化的条件，反而大禹是怎样降临人世成为关注焦点：《初学记》引《路史·后记》注引《开筮》："鲧殛死，三岁不腐，副之以吴刀，是用出禹。"《楚辞·天问》："伯禹鲧腹，夫何以变化？"都说大禹是从鲧的肚子里取出来的。男人生孩子且用剖腹产的方式，虽煞费苦心还是违背常识。

其实典籍中还有另一种说法。《上博楚简·子羔》引用孔子的话："（禹母）观于伊而得之，娠三年而画于背而生，生而能言，是禹也。"也就是说孔子（《子羔》作者）认为禹并非由鲧化生的，而是由其母所生，且是剖其母背而生。《吴越春秋·越王无余外传》："禹父鲧者，帝颛顼之后。鲧娶于有莘氏之女，名曰女嬉。年壮未孳，嬉于砥山，得薏苡而吞之，意若为人所感，因而妊孕，剖胁而产高密。家于羌家，地曰石纽。石纽在蜀西川也。"高密就是大禹，此处将禹母定为鲧的妻子，名为女嬉。《帝王世纪》："颛顼生鲧，……纳有莘氏女，曰志，是为修己。山行，见流星贯昴，梦接意感，又吞神珠薏苡，胸坼而生禹于石纽。"禹母剖背或者剖肋生禹，与鲧腹生禹的故事相比，虽多了许多人化的成分，但禹母女嬉仍然是吞了薏苡而怀孕这种说法，却是和后来简狄生契（殷商祖先）、姜源生后稷（周朝祖先）相似，可以看作是后人对于"鲧腹生禹"的传说无法确实解释，从而依据弃、稷的出生传说而造作出来的。这无疑是神话被历史化的显例。

应当指出的是，《山海经》"鲧复（腹）生禹"的神话相当原始，之所以从屈原《天问》就开始对男人生孩子并且剖腹产的现象一头雾水，究其主要原因还是古人没有明白：这种混乱是先人无意中把神话形象的鲧和历史人物的鲧混同所致。

闻一多《天问疏证》："女嬉和修己之名皆出自对于鲧传说的附会。熙即鲧，而修熙并为玄冥二名连称，或混而为一，故鲧又名修熙。己熙声近，修己即修熙也。嬉与修己本皆鲧，是初期传说中但有鲧而无鲧妻，有禹父而无所谓禹母其人者。"以闻先生这样的大智者，在用尽人类学、社会学、神话学乃至音韵学诸多知识详尽考订之后，还是不得不承认早期传说中"但有鲧而无鲧妻，有禹父而无所谓禹母其人者"。没能走出这一万古之谜的误区，还得承认那大禹是男人生的并且是"剖腹产"。这就难怪现代专家们在那里胡乱推测，甚至把"寄生胎"也拿来说事！① 别说在人类的蒙昧时期，就是现代科学技术条件下，有哪个"寄生胎"胎儿存活下来并且身体强健可以奔走四方治理洪水？稍微靠谱点的说法，也无非是对黑格尔"猜想"的"临帖"，比如有人经常在自己的论文中把这种现象解说为：作为早期神话故事的"鲧腹生禹"传说，必然与原始的巫教和初民的信仰有着莫大的联系，代表着某种仪式的遗存云云。至于这"某种""莫大"何以成为"必然"，都避而不谈。

其实要科学认识这一问题，还要从神话（文学）思维和史官思维的滚动扭结过程来梳理思路。

在神话思维中，这鲧本来是一条鱼。上引文献也说鲧"化为玄鱼。……谓之河精"。另外"鲧"字的字形也是明证：鲧是"系"（是）"鱼"的合写；鲧还有一种写法就是"鲧"，这不就是东晋王嘉《拾遗记》（《拾遗录》《王子年拾

---

① 如王焰安. "鲧复（腹）生禹"新解［J］. 阜阳师范学院学报（社会科学版），1994（5）.

遗记》）所谓"化为玄鱼"的"河精"吗？古人经常看到枯死的鱼在沙滩上慢慢腐烂，肚子中爬出虫子来（这又与性别无关了），就在幻化鲧这个人物时受到启发，伟人要在各方面超出常人，这种现象也是一种超常。那爬出的虫子，就是禹！

这种观点今人不是没有提出过。1923 年，顾颉刚据《说文》，提出禹本来是一条虫的观点，结果这种观点被鲁迅（1935 年，小说《理水》）等社会贤达骂杀了，大概是迫于贤达效应和几亿"龙的传人"思维定势压力，顾颉刚先生很快就部分放弃了这个观点。其实我们应该支持顾先生。1937 年，童书业先生提出的"禹为句龙"是朝顾氏假说的正确发展。从金文字形来看，"禹"就是蛇的象形，确属"虫"。禹父"鲧"，又作"鮌"，实为"玄鱼"二字的合写，"玄鱼"等于"天鱼"，意谓神圣的鱼族。甲骨文中存在没有释读出的"天鱼""大鱼"合文，意思等于"玄鱼"。①我们再从字形分析"禹"，引文说禹是蛇形，其实就是昆虫并且是带翅膀的虫，正是枯鱼生出的一种啮噬其肉体的白蚁、红蚁或者什么其他带翅的食肉昆虫之类。后人解说《易经·蛊》卦，用蛊虫（皿中生虫）解说父子关系也是这个思维方式的延伸。

大禹本来姓姬或者姒，有人说他的名字显示他是风姓（氏族）后代，也应是字形的引申思维诱导造成的。从字形上看，禹是"风"字的变形。〔虫鸟互化，出现凤凰图腾，龙凤关系的纽带结点出现〕《说文》："风动虫生……从虫……"《尔雅·释鸟》："晨风，鹯（zhān 郭云：鹞属）《疏》晨风，一名鹯，挚鸟也。（《诗·秦风》诗句：鴥彼晨风。）"《殷虚文字甲编》："今日不凤（风）？"黄帝本姓公孙，后居姬水改姬姓，黄帝次子昌意改为风姓，颛顼是昌意后代，乃风姓中的高阳氏族（据《山海经》《国语》《史记》等典籍记载：颛顼，风姓，号高阳氏），鲧是颛顼的孙子，所以鲧的儿子禹自然也是昌意的后代，大禹自己承认风姓并在名字中反映出来，符合思维定势。关于虫属风姓和鸟属太昊、少昊（风姓）的关系，也是字形幻化的结果，虫鸟互化是华夏上古思维的化石，"风"和"凤"的互化，也就是民间字谜所谓的"虫入凤巢飞去鸟"，这也可以看出传说变型的匪夷所思——我们不能埋头作田野搜集信口雌黄的说法，把某些不靠谱的传说当作文学思维的精品"神话思维"，也不能当作可

---

① 参看吴锐."禹是一条虫"再研究［J］文史哲，2007（6）．

以"传承"的口头文学，当然更不能当作信史。

至此，我们可以得出如下结论：

1. 鲧生禹生发于神话思维。

2. 历史思维渗入神话思维的原因：有意无意地提升集团偶像的心理驱动。

3. 鲧、禹神话形象和历史形象均脉络清晰，用不着把水搅浑。大禹的形象演变轨迹是：禹→句龙→蛇→虫；鲧形象的演变轨迹是：鲧→鲼→玄鱼→天鱼〔相当于甲骨文中"天鱼""大鱼"合文的"现代"（夏代）版，意即神圣的鱼族〕。另外，古语"系"有"是"的意思，"鲧"也可以认为乃"系（是）鱼"的合文。

而鲧禹和黄帝的关系，历史思维是这样勾画的：黄帝〔公孙——姬〕→黄帝次子昌意〔改为风姓〕→昌意后代颛顼〔风姓中的高阳氏〕（典籍记载：颛顼，风姓，号高阳氏）→颛顼的孙子鲧〔高阳风姓〕→鲧的儿子禹〔昌意后代高阳风姓〕。所以：大禹原本是风姓的后代。

4. 幻化，是神话思维对史官文化的有意侵夺。比如虫鸟互化引发风和凤的关联；木（相《集韵》助也。《易·泰卦》辅相天地之宜。《尚书·立政》用励相我国家。《尔雅·释诂》导也。柳）虫相克引发大禹和相柳的争斗等，都是幻化思维的结果。

5. 但是要防止民间流传过程中的无意歪曲或者有意误导，把神话变成笑话。

二、术士风流的深层含义

术士是多义词，战国时指法术之士。《韩非子·人主》："且法术之士，与当途之臣，不相容也。"汉代用来指儒生，也特指儒生中讲阴阳灾异的一派人。权威典籍中经常出现这种用法。比如《史记·淮南衡山列传》："昔秦绝圣人之道，杀术士，燔《诗》《书》，弃礼义，尚诈力，任刑罚，转负海之粟致之西河。"王符《潜夫论·贤难》："故德薄者，恶闻美行；政乱者，恶闻治言。此亡秦之所以诛偶语而坑术士也。"《汉书·夏侯胜传》："曩者地震北海、琅邪，坏祖宗庙，朕甚惧焉。其与列侯、中二千石博问术士，有以应变，补朕之阙，毋有所讳。"牟融《理惑论》："牟子常以五经难之，道家术士，莫敢对焉。"到了三国把谋士冠以术士之名，魏刘劭在《人物志·八观》中说："术士乐计策之谋"，说明术士是活跃在乱世的社会焦点人物之一。北宋继承了这一用法，如《宋史·太宗纪二》："术士刘昂，坐谋不轨，弃市。"宋明之后，专用于以占卜、星相等为职业的人。如《资治通鉴·晋武帝泰始八年》："吴主……使术士尚广筮取天下。"到了清代纪昀《阅微草堂笔记·滦阳消夏录二》："密延术士，镇以符箓，梦语止而病渐作。"《老残游记续集遗稿》第一回："慧生道：'……以他们这种高人，何以取名又同江湖术士一样呢？'"作为一类人物形象进入文学作品名著，可见社会认知度之高。

其实术士还有一个意义，是指医药炼丹的方术之士，和现在的医药化学工作者差不多，比如晋代的葛洪，其遗留的著作除了名著道教（文学）作品《抱朴子》《神仙传》之外，还有《肘后方》等药学专著。就是在其道教著作中，药学化学内容也俯拾皆是。后代人们往往点赞其弃官炼丹，而少有强调其所弃之官的金贵，他是封侯（东晋关内侯）之后弃官炼丹的。所以现在医药保健品牌往往消费葛洪，诸如葛洪养生苑、葛洪桂龙药膏、葛洪养生馆等皆是。

我们讨论的术士，其意义范畴是汉代的。

据说淮南王刘安有《枕中鸿宝苑秘书》，言："神仙使鬼物为金之术，及邹衍重道延命方，世人莫见，而更生父德武帝时治淮南狱得其书。更生幼而读诵，以为奇，献之，言黄金可成。上令典尚方铸作事，费甚多，方不验。上乃下更生吏，吏劾更生铸伪黄金，系当死。更生兄阳城侯安民上书，入国户半，赎更生罪。"（事见《汉书·楚元王传》）说明淮南王包括刘德刘向父子也是术士票友。

三、虎文化与龙凤呈祥

风云雷电是天象的主体，在《淮南万毕术》中被表述为"虎啸则谷风生""欲致疾风焚鸡羽""梧桐成（出）云""铜瓮雷鸣"等。

风和虎的关系好理解，从字形上看，风（風）是"门"和"虫"的组合，禹也是"门"和"虫"的组合，所以如前文说的大禹是风姓。而"门虫風"和"门鸟鳳"的撞脸则是虫鸟互幻的结果，是龙凤图腾的生发源之一。至于虎插在龙凤之间"虎啸生风"，则是民族融合过程中的一个人类学现象。

问题是鸡毛和风的关系，就有些让人摸不着头脑。其实这种观念在典籍中也有记载，只不过人们没有重视罢了。《礼记·月令》："前有尘埃，则载鸣鸢。"注：鸢鸣则风生，这里的鸣鸢近似于现代的风筝。《春秋纬考异邮》"八风杀生以节翱翔"，能够翱翔的肯定是鸟类；晋庚阐《杨都赋》"云虎之门，双竿内启，祥乌司飚，丹墀竞陛"，这祥乌就是"金鸡独立"的金鸡。

这种俗信还保存在边地少数民族中。比如火把节的第三天，彝语举行叫作"朵哈"或"都沙"的活动，意思是送火。这是彝族火把节的尾声。这天夜幕降临时，祭过火神吃毕晚饭，各家各户陆续点燃火把，手持火把走到约定的地方，聚在一起，搭设祭火台，举行送火仪式，念经祈祷火神，祈求祖先和菩萨，赐给子孙安康和幸福，赐给人间丰收和欢乐。这时还要带着第一天宰杀的鸡翅鸡羽等一起焚烧，然后找一块较大的石头，把点燃的火把、鸡毛等一起压在石头下面，喻示压住魔鬼，保全家人丁兴旺，五谷丰登，牛羊肥壮。

在传世典籍记载中还有一种叫作相风的禽类，南北朝《三辅黄图》（撰者不详）记载："长安宫南有灵台……（张衡所制）又有相风铜乌，遇风乃动。"《观象玩占》（旧本题唐李淳风撰）："凡候风必于高平远畅之地，立五大竿。于竿首作盘，上作三足乌，两足连上外立，一足系下内转，风来则转，回首向之，乌口衔花，花施则占之。"这相风也属于金鸡一类。

还有人们耳熟能详的"翰（鶾）林"，《易经·中孚·上九》有："翰音登于天"的爻辞，《逸周书·王会》说："蜀人以文翰；文翰者，若皋鸡。"《礼记·曲礼》："鸡曰翰音。又与鶾同。"《说文》："鶾，雉肥鶾者也。"《尔雅·释鸟》："鶾，天鸡。郭注：鶾鸡赤羽。"《逸周书》："文鶾若彩鸡……《疏》鸟有文彩者也。"《尔雅·释鸟》还说："鶾雉，雉。《疏》鶾即鶾也。"《博古辨》："古玉多刻天鸡纹，其尾翅轮如鸳鸯，即锦鸡。"《玉篇》："鸡肥貌。今为翰。"都是例证。

至于"梧桐成（出）云""铜瓮雷鸣"，在《淮南万毕术》中有这样的记载："取梧木置十硕（石）瓦罂中气尽则出云；取十石瓦罂，满水中，置桐罂中，盖之三四日气如云作。"扬雄《方言》："赵魏之郊谓之瓮，或谓之罂。"可知"罂"即是"瓮"。所以刘伶《酒德颂》有"先生于是方捧罂承槽"的夸张。

琴，最早是依凤身形而制成，其全身与凤身相应，有头，有颈，有肩，有腰，有尾，有足。中国古代传说中的四大名琴中有蔡邕的"焦尾"。据说蔡邕在"亡命江海、远迹吴会"（《后汉书·蔡邕传》）时，曾于烈火中抢救出一段尚未烧完、声音异常的梧桐木。他依据木头的长短、形状，制成一张七弦琴，果然声音不凡。因琴尾尚留有焦痕，就取名为"焦尾"。"焦尾"以它悦耳的音色和特有的制法闻名四海。这是梧桐的神奇。

在《续晋阳秋》中记载了一个故事：桓玄的母亲外出散步，"有铜瓮水在其侧，见一流星堕瓮中，……星正入瓢中，便饮之。既而若有感焉，俄而怀桓玄。"这个故事在《搜神后记》中也有记载而文字稍异。桓玄是东晋名将史称"短命皇帝"桓温的儿子（其实代晋未遂）。这是名人故事中铜瓮的神奇。《荷马史诗·伊利亚特·第五卷》："阿洛欧斯之子奥托斯和埃菲阿特斯/用绳索绑住了阿瑞斯，后者不得不忍受苦头/带着长索，在铜瓮里足足呆了十三个月/若非阿洛欧斯的后妻，美貌的埃埃里波亚/向赫尔墨斯捎去口信，后者才把战神偷了出来/那吃尽了苦头，身壮力强的好战的战神/很有可能遭到毁灭。"这是世界名著中铜瓮的神奇。

辽东半岛沓氏县有战国时期的铜瓮棺出土，虽然中原出土的汉代铜瓮用途尚不明，但是同时期或稍前的云南少数民族铜瓮（西汉）、越南铜瓮（公元前5世纪—公元1世纪，春秋战国至西汉），都是作为葬具用于盛放尸骨的。

淮南王把屈原《卜居》中的"黄钟毁弃，瓦釜雷鸣"演绎为"铜瓮雷鸣"应当是一种愤愤于世道（应该是汉武帝独尊儒术，使得淮南王信奉的黄老之学被边缘化之类）的发声，当然其中也蕴含殷殷的热望。

国学知识拓展（05）：

〔1〕息壤

息是生息生长的意思，息壤原指能自己生长、永不减耗的土壤。把息壤解说为沃土，是一种歪批。郭璞说："息壤者，言土自长息无限，故可以塞洪水也。"

这个说法到唐代都被传承，比如柳宗元《天对》："盗埋息壤，招帝震怒。"属于攀缘古注的引经据典。而明代朱国祯《涌幢小品·息壤辩》："《山海经》所云'鲧窃帝之息壤'，盖指桑土稻田，可以生息，故曰息壤。"只不过是明代草根政治引发之学术浮躁的折射。以至于到了现当代的鲁迅，还在其《故事新编·理水》中说："借了上帝的息壤，来湮洪水。"和能够生息植物的稻田土壤没有什么瓜葛。

至于后来息壤作为泥土或者栖止之地的美称，则是文学作品中的引申发挥，其内核还是对息壤神奇的倾倒情愫驱动的审美追求。比如刘禹锡《答东阳于令涵碧图》诗序："斧凡材，畚息壤，而清溪翠岩森立坌来。"龚自珍《桐君仙人招隐歌》：“两家息壤殊不远，江东浙东一棹堪洄沿。”近代林之夏《干宝到杭翌日适余生日同泛西湖》诗：“戎马频年期息壤，风尘随地有迷津。”章士钊《〈苏报〉案始末记叙》：“湖南衡山人陈范梦坡，以江西退职州官求息壤于上海，因买收此报，继续营业”等，都是显例。

〔2〕羽郊

即羽山山麓。与“杀鲧于羽郊”有关的记载多见于古籍，比如《尚书·舜典》：“殛鲧于羽山。”晋王嘉《拾遗记·夏禹》：“海民于羽山之中，修立鲧庙。四时以致祭祀，常见玄鱼与蛟龙跳跃而出，观者惊而畏矣。”清李渔《玉搔头·极谏》：“休念我殛羽山鲧罪几希；且看你辅重华禹功多少。”

〔3〕鲧复生禹

这是一个典型的神话思维和历史思维纠结的例子，所以传承过程中疑窦丛生，让后人莫衷一是。《楚辞·天问》：“伯禹愎（腹）鲧，夫何以变化？”《全上古三代文·卷十五》引《归藏·启筮》：“鲧殛死，三岁不腐，副之以吴刀，是用出禹。”可见上古就有以“腹”生禹的版本。

故事原典所在的《山海经》是巫书，该书文本光怪陆离，用现在的眼光看其中的文、图，给人的感觉是大部分不靠谱。但是这一段记载反而很“史传”，其实原来并非如此。因为我们至今还能看到诸如“鲧腹生禹”“伯禹愎鲧（即鲧愎生禹）”之类的白纸黑字。解读这种现象，要从权威典籍的解析入手。

《尚书·尧典》记载：

　　帝曰：“咨！四岳〔1〕！汤汤洪水方割，荡荡怀山襄陵，浩浩滔天。下民其咨，有能俾乂〔2〕？”佥〔3〕曰：“于，鲧哉！”帝曰：“吁！咈〔古同“拂”，违逆、乖戾〕哉！方命圮族〔4〕。”岳曰：“异哉，试可，乃已。”帝曰：“往，钦哉！”九载，绩用弗成。……

国学知识拓展（06）：

〔1〕四岳

上面引文的《孔传》说：“四岳，即羲、和之四子，分掌四岳之诸侯，故称焉。”杜甫《寄装施州》诗：“尧有四岳明至理，汉二千石真分忧。”章炳麟

《官制索隐》："《尚书》载唐虞之世，与天子议大事者为四岳。"孔安国明说是四个人，杜甫把四岳和二千石相提并论，也是复数人称，章炳麟说四岳参与议大事也不应当是一个人。从其他文献可知，四岳为尧臣羲与和的四个儿子，分掌四方之诸侯。其实羲和本来是羲氏与和氏的并称，氏族中分四个部落，羲仲、羲叔、和仲、和叔，分别是驻守四方的部落首领，并且掌管"观天象""制历法"等工作。（《尚书·尧典》："乃命羲和，钦若昊天，历象日月星辰，敬授人时。"）他们的儿子子承父业，成为后人所称的"四岳"。这是历史思维。

另外，在一些典籍中还有史官思维的扩衍，比如《国语·周语下》："共之从孙四岳佐之。"韦昭注："言共工从孙为四岳之官，掌师诸侯，助禹治水也。"《史记·齐太公世家》："太公望吕尚者，东海上人。其先祖尝为四岳，佐禹平水土，甚有功。虞夏之际封于吕，或封于申，姓姜氏。"司马贞索隐引谯周曰："炎帝之裔，伯夷之后，掌四岳有功，封之于吕，子孙从其封姓，尚有后也。"等，就把羲和传为共工的后裔，因佐禹治水有功，赐姓姜，封于吕，并使为诸侯之长。是为大名人姜太公寻根问祖，不负什么社会责任的。

属于神话思维的，首先是《山海经·大荒南经》记载的："东南海之外，甘水之间，有羲和之国。有女子名曰羲和，方浴日于甘渊。羲和者，帝俊之妻，生十日。"《楚辞·离骚》："吾令羲和弭节兮，望崦嵫而勿迫。"王逸注："羲和，日御也。"《初学记》卷一引《淮南子·天文训》："爰止羲和，爰息六螭，是谓悬车。"原注："日乘车，驾以六龙，羲和御之。"是另一个系统即古代神话传说中的人物，指太阳的母亲或驾御日车的神。这是历史思维和神话思维龃龉纠结的又一个例证。

因此《后汉书·崔骃传》："氛霓郁以横厉兮，羲和忽以潜晖。"李贤注："羲和，日也。"晋葛洪《抱朴子·任命》："昼竞羲和之末景，夕照望舒之余耀。"都是说到太阳就想到羲和。而《汉书·王莽传中》："更名大司农曰羲和，后更为纳言。"《后汉书·鲁恭传》："祖父匡，王莽时为羲和，有权数，号曰智囊。"把财政部长叫作羲和，是王莽无厘头构思官名的结果，如果按照传统思维，应该把管历法的天文台台长叫作羲和更靠谱。

汉代以后，把四岳解说为泰山、华山、衡山、恒山的总称。是对《左传·昭公四年》："四岳、三涂、阳城、大室、荆山、中南，九州之险也"的误读。杜预就受了这种影响，说："东岳岱，西岳华，南岳衡，北岳恒。"这种说法来自《诗经·大雅·崧高·"崧高维岳"·毛传》："岳，四岳也。东岳，岱；南岳，衡；西岳，华；北岳，恒。"其实这种说法和《说文》："岳，东岱、南霍、西华、北恒、中泰室，王者之所巡狩所至。从山，狱声。古文从山，象高形，今作岳"龃龉。

这种龃龉，是读书不细造成的。《汉书·郊祀志上》："嵩高为中岳，而四岳各如其方。"对四岳含糊其辞；其实汉武帝曾经把霍山推举为南岳而不是衡山。《史记·封禅书》："其明年（元封五年）冬，上巡南郡，至江陵而东。登礼潜之天柱山，号曰南岳。浮江，自浔阳出枞阳……"这天柱山是哪座山？《周礼·夏官·职方氏》："河内曰冀州，其山镇曰霍山。"郑玄注："霍山在彘阳。"彘阳后汉时改永安县，即今山西省霍县。其实汉武帝封的南岳不是这里。《汉书·武帝纪》记载："登灊天柱山"，唐颜师古注："应劭曰：'灊音若潜，南岳霍山在灊，灊，县名，属庐江。'文颖曰：'天柱山在灊县南，有祠。'"北魏郦道元《水经注·禹江山水泽地所在》："霍山为南岳，在庐江灊县西南，天柱山也。"庐江县是合肥市下辖县，在安徽省。《汉书·武帝纪》："五年冬，行南巡狩，至于盛唐，望祀虞舜于九嶷，登潜天柱山。自浔阳浮江、亲射蛟江中，获之。舳舻千里，薄枞阳而出，作《盛唐枞阳之歌》……"也是权威证据。其根据应当是《史记·孝武本纪》的相关记载。

其实从字形上也可以看出端倪：甲骨文的岳字，是山上坐着一个人，有坐镇某山的意思，到了金文，岳字变形，已经象官员的帽子了，四岳就是镇守四方、以当地最高山脉为标志的地方官而已。这是典型的历史思维而不是神话思维。

〔2〕俾乂

俾是使的意思，乂是把参差不齐的草地删削平齐，引申为通过治理使乱象平复，《尔雅·释诂》直接解说为"治也"。《汉书·武五子传》"保国乂民"是明证。《说文》："芟草也。……刈，乂或从刀。"是说乂即是刈，清代段玉裁《说文解字注》："引申之，乂训治也。见诸经传。"是说以乂为治理，并非名不见经传，而是经常见于经传等权威典籍使用的。

〔3〕佥

《说文》："佥，皆也。"并且所举例子也是《尚书》："《虞书》曰：'佥曰伯夷。'"《广韵》《集韵》《韵会》《正韵》都说"皆也，咸也"，所举例证就是我们解说的引文。说明该字的本义就是"全都""都",其他意义都是后起的。

〔4〕圮族

音 pǐ zú。本义是整个家族或者氏族都被制裁，限制发展，让被制裁者衰败，和现在封存没收财产、冻结账户差不多。《汉书·傅喜传》："傅太后自诏丞相御史曰：'高武侯喜无功而封，内怀不忠，附下罔上，与故大司空丹同心背畔，放命圮族。'"颜师古注引应劭曰："放弃教令，毁其族类。"《梁书·武帝纪上》："公威同夏日，志清奸宄，放命圮族，刑兹罔赦。"宋周辉《清波别志》卷中："朝请郎吴处厚向以不逞之心，怀苟得之计，挤陷劳旧，贬死遐陬，圮族误朝，凶慝甚大，身逃显戮，没有余辜。"

圮是塌坏，倒塌（司马迁《史记·留侯世家》记载的张良"圮桥拾履"就是用的这个意义）；破裂，分裂；毁灭，断绝等意义。有人说圮族是灭九族的意思，是误读。第一，被灭九族鲧作为九族首脑不可能独活；第二，当时是否有九族这个概念也是问题，从历史常识判断这里应当是指氏族；第三，即使到了封建制度最为完善的宋代，邵雍还在《与人话旧》诗中说："圮族绮纨故，朱门车马新。"愤愤不平于衰败了的世族大户瘦死骆驼比马大，说明这"圮族"如果是唐尧大帝加给鲧氏族的，也不至严重到什么程度。

第三节　夸父逐日与后羿射日

解析《夸父逐日》和《后羿射日》两则神话原典，可以激活大量国学因子，也是进一步加深对神话思维和历史思维扭结滚动规律理解的便捷方法。

夸父逐日：

夸父与日逐走，入日；渴，欲得饮，饮于河、渭；河、渭不足，北饮大泽。未至，道渴而死。弃其杖，化为邓林〔1〕。——《山海经·海外北经》

对于引文中的"入日"，通行的注释是："太阳入于地平线下。"因此通行译文为："一直追赶到太阳落下的地方。"这样解说，那夸父还是英雄吗？如果赶上现在的网络时代，说不定要出现"夸父体"，比如"张三追赶刘翔，一直追到刘翔到达的终点"之类。

后羿射日

1. 原典导读

逮至尧〔1〕之时，十日并出。焦禾稼，杀草木，而民无所食。猰㺄〔2〕、凿齿〔3〕、九婴〔4〕、大风〔5〕、封豨〔6〕、修蛇皆为民害。尧乃使羿诛凿齿于畴华〔7〕之野，杀九婴于凶水〔8〕之上，缴大风于青邱〔9〕之泽，上射十日，而下杀猰㺄，断修蛇于洞庭，擒封豨于桑林〔10〕。万民皆喜，置尧以为天子。——《淮南子·本经训》

2. 最牛部落酋长

通说：后羿又称"羿""夷羿"。传说中这夏代东夷族首领，原为穷氏（今山东德州北）部落首领。善于射箭，神话中传说尧时十日并出，植物枯死，河水干涸，猛兽长蛇为害，他射去九日，射杀猛兽长蛇，为民除害。

典籍《尚书·五子之歌》《左传·襄公四年》《楚辞·离骚》《史记·吴世家》等记载：夏太康，沉湎于游乐，羿推翻其统治，自立为君，号有穷氏。不久因喜狩猎，不理民事，为其臣寒浞所杀。《淮南子·本经训、览冥训》则说尧时十日并出，植物枯死，封豕长蛇为害，羿射去九日，射杀封豕长蛇，民赖以安。

后羿结局 A：《左传·襄公四年》魏庄子引述夏书《夏训》：昔有夏之方衰也，后羿自鉏迁于穷石，因夏民以代夏政。恃其射也，不修民事而淫于原兽。弃武罗……而用寒浞。……以为己相。浞……愚弄其民而虞羿于田，树之诈慝以取其国家，外内咸服。羿犹不悛，将归自田，家众杀而亨之……浞因羿室，生浇及豷……

后羿结局 B：《孟子·离娄下》：逢蒙学射于羿，尽羿之道，思天下惟羿为愈己，于是杀羿。孟子曰："是亦羿有罪焉。"

后羿结局 C：《淮南子·诠言训》：羿死于桃棓。许慎注：棓，大杖，以桃木为之，以击杀羿，由是以来鬼畏桃也。

3. 嫦娥的美丽传说〔演化〕

东晋王嘉《拾遗记》：皇娥处璇宫而夜织，或乘桴木而昼游，经历穷桑沧茫之浦。《山海经·大荒西经》：帝俊〔帝喾〕妻常羲，生月十有二，此始浴之。清毕沅从音韵学入手考据：认为这常羲是嫦娥的前身〔还有女儿说〕汉代《淮南子·外八篇》：昔者，羿狩猎山中，遇姮娥于月桂树下。遂以月桂为证，成天作之合。将恒变作姮，疑引于文帝前典籍，够古老。还有更古老的证据：

秦简《归藏·归妹》："归妹曰：昔者恒我窃毋死之□◇307◇□□奔月而支占□□□◇201。"张衡《灵宪》引《归藏·归妹》：羿请不死之药于西王母，姮娥窃之以奔月，将往，枚筮之于有黄，有黄占之曰："吉。翩翩归妹，独将西行，逢天晦芒，毋惊毋恐，后且大昌。"《淮南子》高诱注：姮娥，羿妻。羿请不死之药于西王母，未及服之，姮娥盗食之，得仙，奔入月中，为月精也。（月精与蟾宫折桂又有关：《初学记·卷一》引《淮南子》：羿请不死之药于西王母，羿妻姮娥窃之奔月，托身于月，是为蟾蜍，而为月精。）

李商隐《嫦娥》："云母屏风烛影深，长河渐落晓星沉。嫦娥应悔偷灵药，碧海青天夜夜心。"

4. 九个太阳去哪了？

秦简《归藏》："履曰：昔者羿射陼，比庄石上，羿果射之，曰履□◇461□曰：昔者羿毕十日，羿果毕之。思十日并出，以◇470。"这个记载因为是出土文物，字迹有磨灭处，东汉的《易林·履之履》记载应当是这个文本的传承："十乌俱飞，羿射九雌；雄得独全，虽惊不危。"

夏朝和商朝的帝王多以天干命名（比如胤甲、孔甲；太丁、外丙、太甲等），说明当时还有十个太阳的观念——哪个帝王也不肯用被射掉的太阳自称。《说文》解说旬："遍也。十日为旬。"《大禹谟·传》："十日也。"清代段玉裁《说文解字注》："十日为旬。……日之数十，自甲至癸而一遍。"

古说"十个太阳射掉九个"之类的说法，其实是冬烘先生的曲为之说：因为原文中并没有射掉九个太阳的说法。只不过后人抬头看到天上还有一个太阳明晃晃挂在那里，那"上射十日"让人无法理解罢了。其实直到后羿之后的夏朝末年和整个商朝，还有十个太阳的痕迹，很多国君就是用十个天干命名自命太阳之子的，比如太甲、小乙、武丁、盘庚之类，那十天干就是十个太阳。一直到今天，十天还叫作"旬"，就是十个太阳轮流值班，轮流"巡"回一周

〔遍〕的意思，还是十日。其实这谜团的答案，就在屈原《楚辞·天问》中的"乌焉解羽"，太阳的驾驶员是三足乌，后羿只不过射伤（解羽）这驾驶员，警告它们不要驾着太阳车到处乱跑，继续轮流值班不要"十日并出"就可以了。

另外，《淮南子·览冥训》虽有"羿请不死之药于西王母，姮娥窃以奔月，怅然有丧，无以续之"的记载，但并没说嫦娥是"月精"，高诱注："姮娥，……奔入月中，为月精也。"《淮南子》说月精是蟾蜍，是和性有关的意象，所以后代关于月亮的天文信仰，都是和女人、阴柔、爱情等有关的意象定向扩衍。

国学知识拓展（07）：

〔1〕邓林

邓林，通说也解说为"桃林"。这种解说的始作俑者应该是清代的毕沅："邓林即桃林也，邓、桃音相近。高诱注《淮南子》云：'邓，犹木。'是也。《列子》云：'邓林弥广数千里。'盖即《中山经》所云'夸父（fǔ）之山，北〔东西南呢？〕有桃林'矣。其地则楚之北境也。"后来毕说多为注家所采纳。这当然影响到对"化为邓林"的翻译，通行翻译就成为"化作一片桃林"。这里涉及我国"桃木信仰"的源流问题。

南朝梁宗懔《荆楚岁时记》："正月一日……帖画鸡户上，悬苇索于其上，插桃符其旁，百鬼畏之。"唐韦璜《赠嫂》诗："案牍可申生节目，桃符虽圣欲何为。"宋孟元老《东京梦华录·十二月》："近岁节，市井皆印卖门神、钟馗、桃板、桃符，及财门钝驴，回头鹿马，天行帖子。"元谷子敬《城南柳》第一折："把桃树锯做桃符，钉在门上，着他两个替我管门户。"清富察敦崇《燕京岁时记·春联》："春联者，即桃符也。自入腊以后，即有文人墨客，在市肆檐下，书写春联，以图润笔。"清俞正燮《癸巳存稿·门对》："桃符板，即今门对，古当有之，其事始于五代见记载耳。"可见从南朝开始（俞正燮说："其事始于五代见记载耳"，误），春节换桃符已经是广泛的俗信之一。

门上挂符一定要用桃木，应当是前代桃木信仰的传承。起码从东汉开始我国就已经有郁垒、神荼（音 yùlù，shénshū），张衡《东京赋》："度朔作梗，守以郁垒；神荼副焉，对操索苇。"王充在《论衡·订鬼》中追溯到古本《山海经》："沧海之中，有度朔之山，上有大桃木，其屈蟠三千里，其枝间东北曰鬼门，万鬼所出入也。上有二神人，一曰神荼，一曰郁垒，主阅领万鬼。善害之鬼，执以苇索而以食虎。于是黄帝乃作礼以时驱之，立大桃人，门户画神荼、郁垒与虎，悬苇索以御凶魅。"王充虽然自学成才，其说法或被怀疑为野狐禅，那么和他时代差不多且师出名门的高诱（大学问家卢植的学生）在注释《战国策·齐策三》"今子东国之桃梗也"时，不也是直接解说为"荼与郁垒"吗？而在《风俗通·祀典·桃梗》这样的权威著作中，本身就是大学者的应劭也毫不含糊地把桃梗解说为"荼与郁垒"。看来桃木作门神是渊源有自的。宋代开始这种俗信进入文学作品并且成为家喻户晓的诗，这就是王安石的《元日》："爆竹声中一岁除，春风送暖入屠苏。千门万户曈曈日，总把新桃换旧符。"

　　把邓林硬是委曲解说成桃林，应当是想给桃木信仰追溯更遥远的源头情结驱使的：桃木是夸父的手杖幻化的，神奇并且遥远，那就更神奇。所以有灵验非信仰不可。

　　其实毕沅没有注意，起码从晋代郭璞起，就从来没有把邓林和桃林关联。郭璞在与引文直接关联的《山海经图赞》中说："神哉夸父，难以理寻，倾沙逐日，遁形邓林。"跟桃林没有关系。之后韩愈在《海水》诗中有："海水非不广，邓林岂无枝？"的诗句，都涉及枝叶等具体形体了，还没有说"邓林"是什么树木组成的"林"，清钱谦益《次韵何慈公岁暮感事》之四："闻逐邓林搜弃杖，戏禁沧海学栽桑。"是说虽然幻化，那手杖似乎还在，也跟桃林无关。

　　大概从战国开始，邓林用来借指广大深邃不可逾越，《商君书·弱民》强调山川地形的足可凭依，就说："隐以邓林，缘以方城。"把邓林和天险方城山相提并论。《商君书》传为商鞅作，虽然有人比如大学者郭沫若等人说是伪弓，但是《韩非子·内储说上·七术》《史记·商君列传》都有记载甚至引用原文，说明可以认定为战国、起码是西汉初年（公元90年）之前的著作。① 所谓邓林解说应当是战国秦汉间的。邓林既然和桃林的关联让人难以苟同，不如从另一个角度切入研究其来龙去脉更为踏实。

　　先看权威史书。《春秋·桓公二年》："蔡侯郑伯会于邓。"《春秋·桓公七年》："邓侯吾离来朝。"《国语·郑语》："申吕应邓"。《史记·屈贾列传》："袭楚至邓。"其他文献记载好懂，我们来看看不知所云的"申吕应邓。"据典籍记载，孤竹国君之子伯夷、叔齐，在周灭商后"不食周粟"，最终饿死首阳

---

① 《汉书·艺文志》著录《商君》二十九篇，班固注曰：名鞅，姬姓，卫后也，相秦孝公。《诸葛武侯集》中始有《商君书》之名。

山。他们遗留的后人居住在大河一带。到周宣王时，其部族的一部分被封于谢，国都在申吕（即今河南省南阳），因国都之名，建国号叫作申国。这个申国到春秋年间被楚国所灭，遗民遂以国名为氏，是为申氏。这就是《国语》记载"应邓"的"申吕"。

东汉的《说文》说："邓，曼姓之国。今属南阳。从邑，登声。"其实从上面的引用文献看，历史上叫作邓的地名很多，比如河南郾城县东南的邓，春秋时蔡国地盘，后被楚国吞并；河南省孟县西南的邓，战国时是魏国的一个县级单位（邑）；湖北省襄樊市北面的邓，战国时属于楚国，史称邓侯国，秦代设置为邓县等。那么邓地到底在河南还是湖北？答案是上引文献中《史记·礼书·司马贞索隐》："刘氏以为今襄州南凤林山是古邓祁侯之国，在楚之北境。"看来司马贞所推崇的刘氏眼界很独到，他说邓地在"楚之北境"，即现在的豫南鄂北，也就是差一点规划为"秦巴省"的"秦巴国家公园"地区，当然周边还有现在行政区划中的陕西、四川、重庆、湖南、江苏，是一个远远超过"三不管"达到"七不管"的大众边地，所以干脆叫作"国家"公园，意思是谁也别想独占；所以才能诱发该地区贤达宣布"独立"建省的遐想。那里整个地区是广袤而且茂密的原始森林，可以作为"邓林"之"林"字的注脚。

从湖北境内进入秦巴国家公园，大门口有两只巨大的恐龙口吻相对组成奇特的接吻式造型。关于恐龙，虽然在我国出土不少化石但是文献记载几乎阙如，国人关于恐龙的知识大都来自"侏罗纪"等舶来品影像，无法深入讨论。倒是大象，文献记载丰富。比如《韩非子·解老第二十》中有一段奇特的话："人希见生象也，而得死象之骨，案其图以想其生也，故诸人之所以意想者皆谓之'象'也。"这和我们现在根据恐龙化石复原恐龙形象没有什么两样。我们要说的是，我们经常使用的"想象"一词，不是来自什么"Imagine/envision/fancy/conjure"之类西方文论，而是我们的战国古董，被日本借去翻译"Imagine"（读作"そうぞう"日文也译作イマジン；イメージ，那是甲午战争之后数典忘祖主张去中国化的某些日本人把英文音读的结果），后来我国文论屡头缺乏"想象力"，拿来说事。这种词汇现象在语言学领域叫作"周转语"。

关键是通过这一段文献，我们可以得知，韩非子老家河南（韩非子是河南新郑人）原来是有大象生活的，只不过到韩非子时代（前281—前233）已经不见的踪影，只能凭借出土的象骨"想象"了。直至今天，大象还是河南的形象大使，只不过"只缘身在此山中"所以"不识庐山真面目"罢了。

在《老子·15章》中，作者形容"古之善为道〔士〕者"的高妙时，说了这样一句话："豫焉若冬涉川。"范应元在《老子道德经古本集注》中对这句话中的关键词"豫"的解说是："豫，象属。"他的说法是有根据的。

东汉《说文》说豫是"象之大者"。即大大象，很干脆没得商量。九州观念起码起于战国，但是公认划定九州或者用九州观念厘定华夏地理形态、乃至全球地理位置的阴阳家，其学脉传承甚至比《易经》古老。在阴阳家划分的赤县神州中，豫是华夏大地"内"九州之一。到汉武帝的时候用"豫州"划定行政区划，地域就在今河南省和湖北省北部，前面说的"秦巴国家公园"地区应该是这个区划的核心地带。谁能否认，对于这个地区的称谓传承已经包含遍地大象的集体共意识的朦胧记忆呢？河南省的简称，因豫州而得名，已经是常识。

至此，我们可以得出结论：夸父手杖化作的邓林，就是邓地的秦巴大森林，因为它具备可以和夸父逐日链接的独有的四个特点：第一，广大茂密，和一根手杖形成强烈的幻化反差，所以了不起。最主要的是植物数量适于大象（其实也适于恐龙）生存。第二，神秘，匡世英雄的用具并且是"逐日"的辅助工具幻化的结果一定神秘。秦巴腹地的伏牛山、神农架一带的神秘氛围到现在没有消散的意思。第三，在后人眼中一到冬天就"无边落木萧萧下"的水瘦山寒的中原，在夸父时代能够四季常青，也是天下无双的神奇。其实，如果不是四季常青，大象就得饿半年，大象又不会像狗熊蛇类那样冬眠，就得死光。就像潮汕曾经有鳄鱼①一样，河南原本有大象，而不是像现在这样，要找野生象群一定要去东南亚或西双版纳。这只不过是地球气候变迁，逼迫物种迁移罢了。这一点大象比恐龙幸运，不像恐龙整个地球都不适于它们生存了。第四也是最重要的，邓地居于中原即所谓的天地之中，和太阳的直线距离最近，夸父入日时手杖已经完成任务，扔掉的手杖是从太阳坠落的，当然不会漂移到东西南北四方，只能落在地处中原的邓地。

---

① 唐代韩愈做潮州市长时，曾留下名篇《祭鳄鱼文》。至今潮州韩江边上还有"祭鳄亭"供游人怀古。

国学知识拓展（08）：

〔1〕尧

唐尧及其世系：尧是帝喾之子，姓伊祁（伊耆），名放勋。初封于陶，又封于唐，号陶唐氏。以子丹朱不肖，传位于舜。（典籍记载：帝喾次子，其号曰尧；史称唐尧，又称放勋，继其兄挚为天子，有德政，后传位于舜，在位九十八年卒。）《史记·五帝本纪》有五帝谱系：黄帝，颛顼，喾，尧，舜。细谱：黄帝（轩辕）〔妻嫘祖〕→玄嚣，昌意→颛顼（高阳）→帝喾（高辛，玄嚣之子，颛顼子穷蝉未立）→挚（废）→放勋（帝尧）〔相关原文：帝喾娶陈锋氏女，生放勋。娶娵訾氏女，生挚。帝喾崩，而挚代立。帝挚立，不善，而弟放勋立，是为帝尧。）

〔2〕猰㺄（音 yà yǔ）

传说中一种吃人的兽。《山海经·海内北经》："贰负之臣曰危，危与贰负杀猰㺄。"《晋书·温峤郗鉴传赞》："……猰㺄千群，探穴而忘死。"《陈书·高祖纪上》："屠猰㺄于中原，斩鲸鲵于濛汜。"《山海经·海内西经》："又北二百里，曰少咸之山，无草木，多青碧。有兽焉，其状如牛，而赤身、人面、马足，名曰猰㺄，其音如婴儿，是食人。"

〔3〕凿齿

A 人〔野人〕。《山海经·海外南经》："羿与凿齿战于寿华之野。羿射杀之，昆仑虚东。羿持弓矢，凿齿持盾。"郭璞注："凿齿亦人也，齿如凿，长五六尺，因以名云。"

B 兽。《淮南子·本经训》："尧乃使羿诛凿齿于畴华之野。"东汉高诱注："凿齿，兽名，齿长三尺，其状如凿。"《梁书·文学传下·刘峻》："虽大风立于青丘，凿齿奋于华野，比其狼戾，曾何足逾。"

C 岭南土著。唐张说《广州都督岭南按察五府经略使宋公遗爱碑颂》："虽有文身、凿齿、被发、儋耳、衣卉、面木、巢山、馆水，种落异俗而化齐。"

〔4〕九婴。东汉高诱注："九婴，水火之怪，为人害。"北魏温子昇《寒陵山诗碑》："……九婴暴起，十日并出。"唐骆宾王《又破贼设蒙俭露布》："……凶水无九婴之沴……"明杨慎《药市赋》："永遁兮二竖，载歼兮九婴。"

〔5〕大风。《山海经·北山经》："有兽焉，其状如犬而人面，善投，见人则笑，……其行如风，见则天下大风。"《山海经·海外北经》："大蜂、朱蛾

……在穷奇东。"可以看出这个词的嬗变脉络：大蜂－大凤－大风。

〔6〕封豨

A〔封豨、封豕〕《楚辞·天问》："封豨是射。"《淮南子·本经训·高诱注》："封豨，大豕；楚人谓豕为豨也。"《史记·司马相如列传》："射封豕"，裴骃集解引郭璞注："封豕，大猪。"

B〔奎宿〕《汉书·天文志》："奎曰封豨，为沟渎。"奎宿是星宿名，属于二十八宿之一，为西方白虎七宿的第一宿，有星十六颗。因其形似胯而得名。后用来指文魁星之魁星。宋 王安石《送郓州知府宋谏议》诗："地灵奎宿照，野沃汶河渐。"清 侯方域《贾生传》："贾生乃辞归里，凡七应举，不第。作歌云：自从廿载落魄余，不信天上有奎宿。"可见奎宿主文运和文章。所以东汉纬书《孝经援神契》就说奎主文章。

后世将奎宿附会为神，建奎星阁并塑神像以崇祀之，视为主文章兴衰之神，科举考试则奉为主中式之神，并改"奎星"为"魁星"。宋 张元干《感皇恩·寿》："绿发照魁星，平康争看。锦绣肝肠五千卷。"元 刘埙《隐居通议·造化》："淳熙中，殿试进士，有邓太史者告周益公，魁星临蜀。"清 李渔《奈何天·虑婚》："只要做些积德的事，钱神更比魁星验。"都是明证。

〔7〕畴华。《山海经·海外南经》："羿与凿齿战于寿华之野，羿射杀之。在昆仑墟东。"昆仑墟即昆仑山，横贯新疆、西藏，延伸至青海境内，全长约2500公里，平均海拔5500—6000米。所以这昆仑墟东边的"寿华之野"应该在陕甘宁一带。后羿领地在山东，竟然跑到西部抢地盘，纯属神话思维。就像西王母的行宫在泰山一样。

〔8〕凶水。高诱注："北狄之地有凶水。"唐骆宾王《兵部奏姚州破贼设蒙俭等露布》："不知玉弩垂芒，凶水无九婴之诊；瑶阶舞戚，洞庭有三苗之墟。"这布告南拉北扯，而破贼在姚州即现在的云南省姚安县西北（有人说是浙江余姚，属于望文生义），按照历史思维应该东拉西扯才对。

〔9〕青邱〔青丘〕，也是历史思维和神话思维的杂糅：

A 海外方国。《吕氏春秋·求人》："禹东至榑木之地，……青丘之乡……"《山海经·海外东经》："……青丘国在其北，其狐四足九尾。"郝懿行疏引服虔曰："青丘国在海东三百里。"晋陶潜《读＜山海经＞》诗之十二："青丘有奇鸟，自言独见尔。"

B 神仙地，神仙居住的十岛之一。旧题汉东方朔《十洲记》："长洲一名青邱，在南海辰巳之地……一洲之上，专是林木，故一名青邱。"北周庾信《燕射歌辞·宫调曲二》："青丘还扰圃，丹穴更巢梧。"

C 泽、星座。高诱注："青邱，东方泽名也。"《晋书·天文志上》："青丘七星，在轸东南，蛮夷之国号也。"〔星名。属长蛇座。〕

D 山东地名。杜甫《壮游》《虎牙行》诗："春歌丛台上，冬猎青丘旁"，"渔阳突骑猎青丘，犬戎锁甲围丹极"。仇兆鳌注引《寰宇记》："青丘在青州千乘县。齐景公田于此。"〔今山东省广饶县北〕

E 江苏地名。明 高启《青丘子歌》序："江上有青丘，予徙家其南。"《明史·文苑传一·高启》："张士诚据吴，启依外家，居吴淞江之青丘。"〔在今江苏吴淞江滨〕

〔10〕桑林

A 古乐曲名。《左传·襄公十年》："宋公享晋侯于楚丘，请以《桑林》。"杜预注："《桑林》，殷天子之乐名"；《庄子·养生主》："合于《桑林》之舞，乃中《经首》之会。"

B 神名。《淮南子·说林训》："上骈生耳目，桑林生臂手，此女娲所以七十化也。"高诱注：上骈、桑林皆神名。汉应劭《风俗通·怪神序》："荀罃不从桑林之祟，而晋侯之疾间〔除〕。"

C 地名。《墨子·明鬼下》："燕之有祖，当齐之社稷，宋之有桑林，楚之有云梦也。"《淮南子·主术训》："汤之时，七年旱，以身祷于桑林之际，而四海之云凑，千里之雨至。"（《尸子·卷下》："汤之救旱也，乘素车白马，著布榮，身婴白茅，以身为牲，祷于桑林之野。"）

也是历史思维与神话思维扭结互现。

第二章

三才思维与三代文明

《易·说卦》："是以立天之道，曰阴与阳；立地之道，曰柔与刚；立人之道，曰善与恶；兼三才而两之，故《易》六画而成卦。"大意是构成天、地、人的都是两种相互对立的因素。《易经》的每个卦都分 6 个爻，俗称 6 爻卦。六爻每两爻一组配三才，即初爻与二爻为地，三爻四爻为人，五爻与上爻为天。那么"不三不四"，其实就是"不是人"的意思了。这涵盖"天、地、人"三才之道的伟大学说深入中华民族之心，贯穿于中华民族的人伦日用之中，牢固地培育了中华民族乐于与天地合一、与自然和谐的精神，对天地与自然持有极其虔诚的敬爱之心。

第一节　《易经》民俗风情

民俗是一个历史阶段中社会群体形象的重要显现方式，反映为具备某种特点的社会表象。它对文学的滋养浸润主要表现在干预人文情怀的形成、影响社会文化的体系构建、提供该时代文学现象的解码方式等等。而作为滋生文学的土壤，又表现为关乎民间文学艺术品位的确立，以及通过社会精英阶层对俗文化的取舍改造，最后影响该时代的雅文学特质。而民俗与雅文学的关系，是经过社会精英阶层对俗文学的关注、改造以及定向演进来建立的。郑振铎和胡适先生对此早有精到见解：因为俗文学的不肖于正统，所以更能代表当时的时代（因为不肖古人，所以能代表当世——胡适语）；而作为直接产生在民间的精神之花，"许多民间的习惯与传统的观念，往往是极顽强地黏附于其中，任怎样也洗刮不掉"①。这矛盾的属性成就了俗文学的生动活泼不拘成法，反而成为当时社会生活的录像式而不是照片式的宝贵资料。

由于史料取材范围的限制，我们无法从记载上古历史的史书中获取更多的民俗资料，上古流传下来的、民俗作为影响因素之一形成的文学作品反而成了我们撷取当时民俗史料的宝库，这是倒过来的哲学。《易经》是具有文学价值的巫书，其中所反映出来的民俗风情，也是其文学价值的一个不容忽视的重要方面；另外经过对该书文本中民俗风情的探微寻幽，也可以从群体形象的视角、社会表象的层面，更深刻地理解《易经》中的人物形象。

根据民俗学理论，一个时代的民俗既是共时的，又是历时的，前者表现为该时代大环境对社会群体的心理感应，后者表现为文化发展的不均衡所造成的民间与精英、都市与边鄙等文化秉持的巨大落差。同时，由于习惯势力的影响和古籍文本形成过程的拖延，反映在古籍文本中的民俗风情往往显现为三个层次的交融：遗留的、当时的、后代掺入的。在这方面，作为上古最高智慧结晶的巫书，《易经》也未能"免俗"。

一、抢婚风俗

从《易经》文本看，很多民俗应当属于前代遗留下来的，比如抢婚的婚俗就不应当是那个时代的社会秩序所允许的，然而这些在文本中却经常表现出来。

在《屯》卦中，详细描写了一个抢婚的场面："屯如邅如，乘马班如，匪寇，婚媾。女子贞不字，十年乃字"（六二爻辞）；"乘马班如，求婚媾。往吉，无不利"（六四爻辞）；"乘马班如，泣血涟如"（上六爻辞）。从引文看，来求婚的这一群人女方肯定不认识，否则不会将他们误认为寇盗，说不定是周边部族来劫掠人口的。所以女子被劫掠的过程中"泣血涟如"伤心至极，以至于多年不肯和强盗般的所谓新郎过夫妻生活，因而没有生育子女。但是这被劫掠的女子最后还是屈服于抢婚者，十年之后终于为他生了孩子。

由于"屯邅"这一固定词组的语言暗示影响，人们历来认为《屯》卦是一个坎坷艰难的卦象。从卦象看，此卦震下坎上，有"动乎险中"（该卦彖辞）即身临险境，或者"云雷屯"（该卦大象）即暴风雨即将来临的样子。但是从

---

① 郑振铎. 中国俗文学史：上册［M］. 北京：作家出版社，1954：5、20.

《卦辞》看，《屯》卦又基本上是一个好卦："元亨，利贞。勿用有所往。利建侯。"《左传》记载占卜中两次遇到《屯》卦，都是犹疑冰释皆大欢喜的结果（闵元、昭七）。该卦《彖辞》对卦象的解说自相矛盾摇摆不定：既说"刚柔始交而难生"，又说"动乎险中，大亨贞"，不知道是难还是亨；而大《象》在摆出卦象之后干脆交了白卷。倒是《杂卦》说出了该卦的真蕴："《屯》，见（现也）而不失其居"，不管是"盈也"也好，还是"物之始生也"（序卦）也好，都是物象显现（见），那《彖辞》的"雷雨之动满盈，天造草昧"也是物象显现，在显现的时候不要离开从而失去居住的根据地，便是《卦辞》的"勿用有所往"。女子也是如此，在这个卦象出现的时候是不能离开生于斯长于斯的娘家的，故而不宜出嫁。这样，抢婚的场景被摄入《易经》的原因就清楚了：在女子都不肯出嫁的屯遭环境中，就像后代所谓的白马年那样，文化心理结构不同因而不相信这一套的周边部族要想"子克家"，就只有一个法子可想，那便是抢婚。因此，在遇到阻力比如"女子贞不字"或者哭哭啼啼破坏婚嫁气氛的时候，"乘马班如"即盘桓犹疑且不说，就是在"往吉，无不利"的情况下，照样"乘马班如"犹疑徘徊没有信心，也是可以理解的了。如此看来，这抢婚的闹剧还有一个包含巫卜意绪的大环境在起作用。这样，《贲·六四》的"贲如皤如，白马翰如，匪寇婚媾"便是另一种心情了——因为在《贲》卦中没有不宜婚嫁的巫卜氛围对男方构成心理压力。

　　但是无论如何，在"大君有命，开国承家"的卦爻辞文明时代，是不应当有抢婚的现象出现的。这里有一个对该文本摄取物象动因的理解问题。巫师们在这里不是要写故事或者记历史，而是在用物象说明卦象进而显现巫理。我们上举的该卦六二爻，在下卦震的中央，《说卦》云："其（震）于马也，为善足，为作足"，跟马蹄有很大关系，所以有乘马的卦象。而六四、上六正好是上卦坎的两个阴爻，《说卦》说："其（坎）于人也，为加忧，为心病，为耳痛，为血卦，为赤；其于马也，……为下首，为薄蹄，为曳；其于舆也，为多眚……；（坎）为盗。"女子泣血涟如，便是加忧与心病、耳痛、血卦的结合；那马的盘桓屯遭，是因为卦象里有低头不进即下首、马蹄磨损劳顿伤痛即薄蹄、拖拖拉拉劳累不堪即曳（拖蹄为曳）等情形蕴含；怀疑抢婚的是强盗，是因为坎有盗贼之象即为盗。仔细比照着看看，这抢婚的物象都在这《说卦》的例举中了。巫师的智慧就表现在这里，将这些物象编排在一起莫若这抢婚的场景最合适了。至于这抢婚的习俗是当今盛行的还是遥远的玫瑰色回忆，当时的人们自然会明白，不似我们后人还需要考订。

巫师是最早的史家，他们对历史上的习俗变迁应当是了如指掌的，在巫书中引用这抢婚的掌故，属于顺手拈来的机智，而非斤斤于事件本身真实性的考究。况且从《睽》卦上九《爻辞》的说法看，当时很可能还有以抢婚为游戏的结婚仪式存在："睽，孤。见豕负涂，载鬼一车。先张之弧，后说（脱）之弧。匪寇婚媾。遇雨则吉。"这是一个孤独的旅行者，他为了旅途的安全随身带着一张弓。他先是看到一个糊里糊涂的动物，以为是什么豺狼虎豹之类，慌忙张弓准备射箭，结果看到的是一头在泥巴里滚得一塌糊涂的家畜之猪而已；他第二次张弓也是一场误会，在路上白日见鬼，看到满满一车鬼怪，当然这化妆成鬼魅的车上人被孤独者认定为强盗，结果发现不过是抢婚的礼车罢了。这两场虚惊损耗此孤独者精神不少，因而慨叹：如果在行进（往）中遇到雨就好（吉）了。正如该爻小《象》所说的，"遇雨之吉，群疑亡也"。因为，如果在遇到泥豕和活鬼的时候正好大雨滂沱，不但这孤独者的注意力不会如此集中因而格外紧张，就是那泥豕和满脸涂抹的抢婚者都会被雨水冲刷出真面目，哪里还会惊吓旅行者造成误会！这里出现的化妆抢婚，应当是一种游戏性质或者巫卜性质的婚礼仪式。巫师摄像明理，看来也考虑了当时的民俗基础。因为如果使用的是当时一点影子都没有的物象，也不符合此巫书适于"百姓日用"的本旨。

二、抢劫为荣

人类进入父系氏族社会，便加强了对私有财产的保护，到《易经》文本产生的时代，应当是私有观念深入人心的秩序社会了。但是我们在卦爻辞中却经常看到不以抢劫为耻、反以为荣的记载，这也有一个前代民俗遗留的问题。

在《蒙·上九》中，我们看到这样的爻辞："击蒙，不利为寇，利御寇。"《说文》："寇，暴也，从攴从完。徐错曰：当其完聚，而欲寇之"，综合许慎、徐错两人的说法，这寇便是聚集人众充分准备之后去施行暴力抢劫的意思。在先秦古籍中，寇作为动词是劫掠侵犯，作为名词是盗贼的别称。总之此寇字不但现在是贬义词，就是先秦时代也从来没有充当过荣耀的词。这占筮者及巫师在圣人书中公然惋惜"不利为寇"，虽然有卦象的因素在那里摆着（《蒙》卦坎下艮上，如前述坎为盗贼），也让人啼笑皆非：如果卦象合适利于为寇，这些震惊百里不丧匕鬯的大人君子肯定会去"为寇"。

有了这一段爻辞作铺垫，我们在解读"有孚挛如，富以其邻"（小畜九五爻辞），"翩翩，不富以其邻，不戒以孚"（泰六四爻辞）时，便总觉得不对劲：你是否富足？为什么总是拿眼睛盯着邻居？这个疑问可以在《谦·六五》中得到圆满答案："不富以其邻，利用侵伐，无不利！"这谦谦君子在自认为不富足的时候，竟然要侵伐邻居，并且无不利。看来我们并没有冤枉上述《蒙·上九》所记载的诸位君子。

我国北方的辽、金、元三个政权，都是蒙古族建立的。该族属于正宗龙的传人之一支，却因为生存环境的限制一直处于奴隶社会向封建社会的过渡期，直至元代主持中央政权，才完成向封建社会的过渡。宋人文惟简写有《虏廷事实》，其中说到该族民俗时有这样一段话："虏（宋人对蒙古族的蔑称）中每至正月十六日夜，谓之放偷。俗以为常，官亦不能禁。"清代厉鹗在《辽史拾遗·鹘里叵》中引《燕北录》，说辽人"正月十三日放国人作贼三日"，据说鹘里叵是当时的蒙语，"鹘里"是偷的意思，那"叵"便是"时"，也是记载的这件事。从中可以看出：作为游牧民族，其民俗有不以偷盗抢劫为耻、反以为荣的奇怪荣耀观念遗留，故而在进入文明社会之后，还要在年关结束时（元宵节）让人们重温充溢英雄情结的旧梦——因为在以抢劫为荣的时代里，善于抢劫的人肯定是该民族的英雄。

人的孩提时代总有不通情理的观念伴随，一个民族的发展也要经过自己的孩提时代，只不过有迟早之分罢了。这不以抢劫为耻、反以为荣的奇特荣耀观念，是人类成熟过程中的一段不光彩历史，我们不必隐讳它的曾经存在。

三、正午星光

祭祀典礼虽然是社会精英层所设计、参与、主持的，但这典礼的各种规矩程序以及贯穿于其中的价值观念，却都是从前代或当时的民间摄取来的。因此，在祭祀典礼中可以寻绎到当时民俗的影子。当然这民俗一旦被摄入典礼，百姓便没有机会参与其中了——因为礼不下庶人。在《易经》中描写祭祀典礼的卦爻辞中，处处可以看到民俗的影子，比如《大有·九三至上九》《益·六二》《升·六四》等卦的王族祭祀，其中就明白写着"小人弗克"，这是大型祭祀顶级宴享的谢绝参观；《大过·初六》《损·卦辞》《升·九二》等卦中的只要有诚心（孚）薄祭也可受福的观念，不会是酒肉臭的朱门奇想；从《随·上六》爻辞中我们可以看到当时还有以活人为祭品（人牲）的现象（拘系之，乃从维之，王用亨于西山）；从《萃·卦辞·初六》中，我们可以看到祭祀典礼还有联络感情、消除隔阂、增强贵族之间团结的作用。

因此，那些在祭祀典礼中"盥而不荐，有孚颙若"（观卦辞）的装模作样，在大人君子看来，是他们"知崇礼卑，崇效天卑法地"，"所以崇德广业"（系辞上）的庄严肃穆之举，而在今天看来，乃是侵夺百姓唯一拥有的民俗享受（老子曰"乐其俗"）来为自己求福佑的不义行径。所以，我们前面提到过的《豫·大象》说的："先王以作乐崇德，殷荐上帝，以配祖考"，不过是"刑罚清（不是轻！）而民服（不是福！）"的"豫之时义大矣哉"（豫象辞），祭祀典礼给予百姓的，只是侵夺。

从《丰》卦所显示的场景看，也是一种典礼仪式。该卦《卦辞》说："亨，王假之。勿忧，宜日中。"虞翻说："阴阳交，故通"（李鼎祚《周易集解》引，下引虞翻同），是把亨解说为亨通。这种句式在《易经》中经常见到，如《萃·卦辞》："亨，王假有庙"，虞翻虽然承认"艮为庙（萃卦坤下兑上，六二、六三、九四互卦为艮），体观（关也）享祀"，但还是画蛇添足加上一个"故通"；《涣·卦辞》："亨，王假有庙"，虞翻说"否四之二成坎巽，天地交，故'亨'也"，虽没有明说亨即通，但天地交便是通，还是解亨为亨通。这里有一个天地交的问题：涣卦坎下巽上，即虞翻所谓"成坎巽"，大块噫气是谓风，空穴来风，在古人的观念中风是地面生成的，这说法也符合现代科学的空气流动形成风的原理，因为大气层是地面和天空的分界线，是地面的外套。坎和风都是地面上的东西，如果像《庄子》中说的那样："（子綦曰：）'……冷风则小和，飘风则大和，厉风济则众窍为虚。而独不见之调调、之刀刀乎？'子游曰：'地籁则众窍是已……'"（《齐物论》）把风坎（窍即穴）相交形成地籁说成是亨通，倒是便捷，可虞翻却把《否》卦抬了出来："否四之二成坎巽"，即《否》卦（坤下乾上）的九四"之"二爻即二、四爻阴阳互变就成为坎下巽上的《涣》卦，于是那《否》卦的"则是天地不交而万物不通也"的卦象就化解了，变成"天地交"。这迂曲牵强甚至歪曲的解说实在令人不敢苟同。

其实从上下文乃至该卦全卦的氛围看，这里的亨不应当理解为亨通的亨，像"元亨利贞"当中的亨一样，而是相当于"王用亨于西山"（随上六爻辞）、

"王用亨于帝"（益六二爻辞）、"王用亨于歧山"（升六四）等处的亨，即享字，是举行享祀仪式的意思。在举行享祀的时候君王驾到（这次虞翻说对了："假，至也。"），是一件很荣耀的事，所以应当喜气洋洋。所以尽管爻辞中反映出来的爻象稀奇古怪，但尽可以"勿忧"（丰卦辞）。

这个典礼最大的特点是丰大各种障蔽以制造怪异气氛。凡爻辞中所涉及的被丰大对象，有蔀、沛（旆）、屋、家等。丰其蔀、沛（旆）无非扩大席棚帐幔的规模，开拓日中即晴天中午的黑暗面，营造白日见星斗的怪异氛围；而那丰大其房子的举动，便是改造住宅大兴土木了。其实问题正是出在这里：丰大席棚帐幔还可以，而在一个享祀活动中拆除狭小的房子翻盖成大房子，恐怕不是日中前后能够完成的，于情理不通。

问题出在解"丰"为"大"上面。按"丰"即"豐"，本来是一种礼器，在礼书比如《仪礼》中经常见到，但是在"大"这个意义上经常和"封"字通用：《庄子·山木》有"夫豐狐文豹，栖于山林……"，同时代的屈原在《离骚》中有"羿淫游以佚畋兮，又好射夫封狐"。这豐狐与封狐都是栖息于山林的狩猎对象，是同一种动物。可见豐与封可以通用。在先秦古籍中，丰字的本义已如前所说，其常用义是丰收、茂盛的意思，以《诗经》为例：《周颂·丰年》意义不言自明，《小雅·湛露》："湛湛露斯，在彼丰草"便是茂盛的意思。茂盛又被引申为包裹严密、遮盖彻底，《战国策·秦策·一》："毛羽不丰满者不可以高飞"，即是羽毛包裹严密遮盖彻底不暴露肉体。而那"封"字也有包裹遮盖的意思，看来在遮盖包裹这个意义上同"大"一样，两字也是通用的。这样，我们便可以把爻辞中所谓的"丰（豐）其某"统统理解为遮盖某某，那爻辞解读起来就顺畅多了。另外在《丰》卦的上六中有"丰（豐）其屋，蔀其家"的爻辞，"蔀"在这里是名词动用，是遮盖的意思，从行文定势（且不说对仗）看，把丰（豐）理解成遮盖不是更顺吗？

其实解"丰"为"大"是《易经》文本在易传中最推崇的《象辞》为始作俑者："丰，大也。明以动（丰卦离下震上），故丰。王假之，尚大也。"态度明确没商量，并且将王也拉来吓人：那王之所以肯光临，是因为提倡这丰卦的"大"。因了这象传的言之凿凿，姚信便将"假"也变成了"大"："王假，大也。"（李鼎祚《周易集解》引）其实从孔颖达开始已经注意到象辞和爻辞的矛盾并力图调和："德大则无所不容，财多则无所不齐（阮元《校勘记》：毛本齐作济）。"① 容是包容的意思，和包裹遮盖意思相通融；济是周济的意思，也有（用好处）包裹周济对象的意思。只不过孔氏没有直说，我们只能算是一种对先圣心意的揣摩。但无论如何，通过我们前面的论证，将丰解释为遮盖也可以备一说了吧？

据此，我们可以将这次有君王参加的享祀，描述成以搭盖席棚或幔帐为主要特点的典礼。而上六《爻辞》中的"丰（豐）其屋，蔀其家"，便是席棚或者幔帐将房子都遮盖住了。这是一次我们目前尚无法解码的特殊祭祀活动，其神秘程度可以从爻辞中看出来；其重要程度可以从"王假之"的隆重看出来。我们现在要说的是，这在房子外面搭席棚或者幔帐，不正是民间举行红白喜事的、流传到今天的民俗吗？据说百姓所取的，是席棚或者幔帐上通三光（日月星）、下接四气（天地人神），即典礼活动融于大自然的意思。当然，这里面也有平民百姓房屋狭小难以宽绰接待集中来访亲友的深层原因。再看爻辞中那"日中见斗""日中见沫"，不是已经通了三光中的两光了吗？

在这个神秘隆重的典礼中，虽然有君王驾到，却没有上举"小人弗克"的规定出现，况且那"得疑疾"（六二）、"折其右肱"（九三），尤其是"遇其配主"（初九）、"遇其夷主"（九四）的，也似乎不是大人君子。因为，养尊处优的生活和"用巫史纷若"（巽九二爻辞）的医疗条件，得疑疾的可能性不大；而自己就是主子的大人君子，还上哪里遇什么某主！看来，这享祀活动是一种参与面很广的祭祀典礼，"王假之"就像宋朝皇帝元宵观灯一样，是与民同乐的场面。是否可以假设：这享祀活动本身就是当时的一种民俗活动或者民俗意味很浓的祭祀活动，就像后来孔子参加的腊祭一样？现在我们回头读《杂卦》："《丰》，多故也；亲寡，《旅》也"，不是比《序卦》的人云亦云："《丰》者，大也"有韵味多了？多故不是故事多也不是事故多，而是对应于"亲寡"（亲人稀少）的"故旧""故人"即熟人多。在这个典礼上能遇到很多熟人，不是足以证明这享祀的参与面之广吗？

另外在《复》卦大《象》中描述的："雷在地中，复。先王以至日闭关，商旅不行，后不省方"，这意思前不接卦辞象辞，后不见于爻辞小象，突兀出来这么一幅上古冬至之日的风景画，让人纳罕惊喜之余，禁不住遥想当年平民百

---

① 阮元．十三经注疏［M］．北京：中华书局，1980：67.

姓的生活画面。可惜没头没脑是《象》辞的一贯作风，我们无法追究其详。

四、梅开二度

有些反映在《易经》文本中的民俗状况也许没有普遍意义，不能作为具有时代特点的风情予以分析，但是在易传乃至后代解易著述中往往被误读从而掺入其他观念，反而引起人们对这种情况的关注。对这些现象进行分析有助于深入理解被摄入《易经》的人物形象。

比如《大过·九五》爻辞："枯杨生华，老妇得其士夫"，那占断辞是"无咎无誉"，即在巫师看来是没有什么大不了的事情，大胆一些推论，这在当时也许是一种具有普遍意义的民俗。但是此事在该爻大《象》中却被评论为："枯杨生华，何可久也？老妇士夫，亦可丑也"，这完全是夫权膨胀时期的观念。

再如《咸·卦辞》说："亨，利贞。取女吉。"这本来和《蒙·九二》"纳妇吉，子克家"、《渐·卦辞》"女归吉，利贞"一样，是看到卦体中的艮想到"艮三索而得男，故谓之少男"（说卦），风流少年正好成家，如果等到年龄老大成为"长男"，那取女就不是这般滋味了。因此，在《易经》中凡是"妇人吉，夫子凶"（恒六五爻辞）、"归妹，征凶，无攸利"（归妹卦辞）、"丧羊于易（为女人丧命）"（大壮六五爻辞）、"婚媾有言"（震上六爻辞）、"窥其户，阒其无人，三岁不觌（家中老婆孩子都失踪了，估计会很长时间找不到），凶"（丰上六爻辞）等婚姻不吉利或发生变故的，卦体中都有一个震卦，说他是长男已经错过婚期找不到门当户对的适龄女子也好，说它是艮卦颠倒过来因而吉凶发生错位也好，总之巫师在编织卦爻辞时就遵循了这么一个规律，这肯定有当时的民俗作为社会价值判断的依据。但就是这《咸·卦辞》的"亨，利贞。取女吉"，到了《咸·象辞》那里，就变成"男下女，是以亨，利贞，取女吉也"。诚然，在《咸》卦的卦体中有艮下兑上的卦象，但是在殷末周初是否就像后代礼书上记载的那样，男子在结婚时要"知崇礼卑"到猪八戒背媳妇的程度，一定要俯身在女子下面，还是个值得探讨的问题。比如上举的"纳妇吉，子克家"的《蒙》卦，就是艮在上面的卦象。这又是用后代观念歪曲巫师的创意，好像当时的民俗就是在婚礼上"男下女"似的。另外从卦辞字面上来看，是讲取女吉利，那取女的主语是男子，也就是男子吉利，跟男下女没有什么必然联系，总不能把卦辞解释为在婚礼上男下女才吉利（其实象辞字面就能作如是理解）吧？

　　还有一句爻辞把易学名家都搅得糊里糊涂，那就是《鼎·初六》爻辞中的"得妾以其子"，高亨先生在作出妾带前夫之子来嫁的解说后，可能也觉得不妥，因为娶妾是老夫得其女妻的以老娶少，那纳妾的已经是成家立业的事业有成身价高贵之人，少女有的是，为什么要娶一个拖油瓶女子来家？因此，高老又谨慎地说："此殆古代故事，盖……"在揣测之后开始使用推测词语下结论。其他说法中，比较典型的是把这句爻辞解说成那妾因为生了儿子于是身价倍增，母因子贵等等，更是在语法上都不通：如此解说，那爻辞应当是"妾得（还要补充一个"宠"字）以（因也）其子"才是。

　　其实这句爻辞的真谛还是在卦象里。虞翻说："《大壮》震为足"（再往下的说法就要不得了，故不引。据李鼎祚《周易集解》引），《大壮》卦乾下震上，把此卦颠倒过来以震为足，便成为艮下乾上的《遯》卦，这是该爻辞中"鼎颠趾"的结果。如前述，艮为少男，是爻辞中所说的"子"；《遯》卦的六二上应九五，两爻变卦后就成为我们讨论的《鼎》卦，叫作《遯》之《鼎》。而《鼎》卦的九三、九四、六五互卦为兑，这兑便是少女，是爻辞中所说的"妾"。《遯》卦艮的二爻变化出《鼎》卦因而有了互卦兑，所以说"得妾以其子"。

　　但是，为什么不说"得少女以少男"，而偏要说成"得妾以其子"呢？这里不见得就像高亨老所说的那样有什么失传了的故事，而是有民俗的因素在其中。该爻《爻辞》的全文是这样的："鼎颠趾，利出否。得妾以其子，无咎。"这里有两个物象，一是把鼎颠倒过来，利于清除其中的残羹剩饭；二是因为儿子的缘故得到了一个小妾。而在巫师看来，这都是无咎的事情。这第二个物象作如何解释呢？试为之说：某阔老为没有成人的儿子找了一个童养媳（之所以用这个后代才出现的名词，是说明这女子肯定比阔老的儿子年龄大），结果这女子袅袅婷婷被阔老自己看上了，便据为己有，儿子的事情以后再说吧，反正他也没有成人。于是因为给儿子预定媳妇，反而阔老自己得了个妾，即"得妾以其子"。而这种现象在当时的风俗习惯中，和前述的"老妇得其士夫"一样，是不会得到什么指责（无咎）的。这种在后人看来是病态的民俗，只能显现为"疯情"，于《诗经》时代还流风尚存呢！

　　《诗·邶风·新台》据《毛诗·小序》说："刺卫宣公也。纳伋之妻，作新台于河上而要之。国人恶之，而作是诗也。"那伋便是卫宣公的儿子。从诗中可以看出那本来应是世子（太子）之妻的女子是多么失望，对卫宣公是多么憎恶：把太子伋唱作无端失去的"燕婉之求"，而把卫宣公比作鸿（与人类抢食网罟中鱼虾的恶鸟）、籧篨（体态似粮囤）、戚施（罗锅）。而这种深恶痛绝的情感在《易经》中是没有的。该爻小《象》的原文是这样的："鼎颠趾，未悖也；利出否，以从贵也。"对得妾之类的事情未置一辞。以大《象》作者的道学思维，这算是最客气的做法了。这种用沉默表示的对抗应当是一种故意的误读——那意思是说：这等恶劣的行为，其是非曲直还是让后人去评说吧！

此外，《恒·六五》的"恒其德，贞。妇人吉，夫子凶"，是从艮卦倒转过来变成震引发来的男女吉凶错位，是事关民俗风情的卦象，却被该爻小《象》解说成："妇人贞吉，从一而终也；夫子制义，从妇凶也"，意思变成女人因为从一而终才吉利；男子因为听老婆枕边风耳朵软才凶，这跟爻辞简直风马牛不相及的解说真是让人啼笑皆非。另外像《姤》卦的彖、象基本上和卦、爻辞没有什么关系，故而因为"女壮"而不能将此女娶到家中来的世俗观念自然得不到合理诠释。《渐》卦如上述是因为艮象而反映出来的"女归吉"的世俗心理，也在彖、象中没有正确反映，尽管大《象》中有"君子以居贤德善俗"的话，但这移风易俗改善风情的根据是"山上有木"，没头没脑的还不如说山上有个庙让人神往。《归妹》卦在整个卦爻辞中都围绕卦象的倒转之艮即震在作嫁娶别扭的文章（这也是事关民俗的心理效应）：或者在嫁女儿时陪送了过多的媵妾而造成女儿有失宠之忧；或者因了某种原因（大概是老公和媵妾过分亲热）想眼不见为净，但是他们的作为放肆到连瞎子都看得清清楚楚（眇能视）；或者为了等待什么事情而延误了婚期造成双方尴尬；或者承筐无实杀羊无血婚姻有名无实等等，真是千回百转让人牵挂不已。但是在各爻小《象》中除了风凉话如"归妹以娣，以恒也"，"愆期之志，有待而行也"之类，便是废话如"帝乙归妹，不如其娣之袂良也"（这是解说爻辞"帝乙归妹，其君之袂不如其娣之袂良"的！）。而彖辞和大象更是不着边际："归妹，天地之大义也，天地不交而万物不兴。归妹，人之终始也"（彖辞），这是典型的空话废话。"泽上有雷（这是卦象），归妹（这是废话），君子以永终知敝"（大象），除了罗列卦象重复卦名之外，剩下那一句话放之四海而皆准，等于没说。

由此看来，彖、象在接触到反映民俗风情的卦爻辞时，由于巫卜庄严和道学理念的双重禁锢，总是处处被动才气顿无，不是歪曲就是误读，或者干脆顾左右而言他，对此我们还是不苛求古人的好。

第二节　《易经》语言民俗〔上：成型成语〕

语言是口承语言民俗最主要的载体和传播媒介，有些民俗现象直接表现为语言或言语形态。语言与民俗在广泛而深入的联系中，长期相互影响产生了民俗语言文化形态。语言直接映射了民俗心理。在日常的言语交际中，最富于社会生活色彩的通用的语言材料，往往包含了民俗要素。"天啊"是中国人司空见惯的用以表达惊讶的口头禅，究其实，却源自人类原始的自然崇拜信仰民俗。同样，西方人常使用的口头语"My God!"也是源于人类的原始的自然崇拜。这种约定俗成的、获得广泛认知的、习用的，涵化了民俗要素的语言材料就是民俗语言。由此可知，各类民俗文化现象虽然直观地表现为寻常的口语形式，但其中却浸染、凝积着深厚的民俗要素；而各类民俗语言也都能在丰富多彩的民间活动中寻得它的源头和内容。①

充溢于《易经》文本中的语言民俗，可以分为成语和格言两类，而成语又可分为"成型成语""衍生成语"；格言则可分为"哲理型格言""警诫型格言""经验型格言"。同时在《易传》中，还有一些"衍生格言"存在。本节和下一节讨论《易经》中的"成型成语""衍生成语"和"哲理型格言"。

成语又叫作熟语，成、熟在汉语中是意义有交叉的两个字，而组合在一起又是一个令人神往的词。成语或熟语不是汉语独有的现象，比如英语的习语、日语的惯用型和中国的成语是一个类型的语言现象。在语言学上，成语属于词汇中的固定词组类型："成语是固定词组的一种，它是语言发展中逐渐形成起来的习用的、定型的词组，其中大部分都是从古代文献中继承下来的……另外还有一些成语来自历史故事（如"四面楚歌"）、寓言（如"狐假虎威"）、民间口头流传的词语（如"换汤不换药"）等。"② 这里除了成语的定义之外，还讲了

---

① 本段内容可参看：曲彦斌. 中国民俗语言学［M］. 上海：上海文艺出版社，1996：28 － 42.

② 高名凯等. 语言学概论［M］. 北京：中华书局，1963：107.

成语这种词汇现象形成的四个来源。其实掌握成语把握两个来源就可以了：从字面就可以理解的和必须了解其产生背景即典故才能理解的。比如"狐假虎威""后来居上""浑浑噩噩"等成语，即使没有读过《战国策·楚策》中的寓言、《史记·汲郑列传》中用臣若积薪的比喻、扬雄《法言·问神》中关于"虞夏之书浑浑尔，……《周书》噩噩尔"的评论，也能够理解：狐狸没有威风借用老虎的威风来装门面；后来的反而居于上面，是违背先来后到论资排辈的常理；而浑浑噩噩肯定不是清楚明白精明强干。而像"朝三暮四""四面楚歌""杯弓蛇影"等成语，如果没读过《庄子·齐物论》中的寓言、《史记·项羽本纪》中关于垓下之役的描述、《晋书·乐广传》关于那个多疑屠头的记载，就会字字认识而不知其所以然。

卜书《易经》中的成语也是这样，比如同在《乾》卦中的"亢龙有悔"和"群龙无首"，前者虽然在现代武侠小说中使用频率颇高，但是如果不了解《周易》中的相关语境，也不会理解这亢高或者亢奋的龙何以有悔；而"群龙无首"从字面上一看就明白，如果真到《易经》中去找出处，倒是容易被搅糊涂而似懂非懂起来。由于《易经》本身是现存典籍中最早成书的古籍之一，所以其中的某些成语或者蕴含着某些生动活泼的典故，我们也无从考查了。而古史辨派的先学们考订的历史故事中一个诞生成语的也没有，无法作为典故来解《易经》中的成语。这样，文本中的成语这一语言现象便呈现单向流动的态势，即只是对后代产生影响并成为后代使用（成型成语）或者创造（衍生成语）成语的源头。

成语作为结构定型、形式简洁、意义完整、措意精辟的语言精华，在语素构成上充分反映了一个民族的思维、特别是审美特点。比如"去伪存真""去华求实"的哲理式精辟与"花朵不如饭团子"（日语：花より団子）的朦胧式婉转；"漫不经心""马马虎虎"的整体形象勾画与"没有捋起袖子"（俄语：СЛУСТЯ РУКава）的局部细节关注；"过河拆桥"的生动形象比喻，"忘恩负义"的道德层次谴责，与（爬上高处后便）"踢翻梯子"（英语：Kick down the ladder）的滑稽动态刻画，都形象地反映了不同民族在语言使用方面的特点。《易经》作为汉语语种现存最早成书的典籍之一，其中的成语也充分反映了华夏民族的审美特点与思维定势，并成为在不同层面影响后代汉语语言发展的源泉。而作为一种修辞方式，成语又在字面（这是象形文字特有的）和语意的形象性以及音韵节奏（这是中古四声理论发明、唐宋新体律诗繁盛给汉语发展带来的恩惠）的形象性方面成为文学创作修辞格的一个重要平台，为汉语形象美的铺张做出了不可磨灭的贡献。《易经》中的成语和衍生成语、格言与衍生格言，又成为这种贡献中当之无愧的五彩奠基石。

从《易经》中所使用的成语看，在字面形象方面不是表现为书法所谓的飞动挥洒如诗如画，而是从字面意义上给人的美感享受。比如我们在看到后代的"招摇过市"时，不管这成语处在什么样的语意场中，哪怕是单独摆在那里，都似乎让人看到一个浅薄无聊的家伙摇摇摆摆，或者手里拿着自以为得意的东西摇摇晃晃，在热闹的街市当中蹉跎栖迟企图引起更多人注意。而我们看到"虎视眈眈"（颐六四爻辞）的时候，倘使想起老虎那灵光闪闪的眼睛便一定毛骨悚然，如果联想到人那充溢欲望的贪婪一定如在目前，这感觉不是和"招摇过市"同样生动鲜活吗？这种例子不胜枚举，我们只作为一个现象放在这里，作为鉴赏《易经》中成语的一个引玉之砖。

从语意的形象性角度来看，《易经》文本中的成语也和其他的成语一样，可分为从字面可以理解其意义的和必须弄通其产生环境即所谓典故才知其所以然的。如上述群龙无首、虎视眈眈和不速之客（需上六爻辞）、不永所事（讼初六爻辞）、谦谦君子（谦初六爻辞）等，从字面上就可以理解其意义，同时也可以体味到它们的形象性：那不速之客的"突如其来"（离九四爻辞——这是成语"突如其来"的原型）、不永所事的虎头蛇尾、谦谦君子的温良恭俭让形象都跃然纸上，而用不着到文本中去寻根问底。这是问题的一个方面。但是另一方面，有些从字面上可以理解意义、生发想象从而体现其形象性的成语，如果到产生它的语意场中去体味一番，也是可以玩索而有得的。

一、不速之客

这一成语中的"速"字在意义上就很有些蹊跷。从东汉许慎挖掘该字的古义到今天的日常用语，人们最熟悉的意义是"疾也"（《说文解字》），即现代人人可以理解、并且在生活节奏加快的时代里更容易体会的速度快的意思。在这两千多年里，"速"字还有一个被冷落的意义，即《玉篇》中所解说的字义：

"召也。"① 这个召请的意思除了在去《易经》未远的《诗经》中偶有所见，比如"既有肥羜，以速诸父"，"既有肥牡，以速诸舅"（《诗·小雅·伐木》）之外，到伪《尚书》"欲败度，纵败礼，以速戾（败戾灾眚）于厥躬"（《商书·太甲中》）中的所谓"速"，已经是召请的引申义招致，与《左传·隐公三年》"君人者，将祸是务去，而速之，无乃不可乎"中的"速"意义一致了。在这个意义范畴里，"不速之客"这个成语是保持"速"之召请意义的唯一元勋。而且从今往后，"速"字的召请意义只有靠这个成语保持下去也是无可置疑的了。因为我们翻遍中外现代汉语的字书，关于速的召请意义只有一个例词，那就是不速之客。

我们读古书知道，有朋自远方来是一大乐事。我们看现代戏剧，对来的都是客，因而必须相逢开口笑并无惊诧。我们检点民俗，发现中华民族特别是少数民族历来有好客的习惯。我们从现实生活中知道，不管芥蒂多深，只要去家中登门拜访，那隔阂就减掉了一半等等。这些不速之客受到的待遇，是没有道德法律人伦社会的任何约束、自然而然形成的，它反映了华夏民族对待不速之客的融化到血液中的心理定势：对不速之客应当热情招呼。这样，我们再到这"不速之客"的母体《易经》中查看其产生的语意场，便会发现，"有不速之客三人来，敬之，终吉"赫然在那里写着。

二、无妄之灾

"无妄"是什么意思？字书中用现代汉语解释便是意外，用古语解说则是不测，其实都是误读。究其原因，便是对产生这成语的语意场没有贴近玩味。此成语来自《易经》的《无妄》卦，易传对该卦的解说非常明确："刚自外来而为主于内，动而健，刚中而应。大亨以正，天之命也。'其匪正，有眚，不利有所往'（此引该卦卦辞），无妄之往何之矣（初九爻辞：无妄往）？天命不祐，行矣哉？"（该卦象辞）"天下雷行（该卦震下乾上），物与无妄……"（该卦大象）。乾为刚震为主（长男、长子均为一家之主），该卦刚外主内，是所谓刚正不阿（不阿即不妄，是无妄的一种）的卦象，因此"动而健，刚中而应"。刚健而不妄行，便是此卦的主旨，因此大《象》有"物与无妄"的说法。《序卦》

---

① 张士俊刊．宋本（顾野王）玉篇：影印版［M］．北京：中国书店，1983：195.

说："复则不安矣，故受之以《无妄》……"这无妄就是不妄。如果按照后人"意外"（即不意）、"不测"之类的理解，这妄便是预料、预测的意思。而实际情况似乎并非如此。

在先秦典籍中，妄是狂乱、荒诞、非分、越轨的意思。《荀子·儒效》说："故闻之而不见，虽博必谬；见之而不知，虽识必妄"，妄和谬对举，是荒诞、荒谬的意思；《左传·哀公二十五年》中记载公文懿子请求驱逐祝史挥的主要理由，便是"彼好专利而妄"，杜预注："妄，不法"，这妄是过分的意思。总之这词义都符合许慎"妄，乱也"的说法。这个意义一直延续到现代没有出现新的词义。在无妄之灾的成语中忽然出现一个孤义是难以让人信服的。这样看来，解无妄为不妄即不胡乱（行动）似乎更合理，比如陆德明《经典释文》便解无妄为"无虚妄也"，李鼎祚《周易集解》引前人解易，或者像陆德明一样解为"虚妄"（何妥）或者解为"邪妄"（蜀才）。但是，如果放弃解无妄为意外不测，《无妄》卦的解说往往难以贯通，这在前人解易的著述中屡见不鲜，大致是在该卦的六三爻辞即本成语的出处"无妄之灾"和九五爻辞的"无妄之疾"两处出现暗度陈仓的迹象，比如把这两句爻辞解说成无缘无故遭灾和无缘无故得病，还不如直接说遭逢意外灾害和得了意想不到的疾病更直接，因为这种说法已经和解妄为预测意料意思差不多了。因为无缘无故就是难以预测、意想不到。当然还有为了调和这特别明显的矛盾而另辟蹊径的，比如把无妄解说成"应该有的"云云（高亨），因为没有多少人响应，所以不必讨论了。

其实将无妄解释为"不胡乱（行动）"在全卦也是讲得通的："无妄往"（初九爻辞）便是不胡乱去什么地方；"无妄行"（上九爻辞）则是不胡乱行动。而那"无妄之疾"（九五爻辞）和我们正在讨论的成语"无妄之灾"（六三爻辞）已经是正经的动词性词组作定语了，可解读为：没有非分越轨的行为而遭受的灾祸、没有戕害身体的荒诞狂乱行为却患上的疾病。况且那初九、上九小《象》在引用爻辞时干脆将它们改造成"无妄之往""无妄之行"，竟然把四个"无妄"（某某）统一句法了。可见小《象》与前引的《象辞》、大《象》是口径一致的——都认为无妄是不胡乱（行动）即常言说的不胡来的意思。这样，我们再疏解各爻的爻辞时，便有了一种不同于通说的新角度：

初九爻辞"无妄往，吉"：不胡乱去什么地方、深居简出，当然没有什么危险，所以吉利。六三爻辞"无妄之灾：或系之牛，行人之得，邑人之灾"：这是用一件实事解说无妄之灾。贵族有一条牛栓在桑树下，被过路人偷走了，这财主或者派打手到各家去搜查，或者报告官府衙门传唤邑人打板子用刑具逼供追查牛的下落，所以和财主不相干的行人得到了财物即牛，而和财主同邑的人却在没有做任何非分行为的情况下遭遇咎害，这便是无妄之灾。九五爻辞"无妄之疾，勿药有喜"：没有戕害身体的荒诞狂乱行为（比如烟酒过度、好色伤身、劳损筋骨等等）却患上的疾病，那只能是自己认为有病，也就是心病，只要调整心态（比如现代的去看心理医生）身体自然恢复常态，如果胡乱吃药反而容易伤身，这就是"勿药有喜"。上九爻辞"无妄行，有眚，无攸利"：高亨用否定之否定原理解说无妄，将之翻译成现代汉语便是当然或者当某某即理所当然的意思。这样此爻的无妄行便应当是应该采取的行动，这就和占断辞发生了矛盾，于是老先生很想将那"妄行"前面的"无"字删除以求贯通，其实不必。《易经》是卜书，解读爻辞不能离开卦象，上述爻辞都是与卦象紧密联系的，比如上面我们说的"或系之牛"即"有一条牛栓在桑树下"，虞翻便是这样解说的（括弧中的话除标明"按"者外，均为本文引《说卦》为虞翻作证）："四动之正（按：九四变阴，阴爻处于阴位即正位，所以为"之正"。此时二三四爻变为坤），坤为牛（坤为牛，……为子母牛）；艮（按：原卦二三四爻互卦为艮）为鼻，为止（〔艮〕为黔喙之属；艮，止也）；巽（按：原卦三四五爻互卦为巽）为桑，为绳（巽为木，……为绳直）；系牛鼻而止桑下，故'或系之牛'也。"这不是言之凿凿吗？关于上九的"无妄行，有眚，无攸利"，虞翻是这样解说的："动而成坎（四爻变阴后上九再变阴，则上乾变坎，坎为险），故'行有眚'。乘刚（按：上九变阴乘九五）逆命，故'无攸利'。天命不右，行矣哉（这两句引用该卦象辞，右即祐）。"虞翻在这里明确回答了为什么无妄行即没有胡乱行动还有灾眚，没有一点好处（无攸利），那就是因为现在的位置是"亢龙有悔"的穷飞至极爻位，在这种时候不管你是妄行也好、规矩地行也好，都是有百害而无一利的，这时候最好的办法就是不动。所以此爻小《象》说："无妄之行，穷之灾也"，这无妄之行的灾眚之所以发生，是因为爻位在"穷"即极至的位置上。（本段虞翻的话见李鼎祚《周易集解》引）

如果我们这样解卦，那无妄之灾的成语在含义上是否更深刻一些了？比如意想不到的灾难或者难以预测的灾祸，只不过是灾害的到来匪夷所思罢了，或许还因为自己做错了什么事引来灾祸，自己还缺乏反省不善反躬蒙在鼓里，这只能怪当事人心中没数自我感觉良好。如果明明知道自己没有做错任何事情，或许认为自己应当得到什么好处或者起码没有什么灾害，却偏偏有灾祸降临身边，这令人难以接受的、颠倒黑白、天理不公所引发的怨恨愤怒，恐怕不是意想不到的吃惊惶惑能比拟的！

三、憧憧往来（咸九四爻辞）

这个成语往往被解说为"来来往往"的意思，不但显得那憧憧多余——因为往来就是来来往往的意思——而且该成语也显得平铺直叙似乎没有什么形象性可言。后代有的字书可能也觉得这样解说有不妥处，于是便解憧憧为"往来不绝貌"，问题是这"貌"是什么样子？如果说是来来往往的样子，又和那"往来"意义重叠；如果说是在来来往往中还有一番样子显现出来，这样子实在是令人难以想象其详，所以顺便说成"让人立即想象到面目模糊来来往往的人影，从而生发怀疑自身所处环境的痴想"也无可厚非。但是，这里面目模糊不是憧憧的词义，而是该词给人的视觉印象与心理感受。这印象与感受在解说词义方面于事无补。

将憧憧解说为往来以至于生发为往来不绝貌的始作俑者，大概是三国魏晋时期张揖《广雅·释训》："憧憧，往来也。"问题是，如果"憧憧"便是往来的意思，那么"憧憧往来"便是"往来往来"，不是有饶舌之嫌吗？其实关于憧憧的词义，在汉代虞翻的解说中已经是"怀思虑也"了，此说不是虞翻的杜撰，而是本于易传。该爻小《象》说："憧憧往来，未光大也"，是说自己的心思没有公开（光）因而不能伸展（大）意志；《系辞下》专门解说这一爻辞的话因被汉代太史公马迁的父亲司马谈引用而名噪千古："易曰憧憧往来，朋从尔思。子曰：'天下何思何虑？天下同归而殊涂（途），一致而百虑。天下何思何虑？（下面开始解说"往来"，不引）……'"也是说这憧憧与思虑有关。至于有人说这思虑是从朋从尔思的思来的，是故意混淆视听，因为在这段系辞里根本就没有涉及这个"思"字，我们将在下面分辨。

在许慎《说文》中，憧被解说为"意不定也，从心，童声"，心神不定是一种忧思，所以跟"忧也，从心中声"的"忡"字意义差不多。由此可见，汉代"心憧憧若涉大川（这用词明显受《易经》影响），遭风而未薄"（桓宽《盐铁论·刺复》）的痛切感受、魏晋"夜耿耿而不寐兮，魂憧憧而至曙"（《晋书·

后妃传上·左贵嫔·杂思赋》)的辗转忧思,应当是这样理解"憧憧"之词义的:在抒发内心的忧愁感受时,同时想到了《诗·召南·草虫》"未见君子,忧心忡忡"、《楚辞·九歌·东皇太一》"思夫君兮太息,极劳心兮忡忡"等文学抒情方式与《周易》中充满巫卜意绪的表述,再加上《易经》"朋从尔思"的不孤独,于是这憧憧便和忡忡重合,形成文学思维受巫卜思维干预的幻象交融;也于是,便有了后代古汉语学者所谓忡、憧、幢(《三国志·魏志·管辂传》:"(飘风)在庭中幢幢回转")通用乃"古韵东、冬、江本通用"所致的说法。而且从卦象看,正如前文分析的,到了这一爻即九四爻,前有"咸(感也)其股"即感触大腿、后有"咸其脢(虞翻:"夹脊肉也")"即感触脊背,此爻无疑是感触其心即涉及了人体的心脏部位,故而憧从心,是心中的思虑。至于"朋从尔思"中的"思"字便是《诗·周南·汉广》"汉有游女,不可求思;汉之广矣,不可泳思;江之永矣,不可方思"及《小雅·采薇》"今我来思,雨雪霏霏"中的"思",那意思如同《毛传》所说的,是所谓"辞也"即语尾助词。而那爻辞中的"尔思"便不是偏正词组构成的宾语而是两个词了。于是,该句爻辞便可吟哦为"憧憧——往来,朋从尔——思"。

这样,憧憧往来的憧憧便是忧心忡忡的忡忡,幢幢回转的幢幢,说白了就是《诗经》中的"中心摇摇",只有"知我者"才能心有灵犀"谓我心忧"(《王风·黍离》),那形象性不是大为增强吗?因而,憧憧往来就成为忧心忡忡地徘徊于闲暇、幢幢回转地忙碌于公事,那心理负担正所谓蚱蜢舟怎装得下这许多愁,所以朋友经常去看望他安慰他,在这种痛苦的时候有朋友经常来开导送开心果,才能算是"贞吉悔亡"的卦象。我们何必把一个活生生的成语搞成现在这般死气沉沉的样子!就算如同有些人说的那样,此卦是事关男女感应的,这憧憧也是"你来到我身边,带着微笑,带来了我的烦恼"之类的咏叹,而不应像《广雅》说的那样,是"往来也"的陈述。这个成语的形象性是固有的,只不过后人将之忽视了而已。

四、羝羊触藩(大壮九三、上六爻辞)

这一则成语,如果只从字面理解,形象性是明晰的,但不存在羊这一物象的唯一性,比如可以说"莽牛撞墙"或"螳臂当车"之类,牛、羊、螳螂在物象方面没有什么优劣区别,更何况还有一个源自《诗经》的"进退维谷"(《大雅·桑柔》）在那里放着。但是联系其产生的语意场即《易经》文本《大壮·九三、上六》中的爻辞乃至全卦来看，这成语中羊的意义是形象丰润、层次丰富的，不但在物象上不可以用牛或者螳螂替代，而且在语言形象上也不能用文绉绉的进退维谷来类比——虽然羝羊触藩通常的意义就是这进退维谷即进退两难的意思。

在《大壮》卦中出现羊的形象，是与卦象密切相关的。该卦乾下震上，其中的三四五爻互为兑，在《说卦》中曾两次提到"兑为羊"，所以九三、九四、六五都与羊这一物象有关："小人用壮，君子用罔，贞厉。羝羊触藩，羸（羸即累，从丝，义为缠绕）其角"（九三爻辞）、"贞吉，悔亡。藩决不羸，壮于大舆之輹"（九四爻辞）、"丧羊于易，无悔"（六五爻辞）。上六仍然萦绕在羊这一物象上："羝羊触藩，不能退，不能遂。无攸利，艰则吉"，按虞翻的说法是"应在三"即上六的正应是九三，所以不但重复了九三的羝羊触藩物象，而且还对这一成语进行了迄今最早的权威解说，这是后人的幸事。其中九四爻辞虽然没有出现羊字，但是明显可以看出是在承接演绎九三的场景，这羊冲决了篱笆，继续向车子的伏兔即车闸撞（壮）去，一副不知进退的鲁莽形象跃然纸上。

从羝羊触藩产生的语意场来看，其形象性要比前举几个意义相近或相同的成语丰润得多：莽牛撞墙是本文杜撰的且不论，螳臂当车是从"汝不知夫螳螂乎？怒其臂以当车辙，不知其不胜任也"（《庄子·人间世》）衍生出来的，以至于到了《韩诗外传》里还没有形成定型的成语，仍在齐庄公与驾驶员（御者）之间啰里啰嗦打葫芦语（之八）。况且这螳螂也许是无意间爬到车辙中去不幸面临险境，和那"涸辙之鱼"（《庄子·外物》）差不多，其成语意义是人们赋予它们的。进退维谷从字面上看似乎是乘坐车子在荒原上行进，忽然陷于前后都是坑谷的境地，或者是在山谷中迷失了方向，于找出路中到处碰壁。前者不合乎生活规律：怎么忽然前后都是坑谷呢？此车从什么地方来的，来路不会有坑谷吧？后者是在山谷中碰壁，应当叫作进退维壁才是。也许《毛传》作者注意了"人亦有言，进退维谷"（《桑柔》）在形象性方面解说不通，因而衍生了坑谷的比喻义："谷，穷也。"在这里已经把此成语的形象性彻底放弃而采用了概念化的词"穷"。在这一意象群里，唯有这源自卜书《易经》的羝羊触藩仍然保持了不是旁观的人类附加的、形象鲜活的语言特色。

五、阒其无人

产生于神秘兮兮之《丰》卦中的"阒其无人"（上六爻辞），和魏晋产生的"丁忧"一词一样在晚清小说中随处可见，比如《二十年目睹之怪现状》中的九死一生去拜访熟人，到该先生家中竟然一个人都没有，便用这"阒其无人"来形容其感受。晚清的社会环境不似现在，举家出门逛街遛商场走亲访友在双休日是常事，当时即使大门不出二门不迈的女眷偶然逛庙烧香去了，家中也一定要留仆妇张罗日常生计比如烧茶煮饭打扫卫生之类，这种家中不见一个人影的情况对人们来说，是一种充满不祥甚至令人毛骨悚然的感觉，这也许是今人难以体会的。而那被诗圣杜甫"颇学阴、何苦用心"奉为作诗楷模的南朝梁诗人何逊"阒寂今何在，望望沾人衣"的诗句，竟然是在《行经孙氏陵》时吟哦的，那令人涕泪沾衣裳的陵墓之"阒寂"，是诱发悲怆情怀的情感波动之震源。这些成语中附着的情感因素，竟然是在卜书《易经》中浸润而成的。

这成语产生的语意场除了前述该卦充满的神秘典礼氛围之外，在小环境中也是鬼影憧憧的："丰其屋，蔀其家。窥其户，阒其无人，三岁不觌，凶。"（上六爻辞）将房子都用席子或幔帐封上，从门口往里看，寂静得没有一点人声，而且据说已经多年（三岁）没有看到人影了，这现象自然是"凶"之莫名，令人惶惑生疑。如果这房子曾经是故人的家居，那必然会生出柔肠百转的挂念担忧；如果已经知道此故人家破人亡、井葵累累，那一定会产生阴阳隔世的怆恨之情。这都是该成语与生俱来的先天情蕴，其语言的形象性表现在情感的定向流动上。

第三节　《易经》语言民俗〔下：衍生成语与格言〕

本节讲《易经》中的衍生成语和哲理型格言。衍生成语是针对上一节成型成语而言，即在文本中没有形成规范的成语，后代在揣摩其语言场时受其意境濡染创造出来的成语，其本原意义必须回到《易经》或者《易传》的语言环境中去体会才能得到正解。

格言一词成型于三国时期，魏国崔琰的《谏书》中有"盖闻盘于游田，

《书》之所戒；鲁隐观鱼，《春秋》讥之。此周孔之格言，二经之明义"（《三国志·魏志·本传》）。引文中行文骈丽因而语焉不详，需稍作疏解：关于《尚书》即引文所谓的"书"中规诫盘桓于田猎的例子很多，比如《周书·无逸》中就有"文王不敢盘于游田，以庶邦惟正之供"，"继自今嗣王，则其无淫于观、于逸、于游、于田，……"等等，这便是所谓"《书》之所戒"。属于周公格言。《春秋经·隐公五年》有"五年春，公矢鱼于棠"一条记载，这里的"矢"是施布、排列、陈列的意思，《诗·大雅·江汉》所谓"矢其文德，洽此四国"中的矢就是这个意思。如果单单从字面上看，也许是棠这个地方捕到了一条足以观瞻的大鱼，比如现在某地捕捉到巨大鲨鱼之类还要上中央电视台的王牌栏目《新闻联播》。鲁隐公当政时没有电视，所以亲自去视察这条大鱼并陈列之以供百姓参观，或许有鼓励生产的意图在里面也未可知。但是《春秋》笔法可不这么简单。《左传》在补充叙述了事件的原委、并将鲁隐公不听大臣臧僖伯劝谏一意孤行的情状淋漓尽致地描写出来之后说："（隐公）遂往，陈鱼而观之。僖伯称疾，不从。书曰'公矢鱼于棠'，非礼也，且言远地也。"《公羊传》说："何以书？讥。何讥尔？远也。"《谷梁传》说："常事曰视，非常曰观。礼，尊不亲小事，卑不尸大功。鱼，卑者之事也，公观之，非正也。"看来这《春秋经》中一共记载了五个字的事件，矢鱼（属于尊亲小事）而观（非常事，公只能视），且到棠这个遥远的地方（劳民伤财），便是用微言大义讥刺隐公了。《春秋》就这么"三传"，大家众口一词说是在讥刺，所以不能从字面理解这观鱼事件，孔子修"《春秋》讥之"才是正解，算是孔氏格言。

一、焕然一新

"焕然一新"，出自宋代陆游撰写的《老学庵笔记·八》，讲某富商出资整修泗州普照塔使之旧貌换新颜。有人考订其为衍生于孔老夫子"焕乎，其有文章"（《论语·太伯》）的"焕乎"即"光鲜呀"！其实这表示光亮鲜明的焕，所衍生的词汇无非焕别、焕炳、焕焕、焕烂、焕发等等，除了"焕发"这一词经常看到之外，其他基本上都成了死词，在歌赋文章中难觅身影，全靠这焕然一新在那里延续香火。而在光亮鲜明这个意义上，《易经·涣》卦中的涣字和焕然一新的焕是重合的。在先秦典籍中，涣字经常出现，比如《诗·周颂·访落》："将予就之，继犹判涣"，《荀子·议兵》："事大敌坚，则涣焉离耳"等等，都是离散这个意义层面上的。值得玩味的是，这一部先秦文学大纛的诗歌总集（《溱洧》之"涣涣"义为水盛大，另当别论），所用涣字虽然和《易经》所使用的意义相同，但在语境中的形象性都远不如这巫书来得鲜明。因此，我们在拜读杜预《春秋左传序》"若江海之浸，膏泽之润，涣然冰释，怡然理顺……"时，与其到《老子》的"涣兮若冰之将释"（十五章）中去找语意场，还不如去体会《涣》卦的巫卜意绪更令人身心释然。而我们在寻绎陆游"焕然一新"之创意时，为什么不能想到也是以"焕（涣）然"引领的"涣然冰释"，从而认为是陆翁"功夫在诗外"的读《易》心得呢？再比如羊年春节忽然火起来的"三羊开泰"，其实是元明以来便形成的"三阳开泰"这一成语的谐音，也是从宋代的十二辟卦中代表建寅之正月的《泰》（内卦三阳为该卦之始）卦生发来的。

　　这就是一个提供成语语意场的文本和脱颖而出的成语之间扑朔迷离的关系。成语在语言现象中的独立流动，往往使得人们在寻绎其衍生环境时走入似是而非的误区。

　　该卦的"涣"字从《序卦》（说而后散之，故受之以《涣》。涣者，离也）、《杂卦》（涣，离也）开始，历来被解说为"离散"，也就是现代汉语涣散的意思。这词义从使用的形象性方面来要求本无可厚非，但是放在该卦的大环境中去体味，总是让人觉得不怎么淋漓。

　　其实该卦的《彖辞》、大《象》都没有这涣散的解说，相反倒是传递了一种人心凝聚风化大行的信息："涣，亨，刚来而不穷，柔得位乎外而上同。王假有庙，王乃在中也。利涉大川，乘木有功也。"（该卦彖辞）李鼎祚《周易集解》引卢氏曰："此本《否》卦。乾之九四来居坤中，刚来成坎，水流而不穷也。坤之六二，上升乾四，柔得位乎外，上承贵王，与上同也。"卢氏这段解说非常精辟：《否》卦坤下乾上，乾九四和坤六二互变就成为坎下巽上的《涣》卦（乾之九四来居坤中）；坤六二变阳成坎，坎为水逝者如斯夫昼夜不舍，故而"刚来成坎，水流而不穷也"，也就是上引《彖辞》所谓"刚来而不穷"；《否》卦中坤六二上升到《涣》卦的第四爻使得外卦由乾变巽，这六二不但原来位正当而且还在上升到六四之后仍然位正当，属于没有什么麻烦后遗症的地位提高，是双重意义的"得位"，并且因而接近九五之尊，可以经常接触汇报工作取得好感（坤之六二，上升乾四，柔得位乎外，上承贵王，与上同也），这便是《象辞》所谓"柔得位乎外而上同"。这样，刚柔各得其所，剩下的事情只能是互相协调工作共谋发展，即所谓的"相济"了，而不会发生"阴疑于阳必战"的"龙战于野，其血玄黄"之惨剧。所以，上卦巽下卦坎中间的两个阳爻都有了"王在中也"的"假有庙"卦象；而巽木浮在坎水之上，那不正是利涉大川的大好卦象吗？所以"利涉大川，乘木有功也"。这是《彖辞》为我们提供的、上下一心共赴似锦前程的大气象。至于大《象》的"风行水上，涣。先王以享于帝，立庙"，除了摆出卦象重复卦名之外，就是对"王假有庙"的附会，虽然有交白卷之嫌，但其同意《彖辞》对卦辞的解说是没有问题的，况且那风行水上也有后代教化大行的黏附意义在上面，反而比《彖辞》生动形象了不少。

现在我们试用春水涣涣和浣洗两个意义来解说该卦的卦爻辞。该卦《卦辞》说："涣，亨。王假有庙。利涉大川。利贞。"这当中没有任何涉及涣散的词，其意义被上举《彖辞》淋漓发挥又不见十分离谱，可以认定是好卦象。初六"用拯马壮"，没有吉凶悔吝之类占断辞，业师李炳海先生将这句爻辞解说为"策马而进，极其雄壮"[①]。非常痛快，我们可以暂时想象为骑马赴节日典礼比如上巳节之类，就像唐代那些"只许腰肢背后看"的丽人乘雕鞍骏马赴长安水边一样。

九二"涣，奔其机。悔亡"。这爻辞中的"机"字非常麻烦，该字古代作几案解；现代汉语中虽然没有几案的意义了，但那"机床"一词是指某一工种比如车工的工作平台，也有几案的意思；此字被日语借用之后读作つくえ，是写字台亦即几案的意思。虞翻说："震为奔（《说卦》："［震］为作足。"（本段下面括弧中所引《说卦》不再注明），坎为棘，为矫揉（［坎］为矫揉……其于木也，为坚多心）。震为足（震为足）、揉棘有足，艮肱（艮为手）据之，凭机之象也。涣宗庙中，故设机。"在引文中可以看到其他卦象都言之有据，就是这"机"婉转得很累：古代木材加工中的刮削技术如何可以从《剥》卦中推想应当说没有问题，但是用棘木作几案并且用肱据之，如果刮削疏忽很容易将棘刺扎进肉中，光矫揉一道工序恐怕不是让人放心的办法；再说棘木便是荆棘，属于灌木，其木材呈条状，这矫揉只能理解为弯曲编织，是很难逐条刮削的，那木工动辄得刺的苦楚就更别说了。木材有的是，何必用这条状而多刺的棘木作

① 李炳海．儒学经典释读·《周易》释读［M］．海口：海南出版社，1989：31．

"机"？何况那大水涣到宗庙的几案上去，也不会是什么上好的征兆，因为宗庙不是龙王庙。如果解"涣"为涣散，在宗庙的几案前涣散不就是宗族分裂吗？也不是好卦象。此"机"字帛本《易经》作"阶"，这样就可以理解为：阶是人们在水滨为打水捕捞之便所修筑的阶梯，冬季千里冰封山寒水瘦，水面也就是冰面肯定离水边的台阶有一定距离，春季冰雪消融水势涣涣，春波荡漾涌上台阶，所以有"奔其阶"的气象。所以才"悔亡"。

九三"涣其躬，无悔"。在春水中洗澡，结果是神清气爽浑身舒坦，侍儿扶起娇无力，是不折不扣的"无悔"。六四"涣其群，元吉。涣有丘，匪夷所思"。水滨人群熙熙攘攘兴高采烈洗春澡，涤除大家积攒了整个冬天的污垢（涣其群），大家心情愉快，自然是"元吉"。不知谁突然发明了洗澡之后在沙丘上风干身体晾晒衣服的活动方式，这相当于两千年后在黑海或者死海等异邦盛行的沙浴（涣有丘），这自然是突发奇想、匪夷所思的大创举。

九五"涣汗其大号，涣王居，无咎"。这也是在该卦中比较麻烦的一句爻辞，所以在各种本子中有多种断句方式出现，总的印象是让人不能觉得已经融会贯通，此不列举。帛本《易经》中有一种新颖的断句方式可以将最难疏解的"涣汗其大号"分解开，叫作"涣其汗，大号。涣王居，无咎"云云，这已经接近问题的解决，但是因为改变经文顺序，暂时不能得到人们的认可。又不似九二以"阶"换"机"那么合乎双声通韵的汉字假借规律，并且足以机警服人，何况"涣其汗"如果说是出汗，则与传统牵强附会的解法（如被刘勰激赏的：王命一出不能返回，若身体之出汗等等）没有什么区别；如果说是洗澡冲刷汗水，又和九三的"涣其躬"行为重复，所以我们不对帛书中这一句经文发表实质性意见。但我们却可以从帛书易传中找到蛛丝马迹。在帛书《易之义》中，不知因了何种原因，将通行本《系辞下》的三陈九德或曰三陈九卦中有关巽卦的部分改动成这样（括弧中是通行本原文）："涣者德制也（巽，德之治也）"、"涣□□□而救（巽，称而隐）"、"涣以行权也（巽以行权）"。这说明，在帛书中《涣》卦已经与德政联系起来了。为什么出现这种情况，还得从这难以理解的被刘向误读了的"涣汗"说起。司马相如在其著名的《上林赋》中描写天子的园囿，写到水中珠玉时有这样的话："水玉磊砢，磷磷烂烂，采色澔汗，藜积乎其中。"这里的"澔汗"是繁盛的意思，后来这个词被追求辞藻的西晋文人辗转描画，出现了"溃渱泮汗"（左思《三都赋·吴都赋》）的"泮汗"、"汗汗泄泄"（郭璞《江赋》）的"汗汗"，都是形容水势的浩瀚无涯的。这些词和《涣》卦爻辞中的"涣汗"都应当是一个意义，即光彩映耀汪洋繁盛，有焕然一新的意思。后人不幸被刘向在《上封事》中所谓"言号令如汗，汗出而不反者也。今出善令，未能逾时而反，是反汗也"①之类无意或者为了说服帝王而有意的误读所误导，将一个活生生春光荡漾的形容词硬是变成了人体的汗液。如果我们进一步理解所谓"大号"，即如同殷商的"帝乙""帝辛"，宗周的"文、武、成、康"，汉代的"孝文""孝武"一样，是帝王所具有的尊号，便可以将"涣汗其大号，涣王居，无咎"这句爻辞作如下解读：更改（有浣洗使之更新和熠耀使之光鲜两层意思）天子的尊号使其更加光鲜映耀，装饰（亦取浣洗的更新意义）天子的宫室（生时所居）乃至宗庙（死后所居）令其焕然一新，是无咎的举措。有了这种解说，我们就可以理解上举帛书追加《涣》卦德政意义的良苦用心了。

至于上九的"涣其血去逖出，无咎"，那爻辞中的"血去逖出"是名词性词组作宾语，和涣其躬、涣其群等等在语法上没有什么区别。

后人拜读《易经》时能够沐浴在这春光盎然、除旧布新、喜气洋洋的意境中，衍生出诸如"涣然冰释""涣汗"乃至"焕然一新"之类的成语，不是自然而然的事情吗？另外，如《屯》卦和《蹇》卦之意境濡染衍生的"屯蹇"一词、《颐》卦意境浸润衍生的"颐养天年"的成语、在《大过·上六》"过涉灭顶，凶"爻辞启示下衍生的"灭顶之灾"等等，都属于这一类成语衍生方式。

二、变卦（错综复杂、乱七八糟、八九不离十）

变卦是从《易经》卦变衍生出的。这个词在元明清广为流行，比如《西厢记》中的旦角（崔莺莺）说"俺娘变了卦也"（二本四折），《西游记》中孙悟空说"如再变卦，拿住决不再饶"（76回）等皆是其例。

在《系辞上》中已经有"错综"这个词（参伍以变，错综其数），是说的六爻之间的互相变化。而稍懂易学的人都知道"错综复杂"是六十四卦变、也就是"变卦"四个法则中的三项：一是综卦即覆（复）卦，面对同一个卦象，如果站到它的对面去看，就是翻转过来的另一个卦。通行本《易经》六十四卦

---

① 班 固. 汉书 [M]. 北京：中华书局，1962：1944.

基本上是按这个顺序排列的,《杂卦》结构也是这综卦即覆卦的体系展现。比如卦体震下坎上位居第三的《屯》卦翻转过来,便是坎下艮(震倒转过来)上位居第四的《蒙》卦等等。二是错卦,卦体中阴阳爻相对变化即相同爻位的阴爻变阳爻、阳爻变阴爻,就是该卦的错卦,比如全是阳爻的《乾》卦和全是阴爻的《坤》卦、初六为阴爻其余皆阳爻的《姤》卦和初九为阳爻其余皆阴爻的《复》卦等,都互为错卦。三是杂卦,也称作交互卦,某卦的卦体中三四五爻联结(术语称五爻下连,为"交")作外卦即上卦、二三四爻联结(术语称二爻上交,为"互")作为内卦即下卦,从而成为一个新卦,这新卦就是那原卦的杂卦。比如震下离上的《噬嗑》卦,六三、九四、六五组成坎为新卦的外卦;六二、六三、九四组成艮为新卦的内卦,成为艮下坎上的《蹇》卦,这《蹇》卦就是《噬嗑》的交互卦即杂卦。

对于成语"错综复杂"来说,这掌故的内容错综复杂一些本不足为奇,但它的警示作用也是相当错综复杂的。各卦变都有自己的说法并且基本符合现代人文科学精神,这是一个内蕴丰厚的文化现象,而不仅仅是一个成语的衍生掌故。比如《未济》是《家人》的杂卦,这似乎是代表了一种子孙繁衍生生不息的人文精神,这种"交互"是一种吉祥如意的错"杂"。另外如综卦的解读者自身立场转换、错卦的事物本身对立面(阴阳)的转化等,都给人带来新的思维角度,并展现另一种语言审美形象风姿——《易经》中这种"横看成岭侧成峰,远近高低各不同"(苏轼《题西林壁》)、"水光潋滟晴方好,山色空濛雨亦奇"(苏轼《饮湖上初晴后雨》)的卦象变幻,造就了其衍生成语这种精辟语言的滉漾春海。

在上述变卦的过程中,还产生了"乱七八糟"这一语言形象似乎并不美好的成语。其实,乱七八糟在刚产生的时候并不十分糟糕,这个成语来自西汉京房的十六卦变。在易学史上京房的名声不怎么好,那是四库全书成名之后的事情,就是在四库全书责难京房入于禨祥之前不久的明万历年间(或曰在此之前还有何镗辑本,佚),程荣编辑的《汉魏丛书》中便将《京房易传》赫然列于卷首,足以说明在易学领域当时京房的名气之大。京房在总结六十四卦变卦规律的时候提出了阴阳四宫的理论,这对六十四卦的体系构建原理是一个石破天惊的巨大发现。在四宫的"乾宫"中,有这样八个步骤的卦变顺序:1. 本体,乾为天;2. 初爻变,天风姤;3. 二爻变,天山遁;4. 三爻变,天地否;5. 四爻变，风地观；6. 五爻变，山地剥。这六个步骤都是正常的逐爻变动，在规律上不"乱七八糟"。到第七个步骤就出问题了，因为六爻变为坤，那《剥》卦的"硕果"就没有了，而卦体也就跑到"坤宫"里去了（这只是本文作者对演变六十四卦之巫师心理的一种揣测，不是京房的理论），于是京房遇到麻烦之后就聪明至极地提出著名的"飞复"理论，于是有：7. 四爻还原（术语：下飞四往，或曰"复"），火地晋，也称"游魂卦"；下面的下飞三爻、下飞二爻本来是十六卦变的法定步骤，但是在阴阳四宫中这两个步骤被抹杀，便到了8.（在下飞三、二爻之后）内卦还原（复，下飞初爻，亦称内归），火天大有，即京房所谓"归魂卦"。从以上对京房卦变的引述看，在前六个卦变步骤中规律井然，处处有迹可寻，只是到了第七、八个步骤开始，乱了步骤，坏了规则，妖魔鬼怪全上来了，所以叫作"乱七八糟"。可以看到，这乱七八糟的掌故虽然复杂，但并不乱七八糟。

下面就到"八九不离十"这句成语了。也是在十六卦变中，如果不使用阴阳四宫的方法，那第一步骤的本体卦去掉，上面称引的乱七八糟就成为"乱六九糟"了，因为我们在上面说了，在十六卦变中是事不过六即逢六必复的，这本来符合每卦六爻的体系构建规则。这样四宫卦变的第七步就成为第六步，中间加上刚才提到的被抹杀的下飞三爻（成火山旅）、下飞二爻（成火风鼎）的法定步骤，归魂卦火天大有就成为第九个步骤，也就是"下飞"的最后一个步骤，以后便开始"上飞"了。下面第十个步骤也就是上飞的第一个步骤就是绝命卦《离》，是变卦步骤乃至规则的重大转折，所以，那"八（火风《鼎》）九（火天《大有》）不《离》十"就蕴涵了重大转折、成功的意思。

这就是"变卦"即"卦变"这个成语所形成的成语系列，在这个连绵的系列中，每个成语都暗含着丰润的掌故警示内涵，并且成语本身作为独立的语言现象，形成类似连环套的排列组合形态，这在汉语形象美学领域应当引起足够的重视吧？

三、利欲熏心

在《艮·九三》中有"艮其限，列其夤，厉薰心"这样的爻辞。从该卦卦象看，九三横亘在初六、六二、六四、六五四个阴爻之间，如果将上九比作头部，《艮》卦就像一个人体，那九三就是横插在腰部的利剑或者如同现在魔术中分割活人的隔板之类。如果人体中间被拦腰戕害或者隔绝的话（从爻辞看，艮为止限为腰臀为脊背下角肌，便是拦腰隔断的意思），那不是立即死亡就是火气攻心，所以这"厉薰心"的占断并不武断。

薰本来是一种香草，也叫作蕙草。《楚辞》中说"荃蕙化而为茅"是属于自甘暴弃的"莫好修之害也"；后代诗词中的"冬庭蕙草雪消初"是一种令人心旌摇荡的冬阳融融的意境。这种香草被采摘下来之后香味持久，据说可以"十年尚犹有臭（音秀，香气也。见《左传·僖公四年》）"。庄子和屈原一样属于楚人，喜欢蕙草，所以总是在他的大著中见到这薰字，"薰然慈仁，谓之君子"（《天下》）是夸君子的，这些"蹩躠为仁，踶跂为义"（《马蹄》）的君子何以在这里受到褒扬，让人不敢放心承领；"五香薰鼻，困惾中颡"（《天地》）是讲被薰得昏昏欲睡的，正是《艮》卦中薰心的薰，已引申为熏染义，该意义在现代汉语中写作熏。因此成语"利欲熏心"的熏心就是这《易经》中的薰心。

作为充满巫卜灵性的巫书，《易经》文本是一个十分利于具象流动的语境或曰语意场，这种适于成语衍生的语言环境可以称作形象语境。之所以如此，是因为该文本充满了鲜活物象与形象化语言，是形象的五彩乐园。在人类思维发展史上，有一个真理是有目共睹的，这就是：抽象使人溺于思索，有助于哲理概念的形成；形象激人生发奇想，可促进鲜活物象的诞生。《易经》文本虽然二者兼而有之，但在形象涵濡方面的功能更为引人注目。这就是文本中除了存在数目可观的成型成语之外，又成为衍生更多鲜活成语的春海，让后人受益无穷的主要原因。

四、格言警句

格言在《易经》中表现为三种形态：哲理型、警诫型、经验型。如果单从表述方式的角度观照，哲理型格言在概念上和文学语言中的警句是大面积重合的。比如"像热烈地拥抱着所爱一样，更热烈地拥抱着所憎"[①]，这种热烈歌颂"热烈"的警句，自鲁迅说出来之后便成为汉语中的一块洁雅美玉，竟然具有了格言的身价；而产生于上古的格言"若火之燎于原，不可向迩，其犹可扑灭？"

---

① 鲁迅. 且介亭杂文二集 [M]. 北京：人民文学出版社，1973：98.

（《尚书·盘庚上》），经明代贤相张居正演绎（见其文集之八），成为现代"星火燎原"的电影名称。《易经》因为用字高古，所以由格言变为警句的例子不多，但是这种蕴涵深邃哲理的语言表述方式本身，就是启迪后代文学文思的催化剂、锻造词句的活样板，其在汉语形象美学方面的贡献也是不应当低估的。

比如"无平不陂，无往不复"（泰九三爻辞），其巫卜意义就是这格言本身所蕴涵的字面意义："艰贞无咎，勿恤其孚，于食有福"，即虽然是艰难的征兆，但是风水轮流转，没有什么不可改变的咎害，不要忧虑这爻象的孚信启示（勿恤其孚），起码在饮食方面还有福分可以享用呢（于食有福）。这就是通泰大环境给人的无限希望，在困难的时候看到希望，不丧失信心，就会无咎、有福。这格言给人的启示是多么重要。与此格言意义相近的还有"先否后喜"（否上九爻辞），因为是《否》卦的最上面爻位，所以那"否极泰来"成语的意义也蕴涵在其中。这是世间沧海桑田（雅语）、"三十年河西，三十年河东"（俗语）发展规律的认知结果，是放之四海而皆准的哲理。

在《豫》卦中有一句爻辞是"贞疾，恒不死"（六五），此爻辞解说最为凌乱。或者以"贞疾"为痼疾，翻检《易经》文本，贞从来没有"痼"的用法；虽然在易传的《乾·文言》中有"贞固足以干（干预或主持）事"的话，但总不能因为"贞固"连用，便认定贞有固义，再通假到痼上去吧？还有的人将贞疾解说为"守正疾病"，贞虽然在《易经》中有正的意思，但这疾病怎么守正？什么是守歪疾病？有病应当用药石摧毁它使它不得肆虐体内，怎么还能用"正"来守护它？如此等等不一而足。其实这贞应当是占卜的意思，并且包含占卜结果在里面，是占卜之后得到的贞兆，这贞兆是"疾恒（通常）不死"，这是《易经》爻位占断规律中所谓"五多功"的结果。在先秦古籍中，"疾""病"是身体遭受疾病戕害的轻重不同的两个概念。《尚书·周书·金滕》："既克商二年，王有疾弗豫，……翼（翌）日乃瘳。"武王这疾当时也许闹得挺凶，否则周公不会煞有介事地去祷祀，这乃瘳不管是否周公祈祷的结果，反正此疾第二天就好了，大概是感冒发高烧之类，昏迷不醒确实吓人，但高烧一退便好人一样，即所谓"乃瘳"。所以史官在记载此疾时用"疾"不用"病"。另外在礼书《礼记·檀弓上》中记载"曾子寝疾，病。……反席未安而没"，可见疾、病、没（即殁，死亡）是病情发展由轻到重直至病死的三个不可颠倒的阶段。因此，这爻辞中"疾恒（通常）不死"的贞兆无非是小病通常死不了人的意思，不要一感冒就大惊小怪。至于小病大养甚至无病呻吟就更不应该了。这格言除了充溢如何对待疾病的哲理之外，还有激励人们遇到不会致死的疾病要勇于面对的人生经验，只不过其中哲理的成分要多于生活经验的启示，所以我们放在这里讨论。

在哲理型格言中还有一句"改邑不改井"（《井》卦卦辞）的警句，其中隐含的执着沉重读来总是让人怦然心动。华夏民族是一个安土重迁的群体，无论是小规模的村邑搬迁还是大规模的都城迁徙，都会引发剧烈广泛的心理震荡。现存典籍中可看到：在历史上的迁都过程中曾经凝固了太多的艰苦说服、持久争论的文字记录。比如在书写工具极端落后的殷商时代，为迁都竟然洋洋书就了三篇君王的说服言辞（《尚书·商书·盘庚·上、中、下》）；东汉迁都洛阳本是改朝换代的正常举措，但是从杜笃《论都赋》（公元43年）、班固的《两都赋》（约公元65年）到张衡的《二京赋》（永元中，在公元100年前后），绵亘将近六十年，对建都长安还是洛阳争论不休等现象，都是这种心理震荡的反映。从该卦整个卦辞看，像一首咏叹井养不穷、叹惋功败垂成的哲理诗："改邑不改井，无丧无得，往来井井。汔（庶几，将要）至，亦未繘（繘，出。依王引之《经义述闻》）井，羸（即缧，缠绕。同"羸其角"之羸；或曰败坏即破碎，亦通）其瓶，凶。"这哲理诗似的卦辞中充满对井的由衷歌颂：居住地可以搬迁，这拥有甘洌之水的井受命不迁，永远牵挂着被世代井养者的心，萦绕于怀的当然是井那种水平面的永恒——不管随着人口的繁衍对水的需求怎样增长，在往来汲水络绎不绝的情况下水面不见下降（无丧无得，往来井井）。这是卦辞的前半部分。其后半部分就地取材，用汲水比喻前面透露的搬迁信息（改邑不改井），就像汲水一样，在水瓶将要到达井口的时候，却被缠绕住或破碎了，自然不是好征兆（汔至，亦未繘井，羸其瓶，凶）。我们似乎看到一个出于不得已将要搬迁的邑人，在井边徘徊流连的身影，我们通过这诗歌似的卦辞可以透视他将要背井离乡的憧憧忧心。这留恋故乡的桑梓之情和杜笃、班固、张衡的铺张扬厉比起来，不是更加令人怦然心动吗？作为一种铭心刻骨的思乡恋土情结，此卦辞足以与胡马依北风、越鸟栖南枝，狐死必首丘等名句颉颃高低。

这是该卦辞的情感内涵。而从其中蕴含的哲理看，则是人类眷恋熟悉生存环境之缱绻情结，与人类为改善生存方式必须流浪游移之矛盾的概括。本来安土重迁的农业民族，在不得已迁徙时值得留恋的东西太多太多，比如耕作的田园、赖以生长繁衍的房屋、掩埋列祖列宗的坟茔……当然也包括这滋养浇灌人们的水井。这种主观情感与客观需要的对立、留恋过去与期冀未来的追求、眼前利益和长远利益的扭结、个人利益与群体乃至整个宗族利益的龃龉等等，都凝聚在这"改邑不改井"几个字里。

另外比如《兑·九四》的"商兑未宁，介疾有喜"爻辞，也是一句有深刻哲理内涵的格言。没完没了的争论徒劳无益，求大同存小异、皆大欢喜之类的思维方式，是一种避免内耗或者防止陷于纸上谈兵、可以促进尽快行动的睿智选择。

第三章

上古歌谣与智慧化石

与哲学的诗化相应的，是诗化的哲学。在这方面，《诗经》的哲理价值认定是学术界众口一词的。但是作为传世文本，我们更关注的是《诗经》当中的民俗价值认定。婚丧嫁娶、人际交往、生活常识、禁忌祭祀……凡是和百姓日常生活有关的东西，我们都可以从《诗经》文本中找到影子甚至具体描述。还有一个重要的价值认定是不容忽视的，就是《诗经》文本本身，就是礼俗关系华丽转身的产物，因而民歌（草根情感）成为精英思维的内容，精英操持成为百姓日用的工具，在华夏文化发展史上，民俗信仰和精英思维第一次这样完美结合，造就了文学史上流芳千古的宁馨儿。

第一节　在水一方：诗经·蒹葭

汉语词汇中有一个常用词："红白喜事"，红指婚事，白指丧事。但是在上古时代办喜事不但崇尚过黑色（婚字的"昏"偏旁，是黄昏举行婚礼的化石级别的民俗遗留，到今天两广的婚礼还从黄昏开始），而且崇尚过白色。情爱诗篇《蒹葭》，就是爱在洁白中的意境再现。本节我们通过这篇原典，解析上古传统中的一个重要因子：白色崇尚，爱在秋天。

一、原典

蒹葭苍苍，白露为霜。所谓伊人[1]，在水一方。溯洄[2]从之，道阻且长。溯游从之，宛在水中央。

蒹葭凄凄，白露未晞。所谓伊人，在水之湄[3]。溯洄从之，道阻且跻〔4〕。溯游从之，宛在水中坻〔5〕。

　　蒹葭采采〔6〕，白露未已。所谓伊人，在水之涘〔7〕。溯洄从之，道阻且右〔8〕。溯游从之，宛在水中沚〔9〕。

——《诗经·秦风·蒹葭》

二、蒹葭白露意象的文化学意义

如果从《蒹葭》整首诗的角度观照，其中一个典型的国学因子就是华夏古族的颜色崇尚倾向，或者叫作民俗心理遗存："夏后氏尚黑，大事敛用昏，戎事乘骊，牲用玄；殷人尚白，大事敛用日中，戎事乘翰，牲用白；周人尚赤，大事敛用日出，戎事乘骝（yuán 赤毛白腹的马），牲用骍（xīng 赤色马）。"（《礼记·檀弓上》）随着国学热令世人逐渐熟悉的汉服，其主色调就是红与黑，说明汉族颜色崇尚是华夏族尚黑和周族尚赤的秉承；唐代够级别的公务员制服（官服）一律是红色，只不过分为大红、绯红、紫红等以区分级别的高低；苏东坡形容当时朝廷通明殿举行宴会的场面是"一朵红云捧玉皇"（苏轼《上元侍宴》），可见宋代的官礼服也是一片红色，是对汉唐颜色崇尚的传承。尽管有人志气冲天不肯吃老本"千秋说汉唐"（赵翼《论诗绝句》），我们现在的江山叫作红色江山，解放军前身叫红军，国旗是五星红旗，结婚新娘新郎一身大红、手牵红色缎带、中结红火绣球等，不也是我们民族尚赤的化石级文化因子遗存吗？

　　现在有些西式婚礼上新郎雪白西服，新娘洁白婚纱，好像是完全西化了，因而招致某些人不满。其实结婚穿白色衣服在《易经》中就出现了，"殷人尚白"嘛。《易经·贲卦》的原文是这样的：

　　【卦辞】贲。亨。小利有攸往。/初九：贲其趾，舍车而徒。/六二：贲其须。/九三：贲如濡如。永贞吉。/六四：贲如皤如。白马翰如。匪寇，婚媾。/六五：贲于丘园，束帛戋戋。吝，终吉。/上九：白贲，无咎。

　　《序卦》说"贲"的意思是："饰也。"该卦《象辞》说："贲，亨。柔来而文刚，故亨。分，刚上而文柔。故以'小利有攸往'，刚柔交错，天文也。文明以止，人文也。观乎天文以察时变，观乎人文以化成天下。"这里的新郎去迎娶新娘时这样打扮（饰）：一袭洁白新装，骑着白马（贲如皤如。白马翰如）整个一"白马王子"。这就是我们的早期华夏文明融入大自然（天文）的人文精神样板（刚柔交错，天文也。文明以止，人文也）。这《贲卦》反映的就是华夏族早期的颜色崇尚。

这种崇尚心理在商代之后的文献中也有记载。《尚书·周书·秦誓》："番番良士，旅力既愆，我尚有之。"后人不懂秦穆公喜欢白马白衣武士的情愫，把描绘武士精神风貌的"番番（皤皤）"解说为"白发苍苍的样子"，帮助大帝国之君"秦王扫六合"的武士们有这么老吗？

古人喜欢秋天，不似今天赞誉其为"金秋"，而是关注它的白。遍地黄金或者农作物金黄不好吗？毕竟饱含发财的梦想或丰收的喜悦。事情不是这样简单。《礼记·月令》："凉风至，白露降，寒蝉鸣。"被元代的吴澄解说成这样："水土湿气凝而为露，秋属金，金色白，白者露之色，而气始寒也。"（《月令七十二候集解》）原来是白金甚至是铂金的颜色，比黄金贵重啊！周代的古人虽然三月三谈恋爱，但是结婚往往选择在秋天，所以《诗经·卫风·氓》有"氓之蚩蚩，抱布贸丝。匪来贸丝，来即我谋。送子涉淇，至于顿丘。匪我愆期，子无良媒。将子无怒，秋以为期"的诗句。详细情况我们将在下文的"春秋代序物动心摇"部分论说。

三、关于"伊"的误读

伊，本来是重要姓氏。《周礼·秋官·伊耆氏·注》："伊耆，古王者号。后王识伊耆氏之旧德，而以名官。今姓有伊耆氏。"《礼记·郊特牲》："伊耆氏始为蜡。"《周礼·秋官》："伊耆氏，掌国之大祭祀。"因为这个姓氏的显赫，所以后代附会丛生，比如古帝名伊耆氏即神农；帝尧姓伊祈，故伊耆氏即帝尧；古帝唐尧生于伊祁山，他出生后寄养于伊侯长孺家，他的后代便以伊为姓，称伊氏；商汤的丞相伊尹居于伊水，因以为姓等等。反正是谁有名谁就跟"伊"有关系。后来用伊指代女性，除了把古注"意中所指的人"误读为"意中人"之外，还有一则著名掌故可供玩味。《吕氏春秋·本味》："有侁氏女子采桑，得婴儿于空桑之中，献之其君。其君令烰人（即庖人，厨师）养之，察其所以然，曰：'其母居伊水之上……故命之曰伊尹。'"

我们看看后世人们是怎样用"伊人"的，或许能有所启发。晋陶潜《桃花源记并诗》："黄绮之商山，伊人亦云逝。"苏轼《颜阖》诗："伊人畏照影，独往就阴息。"何景明《望郭西诸峰有怀昔隐兼发鄙志》："嘉遁怀伊人，俯仰慨今昔。"这些诗句中作者对"伊人"的情感，恐怕都不是针对自己心目中喜爱的女人（意中人），而是"意中所指的人"的。

四、春秋代序物动心摇

兼葭俗谓芦苇，大面积丛生郁郁葱葱本来是绿色，但秋天开花马上变成一片银白的世界。《兼葭》中的芦苇在"白露为霜"的季节变得"苍苍"，唱的是秋天的情愫。刘勰《文心雕龙·物色》："春秋代序，阴阳惨舒，物色之动，心亦摇焉。"就是借用上古男女春心秋愫来阐发文学创作原理。古人秋天举行婚礼收获爱情果实的情况，被权威文献大面积记载，是不容置疑的。比如专讲婚礼规则的《仪礼·士昏礼》，我们可以把其中有关的文字辑录如下：

> 纳采，用雁；主人降，授老雁；宾执雁，请问名；纳吉，用雁，如纳采礼。〔纳征，玄纁束帛、俪皮，如纳吉礼。〕请期，用雁。〔主人辞，宾许，告期，如纳征礼。〕主人揖入，宾执雁从；宾升，北面，奠雁，再拜稽首；问名：主人受雁，还，西面对。

中原地区秋季才有大雁可供使用，唐鲍溶《行路难》诗："君今不念岁蹉跎，雁天明明凉露多。"宋陈造《香云寺》诗："沉沉僧夜净，漠漠雁天寒。"文天祥《别谢爱山》诗："后会知何日，西风老雁天。"雁天即指秋天。上引《士昏礼》的文字充分说明，"纳采""纳吉""请期""问名"等成婚过程的重要阶段，就是在秋天进行的。

《诗经·郑风·溱洧》："溱与洧，方涣涣兮。士与女，方秉蕑兮。"河水解冻，兰花（蕑）盛开，春天男女相约在三月三盛会中游荡，是春天的欢乐。这是恋爱，还没有发展到婚姻。《诗经·郑风·萚兮》："萚兮萚兮，风其吹女。叔兮伯兮，倡予和女。萚兮萚兮，风其漂女。叔兮伯兮，倡予要女。"萚是树木的落叶，萚的出现当然是秋天。在婚礼上女孩趁机约请男子唱歌，跟着新郎新娘蹭喜庆，这是秋天的欢乐。而《诗经·卫风·氓》把女子经历的从恋爱到婚姻破裂综合成这样的诗句："桑之未落，其叶沃若。于嗟鸠兮，无食桑葚！于嗟女兮，无与士耽！士之耽兮，犹可说也。女之耽兮，不可说也。桑之落矣，其黄而陨。自我徂尔，三岁食贫。淇水汤汤，渐车帷裳。女也不爽，士贰其行。士也罔极，二三其德。"前面这女子和男方约定"秋以为期"，可惜也是秋天（桑之落矣，其黄而陨），婚姻破裂了。

五、被充分演绎的美丽

《蒹葭》的影响历久弥新，琼瑶现象、邓丽君现象，黑鸭子组合的凑趣，都是这种美丽的演绎。

琼瑶的言情小说《在水一方》，拍成影视剧，赚尽海内外华人的爱与泪，人称"有华人的地方就有琼瑶"。琼瑶作品感人至深、可读性强，让三代人流尽热泪，成功囊括几乎所有年龄层读者，成为"钻石级"纯爱代言人。其各时期不同风格的代表作品均为其拥趸们竞相收藏。邓丽君出的《在水一方》专辑和琼瑶剧相得益彰，成为文学艺术强强联合的样板。黑鸭子组合的演绎怀念邓丽君，也是用邓丽君演唱、琼瑶作词（作曲林家庆）的《在水一方》主打："绿草苍苍，白雾茫茫，有位佳人，在水一方。绿草萋萋，白雾迷离，有位佳人，靠水而居。"

国学知识拓展（12）：

〔1〕伊人

郑玄对这个字的解说是："伊，当作繄，犹是也。"也就是和"繄"通用，即"这个"的意思。郑先生在《诗经》中见到这个字都这样解释，比如对于《邶风·雄雉》中的"自诒伊阻"，《豳风·东山》中"不可畏也，伊可怀也"诗句中的"伊"，也都是被解释为："伊当作繄。繄犹是也。"这样虽然放在诗句中可以讲通，但是干干巴巴缺乏诗意，总是让人不满意。

其实"繄"的本来意思是一种兵器的套子，大约用"赤黑色缯"作材料（见《说文》及《段注》）。但是在上古的典籍中这个意思并不常用，倒是宋代字书《类篇》说："一曰繄格，小儿次衣也。"大概当时儿童服装中有一种叫作"繄格"的，算是对"枪衣"的衣这一意义的继承。《左传·隐公元年》郑庄公有"尔有母遗，繄我独无"的叹息，该句的注释说："繄，语辞助辞。"也就是《类篇》所谓的"叹声"。《左传·襄公十四年》："王室之不坏。繄伯舅是赖。"

《国语·吴语》："君王之于越也，緊起死人而肉白骨也"等，也属于此类用法之一。现在叫作语助词（文言助词）或者文言虚词。

麻烦的是，《左传·僖公五年》引《周书》："民不易物，惟德緊物"中的"緊"解说比较混乱，并且大多也归于语助词、虚词。其实并非如此。《孔疏》对"民不易物"的解说是这样的："设有二人，俱以物祭，其祭相似，不改易此物。唯有德者緊，此乃是物无德而荐，神所不享，则此物不是物也。"是说用同样的祭物祭祀神祇，被祭祀者只会选择有德的人贡献的祭物，那无德的人贡献的祭品，神祇根本不当作可以享用的祭物：吃人家嘴短，不能受享不办事，比如，无德的人祭祀的目的是让神祇保佑他抢银行怎么办？这里的"緊"是"是"的意思，不能当作"这个"理解。即使认为"伊"假借为"緊"，也不能把"是"的意思解说为"这个"。用在解读《蒹葭》并不合适。如此看来，高亨本句注："伊人，是人，意中所指的人"，也是值得商榷的解说。

〔2〕溯洄

毛传："逆流而上曰溯洄。"其根据应当是《尔雅·释水》："逆流而上曰泝洄。"泝，即溯的异体。

〔3〕湄

本诗句《毛传》说："水隒也。"孔颖达《正义》补充说："隒是山岸，湄是水岸，故曰水隒。"《说文》解说为"水草交为湄"，是照抄《尔雅·释水》，意思是水边长满草形状像人的眉毛一样。东汉的刘熙在《释名》中直接说："湄，眉也。临水如眉也。"这种用法在汉末典籍中随处可见，比如皇甫谧在《高士传》中说："河上丈人，不知何国人，自隐姓名，居河之湄，著老子章句，号河上丈人，亦称河上公。"

《左传·僖公二十八年》记载楚子玉和河神的过节："（河神说：将你的琼弁玉缨）畀余，余赐汝孟诸之麋。"杜预讲解说："水草之交曰麋也。"因此后代注家直接说："麋，湄也。"其实这种通假在上古典籍中也是值得商榷的，比如《诗经·小雅·巧言》："彼何人斯，居河之麋。"《郑笺》："麋，本又作湄。"意思是有的版本把"麋"写作"湄"，好像不至于下结论两个字可以互用。如果参照《楚辞·九歌·少司命》："秋兰兮麋芜，罗生兮堂下。"这"麋芜"现在写作"蘼芜"，是一种香草。但是王逸见过另一种版本："麋，一作蘪。"况且《巧言》所谓"居河之麋"，既可以解释为就像居住在河边的麋鹿一样，头脸像马、角像鹿、蹄似牛、尾像驴，是所谓的"四不像"，本来是饱受谗言之苦的正人君子讽刺善于巧言伪装自己、像变色龙一样的佞人的；也可以解释为那佞人就像隐藏在野草丛生的水边的爬虫之类一样，善于在暗处害人。反正不能让人放心承认"麋，湄也"。

如果非要找二者的关系，《荀子·非相》中的话倒是可以聊备一说："伊尹之状，〔面〕无须麋。"但是这麋只能解说为"眉"，不能直接说是"湄"。所以我们还是不要受古人诱惑，放弃"湄"和"麋"的关联为好。

〔4〕跻

在《说文》中这个字的意义很简单："跻，登也。"并引《尚书·商书·微子》中的"予颠跻"为证。但是这个"予颠跻"的"跻"又写作"隮"，是"颠陨"的意思，和"隮坠"意思相同，是下降的意思。在先秦典籍中这个"隮"是常用词，比如《尚书·顾命》有："由宾阶隮"，是说从宾客专用台阶下来。《左传·昭十三年》："小人老而无子，知隮于沟壑矣。"是说没有儿子老年就没有依靠，和掉到沟壑里差不多。进一步理解就是过了生育年龄（老）还没有生儿子，就开始下降到人生的低谷了，所以如果正妻不生儿子，赶紧娶二太太三太太……要趁年轻时生出儿子来，否则就掉沟里了。这"隮"当然可以训为"颠陨"或"隮坠"即下降。但是《说文》却说是"登"也就是上升，段玉裁说："按升降同谓之跻，犹治乱同谓之乱，俗作隮。"前提是"跻""隮"为异体关系，只不过世俗经常把"跻"写成"隮"。

还有的解说者喜欢引用《易经·震·六二·爻辞》"跻于九陵"来证明这"跻"是"登"即上升的意思，也是一种误读。该爻辞的原文是这样的："震来厉，亿丧贝，跻于九陵，勿逐，七日得。"雷电来了，人要赶快往极高的山（九陵）跑？在遇到凶险"用巫史纷若"（《易经·巽·九二·爻辞》）的文化发展阶段，到隐蔽地点躲避雷电不能算是高科技反而应当是常识了。毛病出在对《震卦》这一则爻辞的断章取义上。原文的意思是：雷电来势凶猛（震来厉），为了躲避雷电，要像《百步洪》描写的滚石下山那样："乱石一线争磋磨。有如兔走鹰隼落，骏马下注千丈坡。"赶快从高山上连滚带爬往隐蔽处跑（跻于九陵），即使在慌乱中随身带的金钱丢失很多（亿丧贝）也顾不得（勿逐），那雷电还能连续肆虐七天七夜吗？最多七天之内可以找回来（七日得）。看看，是往山下跑，是降（隮坠）不是登升。

隮还有一个常用义，《诗·曹风·侯人》："荟兮蔚兮，南山朝隮。"《毛传》："隮，升云也。"《诗经·鄘风·蝃蝀》："朝隮于西，崇朝其雨。"陆德明《释文》引郑玄注释《周礼》："隮，虹。"《周礼·春官》中有一个叫作"眂（视）祲"的官员，他的职责有十个方面，其中的第九项就是"隮"，古注说："隮者，外气也。"在这些典籍中"隮"的意思都是霓虹或者朝霞（古人叫作升云），白居易《贺云生不见日蚀表》："屏翳朝隮，但惊若烟之涌，曜灵昼掩，不见如月之初。"用的就是这个意义。

那么这个"登"（结果是上升）的意义是哪里来的？《扬子·方言》："海岱之间谓之跻。"《蒹葭》诗句"道阻且跻"，《毛传》就说："跻，升也。"《毛传》作者毛亨毛苌都是赵国人，即今河北河南之间，地望正是扬雄所谓"海岱之间"。《左传·文公二年》："跻僖公。"《公羊传》的解说是："跻者何，升也。"公羊高是齐国人，也是"海岱之间"人士。他们都在用方言解说典籍。

〔5〕坻〔chí〕

本诗《毛传》说："坻，小渚也。小渚曰沚。"许慎《说文》也说："坻，小渚也。"《尔雅·释水》说得很清楚："水中可居者曰洲，小洲曰渚，小渚曰沚，小沚曰坻。"段玉裁说："坻者，水中可居之最小者也。"看来那美人是居住在水中的。

在先秦古籍中坻还有一个常用意义，就是从水中高地引申为泛指高地并且形容高大。《诗经·小雅·甫田》："曾孙之庾，如坻如京"，甫田是处女地的意思，新开垦的土地产量高，所以贵族（曾孙）的粮仓很高大，像坻一样。《左传·昭公十二年》记载，在晋侯招待齐侯的宴会上，酒酣之后举行叫作"投壶"的竞技，中行穆子（晋国大臣荀吴）担任裁判（相），穆子的国君晋侯抽签取得先投的资格，穆子很高兴，放了一句狂言①："有酒如淮，有肉如坻。"意思是我们晋国有的是酒肉招待客人，大家尽管放开吃喝。把"淮"和"坻"对举，还有"水中坻"的意蕴在其中。只不过把水（酒）夸张为淮河，把肉堆高大夸张为坻罢了。

---

① 之所以说是狂言，是因为后面两句很不低调："寡君中此，为诸侯师。"结果晋侯果然投中了，弄得齐侯及其随员很不愉快，只好反唇相讥。

〔6〕采采

本诗句《毛传》解说为："采采，犹萋萋也。"这"萋萋"在《诗经》中常见，比如《毛传》解说《周南·葛覃》"葛之覃兮，施于中谷，维叶萋萋"时说："萋萋，茂盛貌。"让李白低头的崔颢《黄鹤楼》诗有："晴川历历汉阳树，芳草萋萋鹦鹉洲。"明何景明《平夷》诗："滇南八月中，绿林何萋萋。"这个意义可以引申为"云行弥漫"的样子，在《诗经》中也有例证：《小雅·大田》："有渰萋萋，兴雨祈祈。"唐鲍溶《范真传侍御累有寄因奉酬·之九》："萋萋巫峡云，楚客莫留恩。"清代沉炯《题听松山人雨蕉书屋图》更具体说到云的弥漫："卷图烈日忽遮藏，天半萋萋野云起。"

其实不必释为"萋萋"，后人对采采的茂盛义的理解和使用是很直接的，比如晋陶潜《荣木》："采采荣木，结劚根于兹。"谢灵运《缓歌行》："习习和风起，采采彤云浮。"高启《菊邻》诗："采采霜露余，繁英正鲜新。"都可以证明后人对这"采采"的理解是很到位的。

也是在《诗经》中，用到"采采"的需要作另一种解释。比如《曹风·蜉蝣》："蜉蝣之翼，采采衣服。"朱熹《集传》就解说为："采采，华饰也。"意思是华丽的装饰，就很恰当。后人比如唐寅《题菊花》："御袍采采杨妃醉，夜半扶归挹露华。"都是用的这个意义。华饰又可以引申为乐声的美妙：嵇康《琴赋》："英声越发，采采粲粲。"吕向在《文选》中就注释为："英声貌。"孟郊写音乐《清东曲》："采采《清东曲》，明眸艳珪玉。"也是这个意思。在这个意义上"采采"也可以和"萋萋"通用，潘岳《藉田赋》："袭春服之萋萋兮，接游车之辚辚。"南朝齐王俭《褚渊碑文》："眇眇玄宗，萋萋辞翰，义既川流，文亦雾散。"唐李德裕《重台芙蓉赋》："掩萋萋之众色，挺嫋嫋之修茎。"上述作品中的"萋萋"，都可以解说为华丽。

需要说明的是，对"采采"还有一种误解是要不得的。朱熹《诗集传》在解释《周南·卷耳》"采采卷耳，不盈顷筐。嗟我怀人，寘彼周行"中的"采采"时说："采采，非一采也"，意思是"采了又采"。对此，清代马瑞辰《毛诗传笺通释》给予纠正，认为是"状野草盛多之貌"。但是直到今天还有许多当代甚至现代注家引用。这个误读的反证就在同一部典籍《诗经》中，《周南·芣苡》的原文是这样的：

采采芣苢，薄言采之。采采芣苢，薄言有之。

采采芣苢，薄言掇之。采采芣苢，薄言捋之。

采采芣苢，薄言袺之。采采芣苢，薄言襭之。

本诗中明显的动词"有（《说文》：不宜有也。《说文段注》：谓本是不当有而有之称。《玉篇》：果也，得也，取也，质也，采也。）""掇（《毛传》：拾也）""捋（《说文段注》：五指持而取之）""袺（《尔雅·释器》：执衽谓之袺。）""襭（《尔雅·释器》：扱衽谓之襭。）"，每个诗句前面都有"采采"，如果像朱熹他们那样统一解说为"非一采也"，那"采采"和后面的动词连缀不是大大的闲言赘语性质的败笔吗？还是马瑞辰"盛多之貌"靠谱，这里的"采采"根本不是动词。

为了夯实马瑞辰说，不妨现在体味一下《卷耳》中动词链条的缜密程度（注意参照上面括弧中的引文理解）：到了野草丛生的野外，刚要寻找，意外的惊喜出现了：这里"有"很多芣苢，可以放手采摘了！当然在野草中采摘芣苢要有选择的眼光，这就要"掇"（拾也）；开始采摘芣苢数量较少，可以用一只手握着（五指持而取之）；接着采摘的芣苢多起来，就需要把衣襟用手提起了作兜子装芣苢（执衽谓之袺）；越采越多，手持的衣襟装不下了，只好把衣襟掖在腰带上变成一个大包袱，才能装下收获的芣苢（扱衽谓谓之襭）。看看！这样精致的诗作，怎么可能连用十二个动词"采"扩充字数呢？

总之这里的"采采"应当兼有茂盛、华丽两个意思，其他用法都与本诗诗意不合。

〔7〕涘

这个字《尔雅·释丘》的解说是："涘为厓。"《说文》进一步强调指的是"水厓也"。为什么强调？因为厓是土坎，后来山岩形成的"坎"写作崖，水岸形成的"坎"写作涯，上古经常混用，所以许慎要强调是水边的"厓"。《诗经·王风·葛藟》："绵绵葛藟，在河之涘。"《庄子·秋水》："泾流之大，两涘渚崖之间，不辨牛马。"都是用的这个意义。

需要说明的是，古字书中经常引用《诗经·周颂·思文·郑笺》"武王渡孟津。白鱼跃入于舟。出涘以燎"来做"涘"字用法的例证。细读《思文》全诗，似乎没有地方值得郑玄这样引经据典——郑玄是根据古本《尚书·泰誓》

的这一则史料来说事的："惟四月太子发上祭于毕。下至于孟津之上。太子发升舟。中流。白鱼入于王舟。王跪取。出涘以燎之。"

从字面看，好像武王把自动跳到舟中的鱼在上岸后给烧烤了。倒也合乎现代人的常情，但是在古代却是无厘头的作法，因为这是一种天启吉兆，武王这种马大哈兼贪嘴的做法说不定会招致天灾人祸。从古本《泰誓》的说法看，武王是到"毕"这个地方去"上祭"，乘船渡过孟津的时候有"白鱼"（通体洁白，这样的鱼极为少见吧）跃入舟中的。而且从原文看，武王不是让手下拿来备食用，而是亲自去拿并且是"跪取"，这就不可能上岸之后把那自投罗网的白鱼烧烤吃掉。

问题的焦点在"燎"非烧烤上。《吕氏春秋·季冬·"及百祀之新燎"·注》："燎者，积聚柴薪，置璧与牲于上而燎之。升其烟气。"这"燎"仪式就很隆重繁复，为什么这么不简约？《白虎通·封禅》："燎祭天，报之义也。"原来是祭天的仪式！《诗·大雅·旱麓》"民所燎矣"是以柴祭天。《汉书·司马相如传》"休之以燎"是祭天的时候无关人员放假休息，如此等等，都说明这"燎"是把玉帛、牺牲放在柴堆上，焚烧祭天。武王是在"跪取"之后，放生白鱼，然后遵从白鱼入舟的天启，上岸后举行了隆重的祭天仪式；即便没有放生白鱼，也应当是拿这个白鱼作牺牲祭天了。

实际上是古代字书断章取义的引用方法侵夺了其中的文化符号。这段话本来出自郑玄对《思文》中"贻我来牟"（贻：遗留。来：小麦。牟：大麦）这句话的《笺》，全文是这样的："武王渡孟津。白鱼跃入于〔王〕舟。出涘以燎。后五日，火流为乌，五至，以谷具来，此谓'贻我来牟'。"① 郑玄是在解释华夏农业文化的创始者周部族，种植五谷杂粮种子的来源，是上天。

〔8〕道阻且右

本句《毛传》："言出其右"，从字面看莫名其妙，其实其中有文化符号蕴含。《郑笺》："右者，言其迂回也。"为什么说迂回就是右？往左绕道不也是迂回吗？清代马瑞辰理解了《毛传》的意思，在《毛诗传笺通释》中说："周人尚左，故以右为迂回。"马瑞辰应当是从传世典籍中悟出这个道理的。《汉书·公孙弘传》："守成上文，遭遇右武。"师古就解说为："右亦上也。"上就是

---

① 〔清〕阮元.十三经注疏〔M〕.北京：中华书局，1980：590.

"尚"。古人尚右是常识，直到唐代的武则天时代，六品官员以下（包括保安环卫勤杂人员）只能从皇宫的左侧大门出入，成语"左道旁门"就是这样衍生的。

《山海经·南山经》："长右之山有兽，状如禺而四耳，其名长右。"禺是长尾猴，所以这叫作"右"的兽带个"长"字。但是注意，这长尾猴长相丑恶，《说文》干脆说这种动物"头似鬼"。

这样，意义中有上（要攀登）、有长（道阻且长）、有山（高，要跻，道阻且跻）、有怪（阻，即前列"道阻"之阻道者），道阻且右，还是说要见到那女子把手言欢，路途险阻很不容易。

〔9〕沚

前引《尔雅·释水》："水中可居者曰洲，小洲曰渚，小渚曰沚，小沚曰坻。"虽然啰嗦，但是水中小洲的意思是可以明确了。

但是这个字在古书中使用比较随意，需要澄清它们的脉络关系。《诗经·小雅·菁菁者莪》："菁菁者莪，在彼中沚。"《毛传》："中沚，沚中也。"这没什么问题，是语序颠倒的修辞方式，但是《诗经·邶风·谷风》："泾以渭浊，湜湜其沚"就有问题了。湜湜谓水清见底，所以南朝梁武帝有"碧沚红菡萏〔荷花蓓蕾〕，白沙青涟漪"（《首夏泛天池》）的炫彩组合；葛洪有"黄河虽混浑，不可以方沼沚之清澄"（《抱朴子·广譬》）的精辟文字。但是这里的沚到底是什么？南朝梁沈约《郊居赋》给出了答案："渐沼沚于雷垂，周塍陌于堂下。"也就是水止为沚，黄河、长江是黄色的，但是黄河、长江的水静止在三门峡水库、武汉东湖就是绿水"碧沚"。另外像《左传·隐公三年》："涧、溪、沼、沚之毛"把沚和山涧溪水沼泽并举，临时指代池塘、积水坑，也是水止为沚的意思。

总之在《蒹葭》中的"宛在水中沚"和《菁菁者莪》的"在彼中沚"相比，更多了一层模糊意象，因而营造了一种朦胧美的意境，就可以不管是在小洲上还是在静止的碧水中了，因为诗人用的是"宛在"即"好像在"。读者何必较真！

第二节　袍泽之谊：诗经·无衣

现在有过在一起从军经历的人都互称"战友"而不管是否一起和敌人真刀

真枪打过仗。而对袍泽之谊这个词却比较生疏。其实袍泽的国学因子是非常丰厚的。本节通过对《诗经·秦风·无衣》的解说，开掘上古军旅生活中的丰富意蕴。

一、原典

　　岂曰无衣？与子同袍〔1〕。王于兴师，修我戈矛。与子同仇〔2〕！

　　岂曰无衣？与子同泽〔3〕。王于兴师，修我矛戟。与子偕作！

　　岂曰无衣？与子同裳〔4〕。王于兴师，修我甲兵。与子偕行！

　　　　　　　　　　　　　　　　　　　　——《诗经·秦风·无衣》

二、黄裳与绿衣

　　我们从几种服装在典籍中所隐含的文化密码，来看看"裳"在服饰领域的地位和流布层面。《易经·坤卦》："履霜（坚冰至），直方（大，不习无不利），含章（可贞，或……），括囊（无咎，无誉），黄裳（元吉），（龙战于野，其血）玄黄。"如果我们只解读括号外面的文字，不但像一首韵脚整齐的诗，并且可以从中得出黄裳是秋收劳作中的工作服的结论。

　　下面看绿衣。《诗经·邶风·绿衣》："绿兮衣兮，绿衣黄里。心之忧矣，曷维其已？绿兮衣兮，绿衣黄裳。心之忧矣，曷维其亡？"诗中不但出现了绿衣，还出现了黄裳。并且这个小女子的穿着就是上绿下黄。她的地位如何呢？历代注家不是把她说成妾，就是说成丫环，甚至说成家庭女红奴仆。黄裳原来是下等人穿的。绿衣现象到后代还存在。

　　蔡东藩（1877—1945）《唐史演义》："养子令徽，为内给使，官小年轻，止得衣绿，尝与同列忿争，归告朝恩。朝恩即带着令徽，入见代宗道：'臣儿令徽，官职太卑，屡受人侮，幸乞陛下赐给紫衣！'"鱼朝恩（722—770），唐朝时期宦官，泸州（今四川泸县）人。历经玄宗、肃宗、代宗三朝，开始以品官给事黄门，后被封为天下观军容宣慰处置使，统率神策军，兼领国子监事。在被宠用期间，干预朝政，十分张狂。众臣对其愤恨，后被宰相元载设计缢死。

　　我们说过唐朝尚赤，公务员够级别的都穿红色衣服。鱼朝恩养子要绿衣换紫衣，就是这个道理。那么《诗经》时代什么服饰高贵？《诗经·硕人》："硕人其颀，衣锦褧衣。齐侯之子，卫侯之妻。东宫之妹，邢侯之姨，谭公维私。

手如柔荑，肤如凝脂，领如蝤蛴，齿如瓠犀。螓首蛾眉，巧笑倩兮，美目盼兮。"硕人是一个贵族，她的服饰是"锦褧衣"。

三、从袍泽到袍哥

李榕《十三峰书屋文集·卷一》：

> 蜀中尚有啯噜（哥老）会，军兴以来，其党多亡命归行伍，十余年勾煽成风，流毒遍湘楚，而变其名曰江湖会。每起会烧香，立山名堂名，有莲花山富贵堂、峨眉山顺德堂诸名目。每堂有坐堂老帽、行堂行帽。每堂八牌，以一二三五为上四牌，六八九十为下四牌，以四七两字为避忌，不立此牌。其主持谋议者号为圣贤二爷，收管银钱者号为当家三爷，内有红旗五爷专掌传话派人，黑旗五爷掌刀杖打杀。其聚党行劫者谓之放飘，又谓之起班子，人数多寡不等。哥老会成员被称为袍哥，两种解释：一、取《诗经·无衣》："与子同袍"之义，表示是同一袍色之哥弟；二、袍与胞谐音，表示有如同胞之哥弟。袍哥会是清末民国时期四川（包括现在的重庆）盛行的一种民间帮会组织名称，在其他地区被称为哥老会。袍哥会发源于晚清，盛行于民国时期，与青帮、洪门为当时的三大民间帮会组织。

从上述文章可知，袍哥之称名也是来源于《诗经·无衣》的"袍泽"之谊的。

四、军旅歌曲的俗与雅

其实说白了，同裳就是同穿一条裤子。这句话现在多用于贬义。如刘绍棠《田野落霞》："你们穿一条裤子，早编好了哄我的话。"

对褒衣的调侃从汉代就开始了。《汉书·叙传》："夫饿馑流隶，饥寒道路，思有短褐之亵，儋（担）石之畜（蓄），所愿不过一金。"司马相如《美人赋》"女乃弛其上服，表其亵衣。"这些对亵衣的轻视甚至轻佻，当然赶不上旧时军队中流传的军旅粗口歌曲："二丫去赶集，遇见个当兵地。说那当兵地，哪有个好东西，拉拉扯扯拉拉扯扯进了高粱地……〔粗口省略〕"（《高粱地遇见兵哥哥》）这是军旅歌曲俗的一面。

其实军旅歌曲的高雅作品也是产生在《诗经》时代，比如：

> 采采卷耳，不盈顷筐。嗟我怀人，置彼周行。
> 陟彼崔嵬，我马虺隤。我姑酌彼金罍，维以不永怀。
> 陟彼高冈，我马玄黄。我姑酌彼兕觥，维以不永伤。
> 陟彼砠矣，我马瘏矣！我仆痡矣，云何吁矣。
>
> ——《卷耳》

> 我东曰归，我心西悲。制彼裳衣，勿士行枚。
> 我徂东山，慆慆不归；我来自东，零雨其蒙。
> 仓庚于飞，熠燿其羽；之子于归，皇驳其马。
> 亲结其缡（lí），九十其仪。其新孔嘉，其旧如之何？
>
> ——《东山》

《卷耳》中的军嫂，竟然在怀人时用上了后现代主义的置换思维；《东山》以周公东征为历史背景，以一位普通战士的视角，叙述东征后归家前复杂真挚的内心感受，委婉动容情愫浸润字里行间。最出色的是《小雅·采薇》："驾彼四牡，四牡骙骙。君子所依，小人所腓。四牡翼翼，象弭鱼服。岂不日戒？猃狁孔棘！昔我往矣，杨柳依依。今我来思，雨雪霏霏。行道迟迟，载渴载饥。我心伤悲，莫知我哀！"杨柳依依、雨雪霏霏的意境反差又成为映射，对后代意象发展的贡献是有目共睹的。

五、军人的粗犷与细腻

尽管前面对《无衣》中的服装考订详尽，但是最好不要把这些归于粗俗军旅歌曲的行列。诗中有的是粗犷豪迈和真挚细腻：

属于粗犷豪迈的如：同袍/同泽/同裳/王于兴师，修我戈矛〔矛戟、甲兵〕。

属于细腻真挚的是：岂曰无衣/与子同仇/与子偕作/与子偕行。

古代士兵，家境不好无衣可穿是正常的。《北朝民歌·木兰辞》："愿为市鞍马，从此替爷征。东市买骏马，西市买鞍鞯，南市买辔头，北市买长鞭。"是富裕人家并且是参军就做军官的，就像《飘》描写的那样。李白《子夜吴歌·秋歌》："长安一片月，万户捣衣声。秋风吹不尽，总是玉关情。何日平胡虏，良人罢远征。"说明士兵除了印有"兵""卒"的马甲之外，衣服都是家中送来的。

"与子……"中的"子"是规格很高的尊称。《白虎通》："王者父天母地曰天子。天子之子曰元子。"《仪礼·丧服》："诸侯之子称公子。"颜师古注："子者，人之嘉称，故凡成德，谓之君子。"王注曰："子者，有德有爵之通称。"

另外子还用于昵称、爱称。《礼记·哀公问》："子也者，亲之后也。"《说文》："十一月，阳气动，万物滋，人以为称。象形。"段玉裁注："子本阳气动万物滋之称。万物莫灵于人。故因假借以为人之称。象形。象物滋生之形。亦象人首与手足之形也。"

国学知识拓展（13）：

〔1〕袍

在《论语·子罕》中有："衣敝缊袍，与衣狐貉者立而不耻者，其由也与？"古注说"衣有箸者，今之绵衣，或曰箸以乱麻曰袍。"《礼记·玉藻》："纩为襺〔丝绵衣服、丝绵〕，缊为袍。"看来袍子在上古是指比较低级的保暖衣物。到了汉代袍就成为外套了，汉末刘熙《释名》："袍，丈夫着下至跗者也。袍，苞也。苞，内衣也。妇人以绛作衣裳，上下连，四起施缘，亦曰袍，义亦然也。"这袍子男女都穿。《后汉书·舆服志》："袍者，或曰周公抱成王宴居，故施袍。"就是说贵族甚至王族也穿，已经不算下等人服装了。因此唐代军人穿战袍不算对士兵的不善待，孟棨《本事诗·情感》："开元中，颁赐边军纩衣，制于宫中。"这战袍是宫女制作。并且记载宫女在战袍中絮进一首诗："沙场征戍客，寒苦若为眠？战袍经手作，知落阿谁边？"士兵看到还很受触动。所以打仗更起劲，觉得这战袍很提气："金带连环束战袍，马头冲雪度临洮。"（马戴《出塞词》）

但是好景不长，到了唐高祖武德年间（618—626）就下令臣民不得僭服黄色，黄色的袍遂为王室专用之服，自此历代沿袭为制度。赵匡胤"黄袍加身"就是政变了。大概从这时开始，出现了龙袍（龙衮），袍上绣龙纹，成为帝王穿的龙章礼服。龙数一般为9条：前后身各3条，左右肩各1条，襟里藏1条，于是正背各显5条，象征帝位是"九五之尊"。好在《无衣》时代还没有这些禁忌，指普通战士穿的袍子。

〔2〕仇（雠）

如果仇是"仇敌"，那么战友之间说"与子同仇"是废话！这"仇"的意义不这么简单。《周南·兔罝》："公侯好仇。"仇敌谈不上"好"，所以《尔雅·释诂·注》说："谓对合也。同述。"其次仇还有匹〔配〕的意思，《诗·小雅·宾之初筵·"宾载手仇"注》："以手挹酒也。"和现在所谓的"酬"意思差不多。《史记·高祖本纪》："高祖每酤留饮酒，仇数倍。"《史记·封禅书》："其方尽多不仇。"（《索隐》：无验也）《三国志·魏志·卫臻传》："子许买物，随价仇直。"用的都是这个意义。这个意义引申为应〔当〕。《诗·大雅·抑》："无言不仇。"《毛传》解说为"用也"。孔颖达《正义》说："相对谓之仇。相与用言语，故以仇为用。"《前汉书·灌夫传》："上使御史薄责婴所言，灌夫颇不仇。"用的就是这个意义，所以晋灼《注》："仇，当也。"

把"仇"用于仇恨对象，也很古老，《左传·桓公二年》："师服曰：嘉耦曰妃，怨耦曰仇。"《左传·襄公三年》："称解狐其仇也。"《孔疏》："仇者，相负挟怨之名。"《诗经·邶风·谷风》："反以我为仇。"孔颖达《疏》："仇者，至怨之称。"但是都没有偏离《韵会》的意思："于文言雠为仇。雠，鸟之双也。人之仇怨，不顾礼义，则如禽鸟之为，两怒而有言在其闲，必溢恶之言，若禽鸟之声也。"并没有分外眼红的不共戴天。但是这些典籍却是从"好仇"转向"怨仇"的拐点，这就引发了很多误读误用。《陆机·感丘赋》："抨神爽以婴物兮，济性命而为仇。忘大暮于千祀兮，争朝荣于须臾。"就是显例。

对这种词义转变现象段玉裁进行了综述："应，当也。雠者，以言对之。→引伸之为物价之雠。→又引伸之为雠怨。→人部曰：仇，雠也。仇雠本皆兼善恶言之。后乃专谓怨为雠矣。→盖浅人但知雠为怨。以为不切。故加之耳。……物价之雠后人妄易其字作售。→竟以改易毛诗贾用不雠。此恶俗不可从也。从言。雠声。此以声苞意。"（《说文段注》，文字中→号为引者加）

同仇更是值得关注。这个词"腰斩"于"同仇敌忾"。《左传·文公四年》："诸侯敌王所忾，而献其功"。杜预《注》："敌，犹当也；忾，恨怒也。"孔颖达《疏》："当王所怒，谓往征伐之。"这里的"敌"不是敌人的意思，是"匹敌"的意思。经过《清史稿·李宗羲传》："天下臣民，……共振敌忾同仇之气"之类说法的诱导，"同仇"就成为"共同敌人"的意思了。其实在《无衣》

中是"好伙伴"的意思。

〔3〕泽

成语"袍泽之谊"通常的解释是："长袍与内衣，泛指军队中的同事。指军队中同事的交情、友谊。"依据的文献就是这篇《无衣》。郑玄笺注本篇说："泽作襗"；襗，亵衣，近污垢。"但是他在《周礼·天官·玉府·掌王之燕衣服·注》中还说："燕衣服者，巾絮寝衣袍襗之属。"这泽（襗）还是休闲服（燕服）的意思。《抱朴子·疾谬》："汉之末世，则异于兹：蓬发乱鬓，横挟不带，或亵衣以接人，或裸袒而箕踞。"《世说新语·任诞》："刘伶恒纵酒放达，或脱衣裸形在屋中。人见讥之，伶曰：'我以天地为栋宇，屋室为裈衣。诸君何为入我裈〔kūn 裤子〕中？'"用的都是这休闲服的意思。

在上古典籍中，亵衣本来指女性内衣。《礼记·檀弓下》："季康子之母死，陈亵衣。敬姜曰：'妇人不饰，不敢见舅姑。将有四方之宾来，亵衣何为陈于斯？'命彻之。"女人的内衣不能示人，所以要在展示的亡人衣服中撤掉。所以司马相如《美人赋》描绘的："女乃弛其上服，表其亵衣，皓体呈露，弱骨丰肌。"就近似于现在穿着暴露的不雅照了。

大概是受了上引《檀弓》的影响，亵衣又特指亡人的旧衣、脏衣。《仪礼·既夕礼》："彻亵衣，加新衣。"郑玄《注》："故衣垢污，为来人秽恶之。"贾公彦想起《檀弓》中敬姜的话，于是在《疏》中大讲缘由："'彻亵衣'据死者而言，则生者亦去故衣，服新衣矣。'彻亵衣'谓故玄端已有垢污，故来人秽恶，是以彻去之。'加新衣'者，谓更加新朝服。《丧大记》亦云：'彻亵衣，加新衣。'郑《注》云：'彻亵衣'，则所加者新朝服矣，互言之也。"

这泽本来是襗的误写，后人好古，就不改字而到处用泽。宋美龄、蒋纬国题字不说，就是姚雪垠在小说《李自成》中也信而好古："他是洪承畴统率下援救锦州的八总兵之一，与吴三桂有袍泽之谊。"（五卷七章）

在《无衣》中，这襗就是内衣的意思：我们是好朋友（同仇），不但外套互相穿，内衣也互通有无。

〔4〕裳

许慎《说文》不收裳，但是说："常，下裙也。常或从衣。"又说："裙，下裳也。"这就看出许慎的意思是，裳＝裙＝常。刘熙《释名》："下曰裳。裳，障也，所以自障蔽也。"两个东汉人的释义根据在先秦。

《左传·昭公十二年》有一段记事：

> 南蒯之将叛也，……南蒯枚筮之，遇《坤》之《比》，曰："黄裳元吉。"以为大吉也，示子服惠伯，曰："即欲有事，何如？"惠伯曰："……黄，中之色也。裳，下之饰也。元，善之长也。中不忠，不得其色。下不共，不得其饰。事不善，不得其极。外内倡和为忠，率事以信为共，供养三德为善，非此三者弗当。且夫《易》，不可以占险，将何事也？且可饰乎？中美能黄，上美为元，下美则裳，参成可筮。犹有阙也，筮虽吉，未也。

子服惠伯（即子服椒、子服湫，史称孟椒）估计南蒯要干坏事，也就是叛乱搞暴恐，所以对他的沾沾自喜泼冷水，说是《易经》不能占卜干坏事。这里出现了三个与"裳"有关的文化符号，一是"黄裳元吉"，这是《易经》的观念，意思不是干大事并且干坏事，而是平平常常才是真；二是黄颜色是中和（和谐）之美的颜色崇尚，并且蕴含的文化因子是低调（黄，中之色也。裳，下之饰也）；三是上中下三种美好，黄裳属于最下等的美（中美能黄，上美为元，下美则裳）。当然这种定向意义扩衍有孟椒劝阻南蒯子谋反的苦心在里面，但是劝阻对象又不是弱智脑残，如果不是社会共意识承认的价值取向，那孟椒不成了痴人说梦了？可见在当时黄裳并非高贵的符号。同时代的文学作品中面对裳就很淡定，比如《楚辞·离骚》："制芰荷以为衣兮，集芙蓉以为裳。"就没有什么胸怀大志的蕴含，只不过是屈原在遭遇政治上的被边缘化之后，埋头自我修炼提高素质的无奈之举。

把黄裳抬举上富贵符号宝座的，是汉末魏晋皇甫谧《帝王世纪》的神秘兮兮："黄帝始去皮服，为上衣以象天，为下裳以象地。"就是说黄帝是改革上下连体皮筒样式服装，开始效法天地分为上衣下裳的。这爆料不是一个简单的发明权归属问题，而是衣、裳分离具有尊重自然（天地）规律"绝地天通"① 的神秘意义。值得注意的是，距离皇甫谧爆料黄帝发明上衣下裳时代不远，南北朝就已经在民间出现袍、裳分离的白纸黑字了，北朝乐府《木兰诗》："脱我战

---

① 《尚书·吕刑》："乃命重黎，绝地天通，罔有降格。"

时袍，着我旧时裳"就是代表。这就难免让人悬想：魏晋的时候人们开始思考把衣服上下分开不再连体，是发端于何时由何人首创？重大事件往往和伟人有联系，皇甫谧把这个功劳记在黄帝身上，大家还是容易接受的。

为了更好地理解"裳"的本义，有必要考察一下这个词的衍生意义。

1. 褰裳。

《诗经·郑风·褰裳》："子惠思我，褰裳涉溱。"《礼记·曲礼》："暑无褰裳。"都是撩起下衣（当时还没有裤子，男人和女人都和现在爱尔兰军人仪仗队一样穿裙子也就是裳）的意思。到了晋代男人已经穿裤子了，《史记·赵世家》："（赵灵王）遂下令易胡服，改兵制，习骑射"，史称"胡服骑射"，司马光《资治通鉴》也记载了此事，葛洪还在《抱朴子·广譬》中复古："褰裳以越沧海，企伫而跃九玄。"用来比方不可企及的奢望。

2. 黄裳。

《易·坤·六五》："黄裳，元吉。"高亨注："元，大也。裳，裙也，裤也。周人认为黄裳是尊贵吉祥之物，代表吉祥之征，故筮遇此爻大吉……黄裳黄裙内服之美，比喻人内德之美，故大吉。"《诗经·邶风·绿衣》："绿衣黄裳。"唐杨炯《益州温江县令任君神道碑》："怀表履之幽贞，保黄裳之元吉。"另，上引《左传·昭公十二年》内容亦是如此。值得指出的是高亨的"尊贵吉祥"说并不靠谱，黄裳的尊贵不是《易经》时代开始的，上文已经详解。

3. 从云裳到霓裳

云裳在典籍中总是仙气十足，比如喜欢写游仙诗的郭璞在《山海经图赞·太华山》中有"其谁游之，龙驾云裳"的名句，宋韩淲《江城子·德久同醉，子似出新置佐酒，和德久词》："天孙应为织云裳"，那天孙是织女，但是这织女很是开放："问刘郎（天台山成仙的刘晨）。湖上波寒，依旧远山苍。""回首片帆西去也，何日更，共清狂。"周围围绕的都是仙气；清谭嗣同《别意》诗："何以压轻装，鲛绡缝云裳。"南朝梁任昉《述异记》："南海出鲛绡纱，泉室潜织，一名龙纱。其价百余金，以为服，入水不濡。"也是仙家布料做裳。

用云做裳的奇想应该生发于霓裳，云霓总是相伴竞美的。因为霓裳作为衣服或下衣，早在《楚辞·九歌·东君》中就出现："青云衣兮白霓裳，举长矢兮射天狼。"这穿霓裳的人勇武和射日的后羿差不多。

后来进入文学作品中的云裳不多见，倒是霓裳当家。比如唐钱起《柏崖老人号无名先生男削发女黄冠自以云泉独乐命予赋诗》："长男栖月宇，少女炫霓裳。"是写道士师徒的仙风道骨不同凡响，少女道士的道服下衣是霓裳；元袁桷《鼜社湖》："灵妃夜度霓裳冷，轻折菱花玩月明。"戴善夫《风光好·第一折》："教莫把瑶筝按，只许风箫闲，他道是何用霓裳翠袖弯。"都是写女子裙的美丽，只不过戴善夫所说的霓裳是舞衣。

至于南朝齐谢朓《赛敬亭山庙喜雨》："排云接虬盖，蔽日下霓裳。"袁桷《秋雪联句》："白藏缟衣舞，颢气霓裳呈。"则是写降水云气的美丽。

唐代出现了李隆基杨贵妃这一对欢喜冤家，他们的风流韵事中出现了一个重要的文化符号，这就是白居易《琵琶行》中写的："轻拢慢捻抹复挑，初为《霓裳》后《绿腰》"的霓裳，和绿腰（后来发展成词牌子六么）一样是伴随舞蹈的舞曲。其实白先生在《长恨歌》中已经写到这霓裳了："渔阳鼙鼓动地来，惊破霓裳羽衣曲。"只不过在惋惜李杨爱情不终情愫催动下，大家都把目光聚焦在悲剧发生源"渔阳鼙鼓"上，没有太在意这舞曲。后来裴铏在自己主编的小说集《传奇》的《薛昭》一篇，详细记载了这个杨贵妃喜欢看舞霓裳的事情："妃（杨贵妃）甚爱惜（薛昭），常令独舞《霓裳》于绣岭宫。"看来还是独舞。其实杨贵妃自己也经常独舞霓裳，白居易《江南遇天宝乐叟》中就有描述："贵妃宛转侍君侧，体弱不胜珠翠繁。冬雪飘飘锦袍暖，春风荡漾霓裳翻。"

李延寿主编的《北史·卷88》、魏征主编的《隋书·隐逸传·徐则》都记载了晋王评价81岁去世的大隐士（曾经隐居天台山、缙云山）徐则的一句名言："霓裳羽盖，既且腾云，空椁余衣，讵藉坟垄！"是说徐老先生成仙了，在这里霓裳和上文说到的云裳一样，是仙人的衣服。

4. 羽衣〔羽裳〕

羽衣的出现早于盛唐的《霓裳羽衣舞》，只不过一直衣裳混用，没有霓裳羽衣组合名气大罢了。早在《史记·孝武本纪》中就有："天子……使使衣羽衣，夜立白茅上。"《汉书·郊祀志上》："五利将军亦衣羽衣。"颜师古注：羽衣，以鸟羽为衣，取其神仙飞翔之意也（按五利将军栾大，武帝时方士）。说明喜好神仙道术的汉武帝的观念中，已经飞升的神仙和暂时没有飞升的方士，都要穿羽衣表示自己随时可以飞的。古人也认为他们穿羽衣不是为了奇装异服吸引眼球，而是要飞。比如时隔汉武帝不到三百年的曹植在《平陵东行》中就幻想："闾阖开，天衢通，被我羽衣乘飞龙。乘飞龙。与仙期。东上蓬莱采灵芝。灵芝采之可服食。年若王父无终极。"穿羽衣是要飞到蓬莱采灵芝；唐郑谷《寄同年礼部赵郎中》："仙步徐徐整羽衣，小仪澄澹转中仪。桦飘红烬趋朝路，兰纵清香宿省时。彩笔烟霞供不足，纶闱鸾凤讶来迟。"赵郎中从小仪晋升到中仪，就可以穿羽衣和鸾凤一起飞。苏轼《后赤壁赋》："梦一道士，羽衣翩仙，过临皋之下。"翩仙就是我们现在还使用的翩跹，宋代人就喜欢这么写，比如陆放翁就经常把翩跹写成翩仙，随便举两个例子："放翁一幅巾，与影俱翩仙。"（《月下独行桥上》）"乌帽翩仙白苎凉，东窗随事具杯筯。"（《东窗小酌》）都是这么写。翩跹就是飞舞并且是很飘逸地飞舞，所以杜甫写鹤的飞舞才用翩跹："流离木杪猿，翩跹山巅鹤。"（《西阁曝日》）所以苏东坡的"羽衣翩仙"就是穿上羽衣飘逸飞舞。

明代以后，国学因子中很多观念的原本意义被侵夺，上衣和下裳的区别记忆逐渐模糊也是这种侵夺劫余现象之一。所以羽衣和羽裳混用渐多。比如何景明《七述》："左骖双龙右两螭，羽裳翩翻垂白蜺。"羽衣意象绝不是浑身长羽毛的意思，否则如果和鸭子一样笨，羽翼丰满也上不去锅台不会飞。羽衣意义的核心在于使人长上可以飞翔的翅"膀"，膀子不能长在胯骨上，所以把羽衣写成羽裳并不可取。

5. 霓裳羽衣

霓裳羽衣意象是我国古典诗文中的一道亮丽风景线。这种亮丽组合起始于唐代。当事人是皇帝贵妃且不说，如前述顶级诗人的兴奋点所钟并大力渲染也功不可没。白居易的诗名字就叫作《霓裳羽衣歌》："千歌万舞不可数，就中最爱《霓裳舞》。"同时代的元稹、刘禹锡等大诗人均追捧效法于笔端。比较著名的如元稹《法曲》："明皇度曲多新态，宛转侵淫易沉着。赤白桃李取花名，《霓裳羽衣》号天落。"和白居易的诗相得益彰。

和元稹相比，刘禹锡张扬霓裳羽衣这一题材的诗蕴含了更多的文化因子。诗的题目是《三乡驿楼伏睹玄宗＜望女几〔儿〕山诗＞，小臣斐然有感》，像一个小序的长题目贯注的历史感是让人动容的。诗歌全文是这样："开元天子万事足，唯惜当时光景促。三乡陌上望仙山，归作霓裳羽衣曲。仙心从此在瑶池，三清八景相追随。天上忽乘白云去，世间空有秋风词。"其中蕴含的或者震动后人神经被扩衍的文化符号起码有：开元盛世、三乡陌、仙山、霓裳羽衣曲、瑶池、三清八景、乘白云飞升、（汉武帝、李白等）、《秋风词〔辞〕》（当然其中也包含宋玉、曹丕等人的悲秋意象）。

正因为如此，宋代乐史《柘枝谱》中评说各个时代舞曲代表作时，是这样的认定的："汉则《巴渝女舞》，晋则《白纻舞》《幡舞》《肩舞》，唐则《霓裳舞》，视《柘枝》舞态曲调，各有攸胜。"在乐史看来，霓裳羽衣曲〔舞〕是整个唐代的代表作品。乐史对霓裳羽衣的定位并非误判，因为和他历数的各个时代的代表舞曲相比，唐代只有这首舞曲的来历可以和《巴渝女舞》《白纻〔歌〕舞》的"出身"媲美。

晚唐的郑嵎在自注《津阳门》"宸聪听览未终曲，却到人间迷是非"所蕴含的掌故时，是这样写的：

> 叶法善引上入月宫，时秋已深，上苦凄冷，不能久留，归，于天半尚闻仙乐。及上归，且记忆其半。遂于笛中写之。会西凉都督杨敬述进《婆罗门曲》，与其声调相符。遂以月中所闻为之散序，用敬述所进曲作其腔，而名《霓裳羽衣》法曲。

这段文字因为距离白居易他们炒作霓裳羽衣曲时间近到几乎衔接，所以影响很大，为后人采信。这种重视从对郑嵎本人作品用字的争论也可见一斑。比如"宸聪听览未终曲"中的关键字"宸"，诗人没有"自注"。就有人引用许慎说文："宸，屋宇也。"《国语·越语》："而为敝邑宸宇。"韦昭《注》："屋溜。"总之这个宸字不怎么提气，好像是说躲在屋外甚至在天窗（古代建筑兼烟筒即排烟道）偷听仙乐，并且没有听完就受不了凄冷跑回来了。再加上在上引"自注"中对此也语焉不详，所以很是使人窝心。

后来终于有人费力找来这样的史料："南朝梁大同九年（543）黄门侍郎兼太学博士顾野王《玉篇》引《贾逵曰》"，就是《玉篇》引用贾逵的话。其实这证据就四个字："室之奥者"。这虽然直接说明不了什么，但是他是路标灯塔拐点标志啊！顺着这个线索，就找到宋毛晃、毛居正撰写的《增修互注礼部韵略》的说法："帝居北宸宫，故从宀从辰。亦曰枫宸。帝居高广，惟枫修大可构也。"这样宸就是皇帝的住所，"宸聪"就成了居住在宸中的人听音乐了。证实听仙乐的是唐玄宗。也许在参与争论者看来，为了与郑嵎争长短，再麻烦也值得！

　　总之经过白居易到郑嵎的炒作，这霓裳羽衣舞曲不但成为唐代乐舞的代表，而且还具有了仙乐的身份。因此后代一涉及仙乐，都要提到这霓裳羽衣：包括在故纸堆中埋藏极深的清代藏书家吴骞都对此津津乐道："并见姮娥与众仙姬逍遥按乐，殆所谓《霓裳羽衣》、钧天雅奏〔天上音乐，均天：天之中央〕者，非复人世间所有。"（《扶风传信录》）这种意境杜甫就描写过并且很简洁："此曲只应天上有。"（《赠花卿》）吴骞在这里啰啰嗦嗦无非是要嵌进霓裳羽衣。再说嫦娥和众仙女弹奏的音乐（仙乐），也不可能和唐玄宗用半拉仙乐揉进《婆罗门曲》改编的霓裳羽衣曲一样。

　　和现在的网络爆红一样，这个嫦娥一掺和进霓裳羽衣，就一发不可收拾，越传越像真有其事。《红楼梦·85 回》："只见金童玉女，旗旛宝幢，引着一个霓裳羽衣的小旦，头上披着一条黑帕，唱了几句儿进去了……小旦扮的是嫦娥。"这里连嫦娥的服饰都是霓裳羽衣了。《花月痕·49 回》："（瑶华道）姮娥也算不得共姜，他霓裳羽衣，怎样也接了唐明皇？"

第四章

礼义文化与民俗属性

原始风俗、原始礼仪经过文化的加工与改造，兴起了礼。古礼的起源，典籍中有很多说法。《礼记·礼运》："夫礼，必本于大一。分而为天地，转而为阴阳，变而为四时，列而为鬼神。"《左传·昭公二十六年》："礼之可以为国久矣，与天地养。"从这两条记载来看，天地未分之前已有礼。《礼记·礼运》："夫礼之初，始诸饮食。其燔黍捭豚，污尊而抔饮，蒉桴而土鼓，犹若可以致其敬于鬼神。"《礼记·昏义》："男女有别而后夫妇有义，夫妇有义而后父子有亲，父子有亲而后君臣有正。故曰：昏礼者，礼之本也。夫礼始于冠，本于昏，重于丧祭，尊于朝聘，和于乡射。"从这两条记载来看，礼起源于饮食、祭祀、成年礼等原始仪式，是一种社会化的产物。所以，《礼记正义》就说："礼有三起，礼理起于太一，礼事起于燧皇，礼名起于黄帝。"又说："自伏羲以至黄帝，吉、凶、宾、军、嘉五礼始具。"

第一节　古礼、五礼与三礼

"礼有三起"的说法，将礼的起源分为"礼理""礼事""礼名"三部分，认为"礼理"在天地未分之前已经形成，"礼事"形成于伏羲、神农时代的想法未免太早。礼名为"五礼"，囊括了婚丧嫁娶、农业生产、宗教祭祀和军事战争等社会生活的各个方面，对了解制度文明起源是有意义的。古礼经过五帝时代得到第一阶段的整合，经过三代时期的发展，到西周时期基本定型，这是一种风俗的雅化过程。

一、华夏古礼

古礼是一个庞大的系统，数目繁多，历来有"三百三千"的说法。如《孝经》说："周礼三千。"《汉书·艺文志》说："古礼三千。"《礼记·中庸》说："礼仪三百，威仪三千。"《礼器》说："经礼三百，曲礼三千。"《大戴礼记·本命》说："经礼三百，威仪三千。"礼的名称稍有不同，而礼的基本内容是不变的。礼的三百三千，应为古礼礼数之大略，是可信的。在周代，由于统治者对礼制的高度重视，又因礼仪繁多，故而设专门的机构进行管理。但繁缛的礼仪不是人人都能通晓。《大戴礼记·卫将军文子》记孔子之言曰："礼仪三百，可勉能也；威仪三千，则难也。"意思是说三百礼仪，可以勉为其难努力记忆演习，但是威仪三千就难以掌握了。连自幼习于俎豆之事的孔夫子，都产生了畏难情绪，更何况浑浑噩噩为生计忙碌的平常人呢。为了方便人们在日常生活中使用，对礼有研究的专门机构对繁冗的礼仪进行了分类，以便世人"择其要者而行之"，既可达到通礼明义之目的，又避免过于繁杂耗时费日影响生产生活。

对于古礼划分的痕迹，可以从汉代成书的先秦典籍《礼记》看出来，其中的分类是以正宗上古典籍《仪礼》为标准的。比如，虽然孔子在《礼记·礼运》中说把礼分成丧、祭、射、御、冠、昏、朝、聘，"……本于天，于地，列于鬼神。"好像分类依据是天地自然鬼神好恶似的，其实从《礼记·王制》所开列的"六礼"（冠、昏、丧、祭、乡、相见）看，都是来自仪礼：冠，来自于《仪礼·士冠礼》；昏，来自于《仪礼·士昏礼》；丧，来自于《仪礼·士丧礼》；祭，来自于《仪礼·特牲馈食礼、少牢馈食礼》等；乡，来自于《仪礼·乡饮酒礼、乡射礼》等；相见，来自于《仪礼·士相见礼》。为了便于更加直观地比较，我们不妨把两本书相关部分的目录对照一下：

仪礼·士冠礼/礼记·冠义第四十三

仪礼·士昏礼/礼记·昏义第四十四

仪礼·乡饮酒礼/礼记·乡饮酒义第四十五

仪礼·乡射礼/礼记·射义第四十六

仪礼·燕礼/礼记·燕义第四十七

仪礼·大射/礼记·投壶第四十

仪礼·聘礼/礼记·聘义第四十八

仪礼·丧服/礼记·丧服小记第十五、丧服四制第四十九

仪礼·士丧礼/礼记·丧大记第二十二、奔丧第三十四、问丧第三十五

仪礼·特牲馈食礼/礼记·郊特牲第十一

而今广泛通用的分类是五礼。《祭统》说:"礼有五经,莫重于祭。"这里的"五经",据郑玄说是指"吉凶宾军嘉"五礼。《大戴礼记·曾子天圆》说:"圣人立五礼以为民望",亦指"吉凶宾军嘉"五礼。而"五礼"的划分,本来源于三部礼书之一的《周礼》。

二、关于五礼

五礼各自有丰富的但是特定的内涵,根据典籍记载加以梳理,分述如下:

(一)吉礼

吉礼,就是祭祀之礼。《周礼·春官·大宗伯》:以吉礼事邦国之鬼、神、示。古人认为天地、宗庙、神祇关系到国运之兴盛,宗族之延续,故排列在五礼之首。

吉礼中祭祀的天神很多,其中最重要的是天帝(也称上帝)。《周礼·春官·大宗伯》就有"禋祀祀昊天上帝"的记载。天帝是众神之首,祭天帝后来转化为或者泛化为祭天,这个祭祀属于国家最高级别的典礼仪式,因此只有天子方可主持祭天活动。根据典籍记载,这个活动一般在每年冬至举行,祭祀场所在首都或者东都洛阳的南郊,因此首都或者东都建有叫作"圜丘"的祭坛,和后代的天坛差不多。仪式的名称叫作"禋祀"。

天神中当然包括日月星辰。古人认为日月星辰与民生关系密切:日月之明为天之明,农耕时代人们日出而作日落而息,太阳升落、月亮盈亏指导着人们的日常生活;星辰被先民认定为可以司命司风司雨等,也就是某些星辰可以掌管人们的寿命长短,可以节制风雨寒暑,甚至生活环境变迁、运命吉凶也在星辰变化中可以得到暗示。所以古人对星辰的祭祀,主要目的在于祈求风调雨顺,生活平安吉祥之类。日月星辰被符号化,是泛神崇拜之后出现的迷信现象。比如太阳和国君的联系,是从夏代末期开始,到商代才盛行;而到了周代,在太阳崇拜的基础上并行的是天神泛化,所以国君就由太阳之子(甲乙丙丁戊己庚

辛壬癸）变为天子并且一直延续到晚近。月亮和玉皇大帝、西王母、嫦娥等道教人物的关系也是东汉之后的事情（道教人物作为仙家人物开始于战国）。至于星辰，后来甚至发展到地区分野、人物映射（天罡地煞等），也是战国之后的事情。但是最初的实用型天神祭祀，和后代的符号性、神秘性天神祭祀，在规格和排场上不可同日而语，古籍记载，当时一般使用的是"柴祀"，也就是点上一堆篝火，往里面扔一些动物家畜肝脏，让星辰闻一闻味道而已。《诗经》中的"其香始馨"就是这种祭祀方式的文学描写。

除了天神祭祀之外，吉礼中还要提到雩祭和祈谷之祭。在农耕时代，对农作物影响最大的是旱灾，为了祈求风调雨顺，五谷丰登，而进行雩祭和祈谷之祭。为求雨专设的雩祭分为"常雩"和"因旱而雩"两种。常雩是固定的祭祀，即使没有水旱之灾，也都会在固定的时间进行祭祀。常雩的时间，《左传》说得很含糊，叫作"龙见〔1〕而雩"。考察典籍记载，这所谓的"龙见"应当是夏历四月也就是初夏，刚度过"春雨贵如油"季节，人们期盼下雨不算奢求。更何况此时万物始盛，急需雨水，故每年此时有雩祭；除了纳入正常日程的"常雩"之外，还有所谓的"因旱而雩"，是指因旱灾而临时增加的雩祭，多在夏、秋两季，冬天已是农闲，无旱灾之虞，故而《谷梁传》说"冬无为雩也"。

雩祭之礼，天子、诸侯都有，天子雩于天，称为"大雩"；诸侯雩于境内山川，只能称为"雩"。举行大雩需要在首都或者陪都的南郊举行，一般在祭天的圜丘之旁建筑祭坛。

吉礼当中的祈谷，也属于祭祀天神的范畴。古代祈求谷物丰熟的祭礼称为祈谷。关于祈谷祀举行的时间，周时即有"以正月祭天以祈谷"之说。《礼记·月令》："〔孟春之月〕天子乃以元日祈谷于上帝。"这里的元日指吉日，天子于孟春之月吉日祈谷于天。

除了祭祀天神之外，吉礼中也有祭祀人神的祀典。《史记·礼书》说："上事天，下事地，尊先祖而隆君师，是礼之三本也。"对人神的祭祀首先是祭祀祖先，其次是五帝，即中央上帝黄帝、东方上帝青帝、南方上帝赤帝、西方上帝白帝、北方上帝黑帝。对祖先的祭祀，祭必于庙。周制，天子七庙，诸侯五庙，大夫三庙，士一庙。诗经中记载，祭礼祖先的四时祭以禴祠尝烝为名。

周之后，人神祭祀不再限于祖先与五帝，还以等级辈分来区分，包括先圣、先贤、先师等"闻人"的祭祀，也包括各种杂祀如：对万物之祀，即蚕、禖、腊、傩等与人们生活密切相关的祭祀。因为这些动物乃至节气节候被人格化了，所以也算是人神祭祀的范畴，仪式和祭法也差不多。

吉礼中还有对地神的祭祀礼仪。对地祇的祭祀，按祭祀内容包括地母、四望山川五岳、四渎、社稷等。

对地母的祭祀。又称皇地祇或方祇，一指大地，二指是大地之主，是主宰大地山川之神。关于地神的祭祀，有两种，一是夏之祭，一是冬之祭。《周礼·春官·大司乐》："夏日至，于泽中之方丘奏之。"是夏之祭。古人认为天圆地方，故于泽中做方坛为祭。今北京地坛就是祭地母的。《礼记·祭法》说："共工氏之霸九州也。其子曰后土，能平九州，故祀以为社。"共工子后土，平定九州，以社神祭祀之。地母与社都是土地之神。稷是谷神，是能生长五谷的土地神祇，区别于其他地神比如山神泽神等，为农业之神。《周礼·春官·大宗伯》："以血祭祭社稷、五礼祀五岳。"

对四方五岳大川的祭祀称为"望祭"。五岳指的是东岳泰山、南岳衡山、西岳华山、北岳恒山、中岳嵩山，是天下五方之镇山。四渎是指河济江淮四大河流。因为四望山川地理位置分散，所以往往在祭祀这些神祇时在一个固定的场合遥遥祭祀，所以称为望祭。

（二）凶礼

凶礼，是救扶之礼。《周礼·春官·大宗伯》："以凶礼哀之忧"。凶礼可分为丧荒吊襘恤五礼。

丧礼是哀悼死者的礼仪，是我国古代礼仪中最重要的礼仪之一。如天子丧，先要"赴"，就是讣告诸侯；然后是诸侯吊丧。待葬期到，就要会葬，诸侯们都要亲临葬礼。在丧礼上，根据与死者亲疏关系的不同，按规定穿着制式不同的丧服。在礼书《仪礼·丧服》中，将丧服分为五等：斩衰、齐衰、大功、小功、缌麻。主色调应为白色，斩是最高等级，就是丧服的边沿处不能码针脚。后来的不修边幅表示心灰意懒，就是这个文化密码的化石。另外，从天子、诸侯、大夫、士一直到平民，划为不同等级，规定有三年至三个月的服丧或者守丧时间。

荒礼。荒指农业欠收。《周礼》中的荒也包括疫疠，所以当邻国发生饥馑疫疠时，天子与诸侯通过一定的行动救灾。当时所采取的有关做法包括救济、薄征、缓刑、放粮等等。《礼记·曲礼》记载："岁凶，年谷不登，君膳不祭肺，马不食谷，驰道不除，祭事不县，大夫不食粱，士饮酒不乐。"指五谷不成之年，天子诸侯少食减乐，与民同忧。

所谓"君膳不祭肺"不是说可以拿别的部位祭祀，郑玄说："礼，食杀牲则祭先，有虞氏以首，夏后氏以心，殷人以肝，周人以肺。不祭肺，则不杀也。"意思是国君停止吃大牲畜；"驰道不除"，除是治理的意思，连国道高速公路都停止建设维修，更不要说其他工程了，凶年一律停止；"祭事不县"的县就是现在常说的悬，是指用架子悬挂的大型乐器比如钟磬之类，这是说即便是大型的祭祀典礼，也不允许使用大型乐器。

吊礼。指当诸侯国或盟友发生自然灾害时，天子或者诸侯派使者奔赴受灾地表示哀吊与慰问。《左传·庄公十一年》："秋，宋大水。公使吊焉。"宋国遭遇了水灾，鲁国的庄公就派使者奔赴宋国慰问，叫作"吊焉"。

禬礼。指盟友受灾，盟主应会合诸盟国筹集财物，救其损失。《春秋·襄公三十一年》："会（禬）于澶渊，宋灾故。"宋的盟国晋、齐、莒、郑等筹集财物，补充宋国因灾祸而丧失的财物。

恤礼。是诸侯国遭受外侮或内乱时，天子对遭受不幸的诸侯国表示慰问、抚恤的礼仪。恤礼与禬礼都是抚恤之礼，禬礼是诸盟国之间的慰问，恤礼是中央对地方的慰问。

（三）军礼

军礼，是军队之礼。《周礼·春官·大宗伯》列举了五种与军事关系密切的礼仪制度：大师之礼、大均之礼、大田之礼、大役之礼、大封之礼五种。这五种礼可以归纳为两个大类，即训练类（大田礼）和征战类（大师礼、大均礼、大役礼、大封礼）。

大田礼。古代诸侯要亲自参加四时田猎，称为春搜、夏苗、秋狝、冬狩，故称大田之礼。田猎基本目的在于校阅及军训演习等。检阅战车与士兵的数量、作战能力，训练士兵在战争中的协同配合等能力。

大师礼。天子或诸侯亲自参与的征伐活动，天子御驾亲征，可以调动国民战争热情，也能振奋士气。《周礼》说："大师之礼，用众也。"郑玄注说："用其义勇也。"大师礼内容包括宗庙谋议、命将出师、载主远征、凯旋献俘等。

大均礼。指天子在畿内、诸侯在封国内检查户口，征收赋税，意在平摊军赋，使民众负担均衡，所以叫作"大均礼"。据《周礼·地官·小司徒》记载，当时的军队建制是：五人一伍，五伍一两，四两一卒，五卒一旅，五旅为一师，五师为一军。古代根据这一建制组成军队，征兵（以起军旅）并分摊军赋（以令贡赋）。这种建制与当时的社会状况相适应，出则为兵，入则为民。唐宋以后取消大均礼。

大役礼，指各种由国家发起的营建军事工程，为战争作准备。

大封礼，指勘定各种封地之间的疆界。诸侯相互侵犯，争夺对方领土。战争结束后，双方要确认原有的疆界，聚集失散的居民。古代封土植树为疆界，故称大封之礼。

（四）宾礼

宾礼，是外交礼节。是天子接见诸侯，诸侯国之间交往的礼仪。《周礼·春官·大宗伯》："以宾礼亲邦国：春见曰朝，夏见曰宗，秋见曰觐，冬见曰遇，时见曰会，殷见曰同，时聘曰问，殷覜曰视。"宾礼有朝、觐、聘、遇、会、问、视、同等礼仪制度。"时见"指天子有征讨等大事，诸侯见天子的礼仪，有时而见；"殷见"指天子不巡，四方六服之内的诸侯入朝天子之礼；"时聘"指天子有事而诸侯未来朝时，派使者存问看望；"殷覜"指多国使者同时聘问。后代将接见藩帮或附属国、外国使臣来朝等也纳入宾礼中，故宾礼可以分为：

1. 朝觐之礼

天子个别接见一方一服诸侯（宗人国）的礼仪，王畿之内的诸侯，一年分春夏秋冬朝觐四次。六服之内的朝觐，按远近不同有不同的次数。朝觐之礼的用意是明君臣之义，通上下之情。《周礼·秋官·大行人》："春朝诸侯而图天下之事，秋觐以比邦国之功，夏宗以陈天下之谟（谋），冬遇以协诸侯之虑。"对天子而言，接见诸侯就是制定一年的工作计划，分配任务给诸侯，执行任务的诸侯们按时汇报工作进度，再进行年终总结、奖励表现好的，并对一年的工作不足进行整改。而对于诸侯来说，朝觐天子的目的其实就是述职。

2. 会同之礼

会同是四方、六服诸侯同时来朝，在京师，在别地，或在境外。古时候，诸侯四方会齐，共聚一堂，规模宏大，是为"会同之礼"。《周礼·春官·小祝》："凡外内小祭祀、小丧纪、小会同、小军旅，掌事焉。"疏云："小会同，谓诸侯遣臣来，王使卿大夫与之行会同之礼。"天子、诸侯亲自参加的，称"大会同"。

3. 聘礼

《礼记·王制》："诸侯之于天子也，比年一小聘，三年一大聘。"先秦时期，诸侯定期朝觐天子的间隔就是这样规定。实际上是派卿大夫为使，进京都问候天子，并报告近期工作情况。春秋时诸侯各国遣卿大夫聘于周天子。秦汉以后，不再有诸侯聘于天子之礼；之后礼书用聘礼表现藩国（少数民族、蛮荒部落）聘使朝贡进表之礼。西汉时史书就记载有南越、匈奴及西域于阗等国遣使朝献礼。

4. 相见礼

关于相见礼的记载，《礼记·王制》："司徒修六礼以节民性"，此六礼为冠、婚、丧、祭、乡（饮酒）、相见六礼。《仪礼·士相见礼》对士与士相见的绍介、礼物、应对等作详细说明，并介绍士见大夫、大夫相见、士大夫见君的礼仪。相见礼到后代发展为内外群臣相见之礼，按照等级、品级等不同有不同礼仪。当然会面时要带上礼物。

（五）嘉礼

嘉礼，是节庆之礼。《周礼·春官·大宗伯》："以嘉礼亲万民。"嘉礼是饮食、婚冠、宾射、燕飨、脤膰、贺庆之礼的总称。

1. 饮食之礼：各级贵族、庶民的饮酒礼和进食礼，目的在于"以饮食之礼亲宗族兄弟"。

2. 婚冠之礼：古代男子二十岁行冠礼可以结婚，女子十五岁行笄礼，也允许出嫁，并称有冠笄之礼，表示成年。成年男女可以成婚，故冠笄礼与婚嫁礼合称婚冠。

3. 宾射之礼：诸侯朝见天子或诸侯相会时举行的射礼。在此射礼中，立宾主，故称宾射之礼。"以宾射之礼，亲故旧朋友"，射礼的目的是亲近旧知新友。

4. 燕飨之礼：筵席之礼。"以燕飨之礼，亲四方之宾客"，天子以酒肉款待宾客——四方前来朝聘的诸侯，表现亲近。

5. 脤膰之礼：祀典完成后将祭肉分给助祭者之礼。《周礼·春官·大宗伯》："以脤膰之礼，亲兄弟之国"，脤膰是祭祀中所用之肉。在祭祀结束后，将祭肉分给兄弟之国，借以增进感情。

6. 贺庆之礼：庆贺喜事之礼。对方有喜庆之事时，要亲自或者派人馈赠一定规格的礼物，以相庆贺。

三、关于三礼

记载周代礼制的《周礼》《仪礼》《礼记》合称三礼。《周礼》侧重政治制度；《仪礼》侧重行为规范；而《礼记》则侧重对具体礼仪的解释。

（一）《周礼》

《周礼》是一部有条理的关于官制之书。据说"周公制礼作乐"而作《周礼》，但并不可信。《周礼》又名《周官》或《周官经》，共四十二卷。《周礼》全书以六官区分为六部分，即天官、地官、春官、夏官、秋官、冬官，冬官篇已亡，汉代以《考工记》补其缺。《周礼》文本结构整齐，每个官制都以："惟王建国，辩方正位，体国经野，以为民极。乃立×官××，使帅其属而掌邦×，以佐王×邦国"开头，然后再述其官名、等级、人数、各掌之职。六官的分工为：天官主管宫廷，地官主管民政，春官主管宗族，夏官主管军事，秋官主管刑罚，冬官主管营造，涉及社会生活的所有方面。《周礼》记载了最为系统的礼的体系，有祭祀、朝觐、封国、丧葬等的国家大典，也有如乐悬制度、服饰制度等的具体规制。

《周礼》的内容融合了上古的政治思想，展示了一个完善的国家典章制度，也构思了我国古代的一个理想王国。《周礼》构建了理想的国家行政规划：以国都为中心点，向四方扩展王国疆域。首先通过"土圭"来确定国都地点。如《周礼·大宗伯》说：

> 以土圭之法测土深，正日景（影），以求地中。……日至之景（影）尺有五寸，谓之地中：天地之所合也，四时之所交也，风雨之所会也，阴阳之所和也。然则百物阜安，乃建王国焉，制其畿方千里而封树之。

选择天地、四时、风雨、阴阳相交的地中作为国都，以地中为中心，向外扩展出国畿与九畿的概念。

国都以王城为中心建立，方千里为王畿，千里之外为"九畿"。即王畿之外有"九畿"。关于王畿与"九畿"，《周礼·夏官·大司马》说：

方千里曰国畿，其外方五百里曰侯畿，又其外方五百里曰甸畿，又其外方五百里曰男畿，又其外方五百里曰采畿，又其外方五百里曰卫畿，又其外方五百里曰蛮畿，又其外方五百里曰夷畿，又其外方五百里曰镇畿，又其外方五百里曰蕃畿。

畿就是疆界。九畿的分布，是以方千里的王畿为中心，呈同心圆状态分布，王畿圆周外五千里之地，依次划分为侯、甸、男、采、卫、蛮、夷、镇、蕃等九层，相邻两畿之间相隔五百里，以五百里的倍数，大小相套，层层扩大。这九畿疆界作为乌托邦式的政区设想，虽然历朝历代从来没有完整划分过，但是边境地区的区划比如蛮、夷、镇、蕃倒是史不绝书。

理想的行政区域还包括居民组织划分。《周礼》的居民组织亦以王城为中心进行划分，国都外四郊之地称为乡，郊外之地称为遂。乡、遂之下各细分为五级，如地官的《大司徒》《遂人》等记载，乡的民户构成分为：五家为一比，五比为一闾，四闾为一族，五族为一党，五党为一州，五州为一乡。遂的民户构成及人数与乡一样编制整齐，居民人数一致，只是遂在乡外而已。这种民居规划理想不管实行得是否普遍，反正乡党、比邻、闾阎、州县等老乡观念的代称，也经常见于典籍。另外《周礼》在农田系统、沟洫系统的理想规划方面，也是严格整齐、单位划分明晰的。如此理想的行政管理系统，包括对单位土地上人数的近于苛刻的规定，总是让人不放心：如果单位区域规定人数不足或有富余怎么办，就不见相应的处理方法。可见《周礼》设计的理想国度，属于上古东方版的乌托邦，是否具有可操作性，还是值得商榷的。

从这个视角切入，我们还可以发现《周礼》的理想主义，还体现在绝对平均主义的思想方法上。《周礼·春官·大宗伯》记载："大均之礼，恤众也。"行大均之礼的目的在于体恤民众。而值得注意的是，这"大均之礼"已经体现在平均地权上了，堪称华夏史上最早的"土改"。《周礼·地官·小司徒》规定：

乃均土地，以稽其人民，而周知其数：上地家七人，可任也者家三人；中地家六人，可任也者家五人；下地家五人，可任也者家二人。

在均土地的时候，要认真核查户口，并且要了解得非常周详，近似于今天的人口普查。"可任也者"即劳动力。也就是说，要按照能胜任劳动的人数分配土地。其奉养人多，授以上地，奉养人少，授以下地。"均土地"体现了正义原则所要求的公平性；而上地、中地、下地的划分体现的是具体的制度设计方式。平均分配耕地的同时，也主张平均分配粮食。《周礼·地官·司稼》就有"掌均万民之食，而稠其急而平其兴"的职责规定。在这个文献中我们还可以看到，为平均分配粮食设置了专门的官职叫作"司稼"，掌管巡视王国内的庄稼，调度民众粮食的多少，救济人们的急困，平均地分配粮食给急困之民。虽然是理想的平均理论，但对后世影响非常深远。比如洪秀全的《天朝田亩制》中就提出"有田同耕、有饭同食"的平分土地的施政方案。孙中山三民主义中的"民生主义"就包含了平均地权的方案。

与其说《周礼》构建了实现理想王国的一整套社会制度规范，倒不如说其对社会、对人的思考还体现了人法天的理念。《周礼》以天、地、春、夏、秋、冬六官为构架，符合天地四方即六合与四季轮回的上古宇宙观。上古社会精英的核心思维是：天下万物，非阴即阳；天乾地坤，阴阳相对。与此相应，在《周礼·天官·内小臣》中规范的政令有阳令、阴令；《地官·牧人》中规定的祭祀为阳祀、阴祀；《天官·内宰》分阳礼、阴礼等等。彭林在《中国古代礼仪文明》中说：标准的城市构想"面朝后市、左祖右社"的布局，也体现南为阳，故天子南面听朝；北为阴，故王后北面治市。左为阳，是人道之所向，故祖庙在左；右为阴，是地道之所尊，故社稷在右。《周礼》以"人法地，地法天，天法道，道法自然"构思全书框架。

（二）《仪礼》

商周之际成书的《仪礼》，是反映周代礼制并影响整个封建社会的基础典籍。传统所谓的礼、乐、射、御、书、数亦即六艺中的"礼"，就是指的这本书。礼作为当时政治制度、人伦关系、行为规范、典礼仪式等的集大成观念，曾有"礼仪三百，威仪三千"的说法。现存的《仪礼》虽然传自春秋、战国，但有的篇章是整理于汉代的，共十七篇。《仪礼》十七篇只记录礼节而不解释礼的意义，文辞枯燥难读，虽然洁净精微，却让人望而生畏。

尽管《仪礼》记载的冠、婚、丧、祭、乡、射、朝、聘等均叫作"礼"，但实际上处处显示的是生活习俗，是民俗的雅化主流化，是上升为士大夫礼仪的俗。以婚礼为例，其中规定的必经步骤，比如"婚礼下达，纳采用雁"。"席于阼，舅即席。席于房外，南面，姑即席。妇执笲枣栗，自门入。升自西阶，进拜，奠于席。舅坐抚之，兴，答拜。妇还，又拜。"其中有很多现在还在民俗中展演，其中的"枣栗"就是现在"枣（早）""栗（立）"子的上古版。只不过在该书的《士昏礼》中，被提炼为纳采、问名、纳吉、纳征、请期和亲迎六个步骤，被后世称为"六礼"罢了。

作为一部上古经典，《仪礼》虽然成书不算最早，但是其中的很多材料来源甚古，内容较为可信。"吉凶军宾嘉"五礼在文本中被充分演绎，是研究古代社会生活的重要史料。十七篇的内容，按照前面说到的"吉凶军宾嘉"五礼，可以划分为以下几类：

《特牲馈食礼第十五》《少牢馈食礼第十六》《有司第十七》三篇是祭祀鬼神，祈求神佑，可归为吉礼。

《丧服第十一》《士丧礼第十二》《既夕礼第十三》《士虞礼第十四》是丧葬之礼，可归为凶礼。其中《丧服第十一》相传子夏为之作传，其特殊的历史意义，主要强调礼制制度下的尊尊、亲亲、长长、男女的思想。

《士相见礼第三》《聘礼第八》《觐礼第十》属于宾主相见之礼，属于宾礼。

《士冠礼第一》《士昏礼第二》《乡饮酒礼第四》《乡射礼第五》《燕礼第六》《大射仪第七》《公食大夫礼第九》是冠昏、宾射、燕飨之礼，可归于嘉礼。

但由于其十七篇只记录礼节而不解释礼的意义，文辞枯燥难读，因此《仪礼》一书虽在皇室礼仪制度中备受尊重，但学术界一直将其冷落，再加之民间生活的改变，《仪礼》的受关注度一直下降，而文学色彩较浓的《礼记》反而成了学术界的宠儿。

（三）《礼记》

《礼记》成书较晚，是战国到汉代人们解说周代礼制的文献汇编。在《三礼》中，《礼记》后来居上，成为礼学大宗，有取代《周礼》《仪礼》的势头。相传孔子死后，七十二弟子之徒共撰所闻，以为此《记》。西汉礼学家戴德、戴圣，综合七十二子后学者所记，戴德取八十五篇，称为《大戴礼记》。戴圣取四十九篇，称为《小戴礼记》，亦简称《礼记》。唐朝孔颖达对《小戴礼记》作了疏解，后来成为传世的《十三经》之一。

《礼记》四十九篇，反映的是社会、政治、伦理、宗教等方面的思想，也记叙周代包括服饰、礼仪、饮食禁忌、祭规、丧葬、婚姻等方面在内的内容广泛的民俗。这些习俗均受礼仪制约，反映出周代社会尊礼的特点。

《礼记》是对《仪礼》的解释和补充，除讲述丧葬之礼的一些篇章与《仪礼》相似，稍有枯燥难懂外，其余内容较与其他经文相比，显得博杂丰富，且多有流传于世的格言妙语，文字生动，富于哲理，可读性强，在学术界及民间都受到广泛欢迎。《礼记》四十九篇不是出自一人之手，各篇作者均有不同说法。参照彭林《中国古代礼仪文明》的观点，四十九篇可以大致分为以下九类：

1. 通论十六篇：《檀弓上》《檀弓下》《礼运》《经解》《学记》《大学》《中庸》《坊记》《表记》《缁衣》《玉藻》《孔子闲居》《孔子燕居》《哀公问》《大传》《儒行》。

2. 丧服十一篇：《曾子问》《丧服四制》《丧服小记》《杂记上》《杂记下》《丧大记》《丧服大记》《奔丧》《问丧》《三年问》《间传》。

3. 嘉礼七篇：《冠义》《昏义》《乡饮酒义》《射义》《燕义》《聘义》《投壶》。

4. 古代制度礼节六篇：《王制》《曲礼上》《曲礼下》《少仪》《礼器》《深衣》。

5. 祭礼四篇：《郊特牲》《祭统》《祭法》《祭义》。

6. 明堂阴阳二篇：《明堂位》《月令》。

7. 世子制一篇：《文王世子》。

8. 家庭礼则一篇：《内则》。

9. 儒家音乐理论专著一篇：《乐记》。

从以上分类来看，《乐记》是我国最早的音乐理论著作，提出了音乐是通过声音来表现情的，情来自人对现实生活的感受，"凡音之起，由人心生也。人心之动，物使之然也。感于物而动，故形于声"、"乐本于心"、"乐者天地之和"等观点已经属于成熟的音乐理论。《学记》是我国最早系统地记述教育制度、内容、理论等的著作。较于《周礼》《仪礼》的枯燥晦涩，《礼记》还有不少流传千古的格言，如"玉不琢，不成器。人不学，不知义"（《学记》）、"大道之行也，天下为公"（《礼运》）、"君子贵人而贱己，先人而后己"（《坊记》）等。《礼记》的思想与格言代代流传，成为人们安身、处事的标准，这也是其魅力所在。

国学知识拓展（14）：

〔1〕龙见

在这里"见"读作 xiàn，是出现、显现的意思。这是一个很朦胧的早期华夏人类记忆，后代似乎很难情景再现。这个玫瑰色朦胧记忆被记载在《易经·乾卦》的爻辞中，原文是"见龙在田，利见大人"。按照龙的生活习性，此神物应当在天上，起码在水中，怎么能在田地里？高亨解说这句话的意思是："龙出现于田中，比喻大人活动于民间，人见之则有利。"高亨原来是把这龙出现在田野中当作比喻。如果这样解释，那么这句话的语序应该是："见龙在田，人见大利。"但是传世文本并不是这样写的。按照文本原来的样子，只能译为："龙出现在田野中，是有利于觐见大人物的征兆"，没有一点"比喻"的意思。看来《易经》时代还是有"见龙在田"兆象的。

如果说比喻，《易经》这个文本也是原典。比如《庄子·在宥》中有"尸居而龙见，渊默而雷声"的比喻。这里本来是比喻君子处世之道的，参阅前后文，是说如果（比喻、假设！）君子能够不虚耗心思浪费聪明，就像晨昏的炊烟一样袅袅婷婷随风游荡从容无为，就是最好的生存状态。何必兢兢业业辛劳治天下。庄子对这种状态的比喻，就是"尸居而龙见，渊默而雷声"。问题是对这句话的理解，影响最大的有两种，一种是安然不动（尸居）而精神腾飞（龙见），默默深沉（渊默）而撼人至深（雷声）。这种解说倒是很精彩，不过落实到那被赞扬的"君子"身上，似乎有一种强压个性自我煎熬的无奈。像这样残酷无情地压制甚至扼杀自己的欲望：本来内心"飞龙在天"龙腾虎跃，却要装作稳坐钓鱼台的样子；本来胸中藏着雷霆万钧能量的雷鸣狮吼，却要勒住脖子捂紧口鼻在那里"渊默"，似乎对自己很不人道，更谈不上原文所谓的"神动而天随，从容无为"的君子处世状态。

成玄英是隋唐之际儒道兼通的大理论家、大学者，是历代公认的解说《庄子》的权威。他对"尸居而龙见"这句话的解说似乎更人性，更能反映君子的从容："圣人寂同死尸寂泊，动类飞龙在天。"这意思很像后世所谓坐有坐相、站有站相，静如松、动如风之类。至于中古以后典籍中常用"龙见"指王者能有治绩，只不过是一种误读罢了。是比喻修辞手段的多解性质造成的。

我们不同意《易经》中的"龙见"是比喻，是否认为真的有龙显现在田野中的现象出现呢？从典籍记载看，这也是一种误读。起码从春秋时代开始，星相家为了便于观测，将天上的主要星座分为28星宿，号称"廿八宿"，并把这廿八宿以七宿为单位分为东西南北四象，分别称为东青龙、西白虎、南朱雀、北玄武。东方的青龙七星，又被称为龙星。每逢春季开始，龙星从东方的地平线升起，就像在田野上显现一样，被星相家称为"见龙在田"。因此，《左传·桓公五年》："凡祀，启蛰而郊，龙见而雩。"杜预的专门解说是："龙见，建巳之月。苍龙宿之体，昏见东方，万物始盛。待雨而大，故祭天。远为百谷祈膏雨也。"综合《左传》与《杜注》，意思就很明显了：启蛰就是惊蛰，是干支历卯月的起始，相当于农历的二月初，正是太阳到达黄经345°时。自称《礼记》附庸的元代吴澄《月令七十二候集解》说惊蛰属于二月的节气，"万物出乎震，震为雷，故曰惊蛰，是蛰虫惊而出走矣"。《左传》说这个时候要举行叫作"郊"的祭祀，郊祀行大礼，要用特牲的。到"龙见"的时候，要举行"雩祭"，杜预说"龙见"是建巳之月，是四月（详下），这个季节青龙"星"在黄昏的时候出现在东方的地平线上，各种生物开始壮盛，等待雨露的润泽助长，所以要祭祀天神之一的星宿苍龙，祈求天降甘霖哺育庄稼（百谷）。

话说到此应当明白，龙见起码在春秋时代，就不是一条龙出现在田野中，也不是打比方说圣人或者大人微服私访或者到乡下民间考察工作，而是代表季节节令的东方苍龙星宿出现。关于这"龙见"，还有一则掌故见于正宗史书因而被世人传播：

> 源师仕齐，为左外兵郎中，摄祠部。后属孟夏，以龙见而雩。时高阿那肱为录尚书事，谓为真龙出现，大惊喜。问龙所在，出作何颜色？师整容对曰："此是龙星初见，依礼当雩祭郊坛，非谓真龙别有所降。"阿那肱忿然作色曰："汉儿多事，强知星宿。"祭祀不行。
>
> ——《北史·源贺传》

这段文献有几个地方需要解读。首先，这个被高阿那肱称作"汉儿"的源师，实际上是北朝魏皇族拓跋氏分支秃发氏后代，是魏太武帝赐给他们家族汉姓"源氏"，所以他才姓源。按血统，源师是正儿八经的"胡儿"，只是为其好学华夏主流文化，愿意遵行华夏礼仪，反而被胡人以汉儿视之了。反之这个高阿那肱，本是善无（今山西朔州右玉县）人，跟北齐后主高纬是同姓，又是高纬的幸臣，曾任大丞相，是典型的鲜卑化汉人，算不得正宗"胡儿"。

其次，源师作为一个热爱主流文化的汉化胡儿，对主流文化的熟悉令人欣慰敬佩，他在"孟夏"也就是四月份，认为应当雩祭，谁知浑浑噩噩的汉儿高某人把龙星出现误认为真龙出现，并且小儿科到问龙在哪里，出现的时候呈现什么颜色（问龙所在，出作何颜色），在弄明白事实真相后恼羞成怒，破口骂人并且倚仗职权取消了本应该举行的雩祭。

最后，源师的话是对高阿那肱不学无术，不解"龙见"本来是说龙星出现而非指真龙现身的不屑。也正好明白诠释了《左传》："龙见而雩"的含义："此是龙星初见，依礼当雩祭郊坛，非谓真龙别有所降。"比稍前杜预的解说更为简洁明白生动晓畅。

下面说说上文多次提到的"干支历"，也就是为什么说"建巳"是四月。

所谓"建某之月"，是指旧历每月所建之辰。秦汉间开始称为"月建"，也叫作"斗建"。作为一个文化精英秉持的天文概念，大量出现在各种典籍中。比如《淮南子·天文训》："大时者，咸池也；小时者，月建也。"北周庾信《象戏赋》："从月建而左转，启黄钟而顺行。"宋沈括《梦溪笔谈·象数一》："若尽理言之，并月建亦须移易。"明郎瑛《七修类稿·天地三·月建》："正月节戌时，北斗之杓指于寅位之初，雨水正月中气，斗杓戌时指寅位之中。二月指卯，三月指辰，名曰月建，亦名斗建。若遇闰月，其月内无中气，戌时斗柄指于两辰之间。"等等都是显例。

上古时代以北斗七星斗柄的运转作为定季节的标准，具体说就是将十二地支和十二个月份相配，用以纪月。现在仍然沿用的农历是夏代的历法传承，所以也叫作"夏历"，夏历是以冬至所在的十一月配子，称建子之月。以此类推，十二月建丑、正月建寅、二月建卯、三月建辰、四月建巳，直到十月建亥，如此周而复始。所以"建巳"就是农历也就是夏历的四月。

至于后来像郭璞《游仙诗·之一》："进则保龙见，退为触藩羝。"被李善注为："进谓求仙也，退谓处俗也。"陆机《文赋》："或虎变而兽扰，或龙见而鸟澜。"郭绍虞等解说为："譬文章根本已立而枝节未妥。"等等，除了魏晋文章崇尚华丽、譬喻用典连篇累牍形成风气，容易造成修辞繁缛内容隐晦，让人难以从字面理解文义之外，还有后人对原文解说的不严谨造成对读者的误导。

比如李善对郭璞的解说，好像原文在比喻羽化登仙；郭绍虞等对陆机原意的忖度，可以理解为"龙"譬喻事物的主干，"龙见"比喻文章根本已立等等。其实把原文直译过来，似乎更利于理解郭、陆行文的深意。

郭璞《游仙诗·之一》：追求仕进要注意选取"见龙在田"的时机，因为这个时候"对觊见大人有利"（利见大人），可以找到靠山有人提携；想隐居（这才是求仙，追求羽化登仙！也就是退为求仙），却因为得不到皇帝允许（他是皇帝依赖的国师）而像角被卡在篱笆中的公羊一样，进退两难（不能退，不能遂）。而不是像李善注的那样："进谓求仙也，退谓处俗也。"（本段关于龙、羊意象的解读，参看《易经·乾卦、大壮卦》）

陆机《文赋》："或虎变而兽扰，或龙见而鸟澜。"这里的意象，虽然表面看来跟《易经·乾卦·文言》所谓"云从龙，风从虎"有些瓜葛，但是直译却不见关联，反而意思更生动：或者像老虎变脸而群兽惊扰，或者像龙出现而百鸟惊慌喧噪。意思是文章的主题一经确立，词采自然就会奔涌而至，文字就热闹起来，不用寻章摘句苦苦求索华词丽句了。因此，如果真像郭绍老说的那样"譬文章根本已立"，那也不限于"龙见"，还包括"虎变"，《易经·革卦》中就明白说在大变革时代，"虎变"的是大人，和"龙见"是一个档次的。在那里，小人和君子只是"革面"和"豹变"。而郭老所谓的"枝节未妥"，在这里也是让人难以苟同的猜度。

第二节　《周礼》的制度魅力

现在专门说说礼俗互动的结晶《周礼》。此书是阐述官制的政治经典，内容侧重政治制度，设六官"天、地、春、夏、秋、冬（考工记）"各司其职。六官下各部管祭祀、朝觐、封国、巡狩、丧葬等等的国家大典，还包括器用、衣冠、官制、军制、田制、税制、礼制等国家政治制度。作为农业文化的国家重器，《周礼》田制体现的是平均思想。而标准的城市布局"面朝后市、左祖右社"制度，还可以看到中古城邦文化早熟的印记。元明清两代的城市，以北京为例，就是以《周礼》为蓝本，建立面朝后市、左祖右社的格局。韩国的首尔也是仿照面朝后市、左祖右社建城的典范。

一、圣人梯次归位

在原始时代，"自然"是先民顶礼膜拜的对象，是一种超验的绝对力量的化身。"中国民众自上古以来到现在一直存在着对由感官直接感觉到的自然力、自然现象及自然物的崇拜，通常简称为自然崇拜。"① 由于受到自身构造、疾病痛苦、生长衰亡和惊恐畏惧等的制约，与人类生活关系密切的事物及现象，都会成为先民关注与崇拜的对象。它们包括天地、日月星辰、风雨雷电、江河湖海、鸟兽虫鱼、山石树木花草等。费尔巴哈说："宗教就是对于我之为我的崇拜和信奉。而我首先就不是一个离开光、离开空气、离开水、离开土、离开食物而存在的东西，而是一个依赖自然的东西。这种依赖，在动物和野蛮人身上，是一种不自觉、没有考虑到的依赖；进而意识到它，表象它，崇拜它，信奉它，就是进入宗教。"② 先民对山川草木、日月星辰、天地风云等有普遍的祭祀。但没有形成系统的等级与祭祀规则。这种无序信仰混乱崇拜的状态到《周礼》的出现就进入了制度时代，圣人梯次各归其位。

《周礼》春官的大宗伯执掌包括天神、地示（祇）以及人鬼三大类重要之祭祀礼仪。《周礼·春官·大宗伯》中有这样的话：

> 大宗伯之职，掌建邦之天神、人鬼、地示之礼，以佐王建保邦国。以吉礼事邦国之鬼神示，以禋祀〔1〕祀昊天上帝，以实柴祀日、月、星、辰；以槱祀〔2〕司中、司命、飌师、雨师；以血祭祭社稷、五祀、五岳，以貍沈祭山林川泽；以疈辜〔3〕祭四方百物。以肆献〔4〕祼享先王，以馈食〔5〕享先王，以祠春享先王，以禴夏享先王，以尝秋享先王，以烝冬享先王。

引文中讲的是大宗伯的岗位职责。天神之祀的祭祀对象是天帝、日月星辰。星辰司命司风司雨等；人神祭祀对象首先是祭祀祖先，其次是五帝、先圣、先贤、先师等"闻人"的祭祀，也包括各种杂祀如：对万物之祀，即蚕、禖、腊、

---

① 乌丙安. 中国民间信仰. 上海：上海人民出版社，1993：17.
② 〔德〕费尔巴哈. 宗教的本质［M］//费尔巴哈哲学著作选：下卷. 上海：三联书店，1959：437.

傩等与人们生活密切相关的祭祀。地神祭祀的对象包括地母、四望山川五岳、四渎、社稷等。这些祭祀除了祈福之外还有一些功能方面的延伸，需要说明。

（一）天神祭祀的政治功能

对天神进行祭祀，仪式隆重，用牲颇多。《周礼》记录的成套的制度与规模，呈现出程序严谨、体系详审的状态。周代郊祭的祀天神礼仪，起源于殷礼的祭帝。周郊祭祭天神的吉礼中，圜丘正祭与祈谷之祭最为隆重，属于天子之礼。这是因为天道至尊，只有人王能主持郊天大典，代表天命神授，天子是天之子，借以显示政权具有天定的合法与正统地位。

祭祀日月星辰的典礼，有些在发生日、月蚀时举行，属于对天谴的救治活动，相当于今天的危机公关。虽然日月圆缺是自然现象，但古人不明其因，以为不祥。日象征君道，月为臣道，当日蚀发生，王公伐鼓于朝，臣不应揜君。当发生月蚀，是大臣无以为治，要引以为戒。日月分明，君臣能各守其道，称为"非日月之眚，不鼓"（《左传·庄公二十五年》），祭祀成为明君权、尊君道的代称。臣服于君，行君臣伦理与常轨。

（二）借祭祀地神彰显君臣之别

大地厚德载物，故有"地母"之说，土地崇拜中区分祭地之权以彰显天子之尊。天子独享祭地之权，而诸侯则只能祭其所属之国社，展示国王对政权支配与管辖之义，使受祭对象层级分明，形成完整体系。由于各诸侯国均与周王室具有"政治血缘"关系，诸侯领地都是周王朝分封，所以王城之土是众诸侯国土之母即所谓"后土"。祭地要先告后土，表示从属。周天子与各诸侯国之间的"地缘"关系，通过政治力量的推动，凸显当时政治统治意义。

天子与诸侯望祀山川，也要彰显权利的区别，主祭者须与政权所辖之范围相符应。天子作为天下之至尊，专享望祀四方高山大川的权利。到了各诸侯国，除了鲁国因为周公的关系享有"三望"特权之外，其余诸侯只能举行"方祀"，因地位不同等级逐步下降等，各有差秩。祭祀范围的差别，提醒诸侯各尽其责，各司其职，各守本分，免生僭越之心。

二、经济制度与生活情态

《周礼》作为一部全面阐述官制的政治经典，没有专门论述经济制度和经济思想的章节，但设官分职的规划中，处处渗透着经济制度的设想及其经济思想。

《周礼》涉及社会经济生活的方方面面，内容非常丰富，择其要者，主要有：人口及劳动力的管理、土地的划分、赋税的征收、市场的管理等方面。

1. 人口及劳动力的管理

据《周礼·地官》中的《大司徒》《遂人》等记载，《周礼》的居民组织结构为五家为一比，五比为一闾，四闾为一族，五族为一党，五党为一州，五州为一乡。遂的民户构成及人数与乡一样编制整齐，居民人数一致，只是遂在乡外而已。《周礼》非常重视人口的管理，设计了一套统计户口和核准户籍的方法，称为"比法"，由小司徒掌管。《小司徒》职能是："乃颁比法于六乡之大夫，使各登其乡之众寡、六畜、车辇，辨其物，以岁时入其数，以施政教，行征令。"

2. 土地的划分

《周礼》设计了非常详细的土地分配方案。土地可分为王田、采地、封国、农田、场圃、宅田、士田、贾田、牛田、赏田、牧田等等。《周礼》强调要爱惜土地，合理使用土地。同时在设计有关农民受田制度的方面，考虑到家庭中能实际胜任农业劳动人口的多少，不以平均的土地单位面积为基础，而是以平均的土地生产能力——土地的肥瘠为授田标准，这虽然体现的是小土地平均分配的思想，但在当时的人类发展阶段，是其他民族难望项背的先进理念。

3. 赋税的征收

《周礼》规定的赋税共有九种，即"九赋"。而土地税占有六种，根据行政区域划分，分别为邦中之赋、四郊之赋、邦甸之赋、家削之赋、邦县之赋和邦都之赋。其余三种为关市之赋、山泽之赋、弊余之赋。土地税大多以实物地租的形式完成。据《地官·闾师》记载：农民缴纳谷物粮食，种植树木的圃人贡纳草木，工匠贡纳器物，商人贡纳财货，牧人贡纳鸟兽，妇女贡纳布帛。可见，《周礼》的税收，可谓遍及土地上的所有物产。其中的"关市之赋"，是对商人征收的各种赋税。对商贾征税，可以看出农业经济下商业得到初步发展。

4. 市场的管理

商周交替时期，华夏主流民族已经进入成熟的农耕时代，农业在国民经济中占主导地位。难能可贵的是，在这样的生产模式下，《周礼》竟然体现出重视商业的态度。《大宰》篇专门记载了"阜通货贿"的商贾，《考工记》说："通四方之珍异以资之，谓之商旅。"说明当时社会上已出现专门以经商为业的人，并且这个人群的活动已经影响社会经济，所以引发统治者的关注。商品交易等经济活动要与市场发生关系，这自然就涉及市场管理。根据商品交换类型的不同，《周礼》规定了不同的市，称为三市。《地官·司市》说："大市，日昃而市，百族为主；朝市，朝时而市，商贾为主；夕市，夕时而市，顾夫贩妇为主。"朝市，即早市，贩卖商品以行商坐贾为主，有固定的商行门店。所以朝市以商为主。大市，在中午过后开市，四方百姓都赶来交换商品。因为百姓从各地赶来要一定的时间，所以大市定于中午，以方便远处的百姓到来。"百族"即百姓。大市是赶集的前身，发展到后代，就有了每隔几天一次的农村集市。这种方式一直发展到各个民族，在广西瑶族地区，特别是白裤瑶保留着"三、六、九"或"二、五、八"或"一、四、七"每隔三天一赶集的传统习惯。城镇集市每天都有，农村集市就是隔天有，中西方都存在这种开市习惯。

夕市即日头西下黄昏来临开市，相当于如今的夜市。贩卖的主体是贩夫贩妇，物品也一般是朝资夕卖。用现代人的眼光看，晚市会形成降价的心理暗示。品种齐全，物美价廉，看似带有"投机倒把"的性质，实际上是最市场化的设置。因此，《周礼》的夕市一直发展到现代，就有了"夜市"的五花八门、繁荣热闹。在礼文化初创、义利关系僵化顽固的时代，《周礼》竟然专门为"贩夫贩妇"的"朝资夕卖"设市，可以看出其商业思想的开放和对市场经济的重视。

另外从《周礼》文本中可以看到，市场不单单设在城市里，还有设在大道上的，有点像国道边上果园瓜圃练地摊。当时规定每五十里设一市，并设在较为固定的场所。目的是方便那些会同、朝觐、盟会、访问等走在路上的代表团，或者处于行军状态的部队等购买商品的需要。这些行旅活动也会形成人口在短时间内大量聚集，没有市场满足生活需要的话，同样会带来诸多不便，所以也被《周礼》的规划者纳入了观照的视野。

从市场的管理角度看，《周礼》对各个阶层的商业行为也是很重视的。而且朝、昃、夕三市并不是在同一个地方，也不是一天内开三次市。《司市》疏是这样疏解的："三市，每市各有总门，其内分设各次，次内又分列各肆，肆有一巷。是三市之中，内外分合，其门不一。……则所守之门当为肆门也。"可以看出三市各得其处所，不相杂乱，互不影响。这样的市场规则也延续到了现代。

此外，当市场出现商品滞销时，官府还负责收购滞销货物。《周礼·地官·泉府》规定："泉府，掌以市之征布、敛市之不售、货之滞于民用者。"《汉书·食货志下》："周有泉府之官。"颜师古注："司徒之属官也。"明高攀龙《今日第一要务疏》："臣观古今善理财者，无如周公。而《周官》所立泉府，谓之曰：'泉者，欲其如泉之流而不滞也。'"说明在汉代人的理解中，泉府就是收购市上滞销商品以待将来需要时出售的官署。并且，官府的购买行为是针对两种情况：卖不出去的和对民无用的。这种行为可以有效制止商人投机倒把，防止因民众无购买能力造成市场萧条的情况出现。应当说，《周礼》治理市场的政治经验影响是深远的，后世历代政府都将影响国家经济命脉的行为收归国有，也应当是这种思想的发扬光大。以盐铁行业为例，起码自秦汉以来，都是由国家经营，私自贩卖盐铁是违法的。

值得注意的是，《周礼》还规定官府要监管人民对财物的借贷及利息。比如官府借贷给商人，《泉府》就是这样记载的："凡民之贷者，与其有司辨而授之，以国服为之息。"郑司农说："贷者，谓从官借本贸也，故有息。"官府对商人贷款，并贷给百姓，对商人的借贷不是随便行事的。贷与不贷、贷多贷少、利息多少，能不能还贷，官府都经过周密计算。这样看来，这"泉府"和今天的国有银行职能相当。虽然从文本看，官府借贷利息较高，但毕竟有国家信誉在其中，不能和民间的高利贷相提并论。

因为《周礼》规划的经济制度与百姓生活息息相关，关注的是所有国民的生活状况，所以才能传之后世，成为政府维护市场经济运营的保护措施。

三、六部制与《周礼》的政治经验积淀

从典籍性质方面观照，《周礼》是一部通过官制表达治国方案的著作，其记载的许多典章制度对后代影响巨大。《周礼》六官的分工大致为：天官为六卿的首位，总管全国大事；地官主管教化民众和行政事务；春官主管礼制、祭祀、历法等事；夏官主管军事；秋官主管刑狱；冬官（考工记）主管工程制作。

从隋唐开始确定的"三省六部制"中的"六部"就是仿照《周礼》的六官设置的。三省六部是隋唐至宋的中央最高政府机构。三省指中书省、门下省、尚书省；六部是尚书省下属的吏部、户部、礼部、兵部、刑部、工部。三省六部是西汉以后长期发展形成的制度。东汉光武帝在尚书台设三公、吏部曹、民曹、客曹、二千石曹、中都官曹等六曹尚书，为六部前身。西晋时，尚书台设吏部、三公、客曹、驾部、屯田、度支。南朝时尚书台改为尚书省。西魏末年

苏绰等依《周礼》官制进行官制改革，北周初年开始实行。以天官冢宰总领地官司徒，春官宗伯、夏官司马、秋官司寇、冬官司空五官。经过长期的发展，"六部"的职能也不断发展演变，至隋划定三省六部，主要掌管中央政令和政策的制定、审核与贯彻执行。隋初六部名为吏部、礼部、兵部、度支、都官及工部。唐代将六部定名为吏、户、礼、兵、刑、工。六部制作为中央官制的主体，一直沿用到清朝。从历代官制的整个演变过程中，随处可以看到《周礼》官制规划的影子。《周礼》文本开端就是这样的：

> 惟王建国，辩方正位，体国经野，以为民极。
> 乃立天官冢宰，使帅其属而掌邦治，以佐王均邦国。……
> 乃立地官司徒，使帅其属而掌邦教，以佐王安邦国。……
> 乃立春官宗伯，使帅其属而掌邦礼，以佐王和邦国。……
> 乃立夏官司马，使帅其属而掌邦政，以佐王平邦国。……
> 乃立秋官司寇，使帅其属而掌邦禁，以佐王刑邦国。……
> 国有六职，百工与居一焉。或坐而论道，或作而行之。……

虽然后代官制职能上有差别，但基本上可以两两对应：天官对应吏部，地官职能对应户部，春官对应礼部，夏官对应兵部，秋官对应刑部，冬官对应工部。

以隋唐定形的六部职能为例：

吏部。吏部为管理文职官员的机关，掌管官吏的任免、升降、考核与赏罚。吏部下设四司。吏部的职能相当于现在的组织部、纪委等部门。

户部。户部掌全国疆土、田地、户口、赋税、钱粮及收支等。户部职能相当于现在的民政部、财政部、国土局等部门。

礼部。礼部掌国家礼仪、祭祀、与学校、科举、教育之事。考吉、嘉、军、宾、凶五礼之用；管理全国学校事务及科举考试及藩属和外国之往来事。礼部职能相当于现在的教育部、文化部等部门。

兵部。兵部职掌全国军卫、武官选授、军事行政。职掌内外武职官员的阶品、卫府名数及军队差遣。掌地图及城隍、镇戍、烽侯之数。掌武器装备、军队政令等。兵部职能相当于现在军队的军委、三总部、国防部等。

刑部。刑部为主管全国刑罚政令及审核刑名的机构，掌全国司法行政及审判。刑部的职能相当于现在的司法部和公检法部门。

工部。工部为管理全国工程事务的机关。职掌土木兴建之制，器物利用之式，渠堰疏降之法，陵寝供祀之典，并主管一部分金融货币和统一度量衡。工部职能相当于现在的工信部、水利部、城乡建设部。

国学知识拓展（15）：

〔1〕禋祀

古代祭天的一种礼仪。先燔柴升烟，再加牲体或玉帛于柴上焚烧。意为让天帝嗅味以享祭，所以要用"实柴"。

〔2〕槱祀

这个槱，《说文》解作"积木燎之也"。是动词。根据是毛传、郑笺对《诗经》中"薪之槱之"这句诗的解说：《毛传》说："槱，积也。"《郑笺》进一步凿实为："豫（提前）斫以为薪，至祭皇天上帝及三辰，则聚积以燎之。"至于斫什么，郑玄也没有交代。其实《毛传》在"积也"后面，还有这样一段话："山木茂盛，万民得而薪之；贤人众多，国家得用蕃兴。"在解说诗义方面向来惜墨如金的毛亨毛苌，在这里却不惜笔墨用了双层譬喻，因此起码从魏晋开始，"薪槱"便用来比喻贤良的人材。比如《晋书·罗宪滕脩等传论》："薪槱之任，清规自远；鼙鼓之臣，厥声弥劲。"南朝齐王融《策秀才文》之三："岂薪槱之道未宏，为网罗之目尚简。"把"薪槱"和"鼙鼓""网罗"对举，明显由动词变成名词了。如此看来，郑玄的含糊其辞应当是渊源有自的。郑玄当然不是受王融、房玄龄影响，那么老先生的含糊来自哪里？原来，这首诗的名字叫作《棫朴》，完整的句子是："芃芃棫朴，薪之槱之。"毛传说："棫，白桵也。朴，枹木也。"《乐府诗集·郊庙歌辞三·北齐南郊乐歌》："玉帛载升，棫朴斯燎。"一说即白蕤。宋庞元英《文昌杂录·卷一》："今关中有白蕤，棫朴也，芃芃丛生，民多采作薪。"这"棫朴"原来是白桵和枹木或者统称为"白蕤"。这样，这个"槱"字似乎有了自己的个性，可以区别于实柴的"禋祀"了。但是问题不算就此解决。这个烧特殊柴草棫朴的祭祀，为什么叫作"槱祀"，而不是叫作"棫祀""朴祀"或者"薪祀"？问题出在，解说"槱"不能用《诗经》中的句子作语料。

宋代活字印刷术发明，书籍大量印刷，文人学者读书的参照系统日益庞杂，所以各种字书韵书的编纂者发现了古籍的多种版本，比如我们讲解的这《周礼·春官·大宗伯》中的"檟祀"，就有"禋祀""栖祀""蕕祀""楢祀"等版本（如《广韵》《集韵》《韵会》《正韵》《类篇》等考证的那样）。其中栖、禋可以合并，都是古代祭天的一种仪式；楢是可以作车轮的一种硬木；问题出在"蕕"字上。

蕕即莸，《尔雅·释艸》说是"蔓于"，相当于今天所谓蔓菁、芋头之类有特殊香气的根状植物。但这种植物不同于蔓菁芋头生长于北方沙地，而是生长在南方水边，所以《说文》等字书就解说为"水边草也。"《史记·集解》引《汉书子虚赋音义》解释得更详细："轩于，莸草也。生水中。杨州有之。……"这样，所谓"檟祀"就是"莸祀"，是在点燃的薪木火堆里放上"莸"，让祭祀对象享受其香气。

再说说檟祀和莸祀。这里有一个误区必须指出，就是把莸说成是有臭味的草，而且制造出不少成语流传于世，比如"薰莸不同器""薰莸不分""薰莸异器"之类。把莸说成是臭草始于杜预对《左传》的注释。《左传·僖公四年》有一句话："一薰一莸，十年尚犹有臭。"被解说为："薰，香草；莸，臭草。十年有臭，言善易消，恶难除。"这个解说被辗转使用，以至于发展到成为恶味的形象大使。《本草注》即南宋成书的《绍兴本草注》在形容不好的气味时，举例就用了两种东西，一是这个"莸"，二是腐烂了的木头："其气臭，故谓之蕕。……朽木臭也。"明白说"莸"就是臭草。

这是一个很典型的对原典的误读。《左传·僖公四年》这句话："一薰一莸，十年尚犹有臭。"其实是占卜的爻辞，当初，晋献公想要把宠妃骊姬扶正立为夫人，请巫师占卜，用龟甲占卜的结果是不吉；用蓍草占卜（也就是《易经》占卜）的结果是吉。献公倾向性选择要听从蓍草占卜的结果，巫师不同意，讲了两个理由：一是龟甲占卜比蓍草占卜权威性强，二是即便听从蓍草占卜结果，认为是吉利，那么爻辞的内容也值得注意："专之渝，攘公之羭。一薰一莸，十年尚犹有臭。"这意思很明显，是说要改变宠爱对象，是要借国君的光给受宠爱者，让她掠国君之美而权位飙升的。一根薰草一枝莸花的香气虽然不算大，还能够余香常留影响深远，更何况是立夫人（正妻）这样的大事呢？结果是晋献公不听巫师的劝告，硬是把"香气"分给骊姬，给她制造了害申生换太子引起内乱祸国殃民的机会。

　　这里关键点在于对"臭"字的解释。《易·说卦》："巽为臭。"前人解释："为臭取其风所发也。"巽是风卦，是亨通之卦，卦辞："利有攸往，利见大人。"也就是利于出行，利于会见王公贵族。大象说："随风，巽。君子以申命行事。"就是说本卦为巽卦相迭而成，巽为风，因而长风相随，吹拂不断，是巽卦的卦象。君子观此卦象，取法于长吹不断的风，从而不断地申明教义，反复地颁行政令，灌输纲常大义。这里绝对不会包含臭不可闻之类的意思。《易·系辞上》："同心之言，其臭如兰。"兰花的"臭"只能解说为香味。《易·说卦》："鼻欲綦臭。"这个话荀子曾经大力渲染过，在其所著《荀子·王霸》中，就有这样的话："夫人之情，目欲綦色，耳欲綦声，口欲綦味，鼻欲綦臭，心欲綦佚。此五綦者，人情之所必不免也。"綦就是极，荀子不会说鼻子想要的极品味道是臭味吧。况且在这篇文章中荀子还有这样的话："故人之情，口好味而臭味莫美焉"，这里只能解说为在人们喜好的味道中，没有能超过"臭味"的！

　　因此，《说文》解说这个字根本没有恶味的意思，说是："禽走臭而知其迹者。犬也。"段玉裁进一步解说为"走臭犹言逐气。犬能行路踪迹前犬之所至，于其气知之也，故其字从犬自。自者，鼻也。引伸假借为凡气息芳臭之称。从犬自。"意思是说这"臭"字是狗和鼻子的组合，相当于现在的嗅。注意段玉裁所谓的"引申假借"内容，用现在的话说就是所有气息芬芳的味道都称为"臭"。顺便提及，这个字当初的读音也是 xiù，和嗅同音。许慎段玉裁在解说臭时用的是上古意义。《左传》不是引用的爻辞吗？我们看看上面《易经》中是怎样用"臭"的，不就明白了吗？

　　其实这个莸的误读并没有完全笼罩后人，比如宋代梅尧臣《山木》诗"因嗟大不为梁栋，又叹残不为薪樗"其中的"樗（莸）"就不会是贬义；明吾丘瑞《运甓记·卜居求安》："摅长策，运秘谋，潭潭相府待薪樗。"指的是高级人才；清李厚庵《赠陈梦雷》诗"骈肩三百士，济济听薪樗"中的"樗（莸）"是和"三百士"相提并论的国家栋梁，和梅尧臣《山木》中的寓意没什么两样。因此，我们起码应当把樗（莸）解说为水边草。至于后代说，莸属（Caryopteris）植物的泛称，如：三花莸、蒙古莸；落叶小灌木，叶子卵形或披针形，花淡蓝色，蒴果成熟后分裂成四个小坚果，供观赏，全株可入药之类，那是生物学药理学名词的词义扩衍，跟我们说的"樗祀"没什么关系了。

〔3〕疈辜

疈也写作副，读音 bì，意思是从胸部开始解剖，分割、肢解大型祭品"牲"的肢体。郑玄注："疈，疈牲胸也。疈而磔之，谓磔禳及蜡祭。"说是禳祭（求福禳灾）和蜡祭时用的处理牲的方法，疈之后还要磔即连骨头捣烂。这种祭祀方式到明代还见于史籍，如《明史·礼志二》："以祀地祇，则有血祭、薶（掩埋贵重物品，即瘗）沉（沉祭品于水中）、疈辜之礼。"疈辜是一种祭祀的方式，属于对地祇的祭祀，分为大、中、小三等。大祀是指社稷、五祀、五岳等；中祀是指山、林、川、泽，无血祭；小祀是祭四方百物之神，疈辜为小祭。

〔4〕肆献

进献解体牺牲。以肆命名的祭祀种类很多，以全牛全羊祭祀祖先叫作"肆祀"；谓祭祀山后将所用牲玉埋于山中叫作肆瘗；祭天之礼通叫作肆类。这里说："以肆献祼享先王"应该是肆献（进牺牲，献醴酒）和肆享（祭祀宗庙）并举。

〔5〕馈食〔四时祭〕

馈食祀也叫作少牢馈食礼，就是向祭祀对象进献熟食，是古代天子诸侯每月月初（一般在朔日即初一）朝拜宗庙的一种祭礼，分为春祠、夏禴、秋尝、冬烝。这四时的祭名和祭法也有讲究。比如春祠和夏禴，《周礼·春官·司尊彝》："春祠夏禴，祼用鸡彝、鸟彝，皆有舟。"孙诒让正义解释说："鸡彝、鸟彝，谓刻而画之为鸡凤皇之形。"另外还有春祭最好用俘虏作为"人牲"的规定。古人在解说《易经》等典籍的时候，还有"春曰礿，夏曰禘，秋曰尝，冬曰烝"的说法，和这里的解说不一致。引文说："以祠春享先王，以禴夏享先王，以尝秋享先王，以烝冬享先王。"是符合《司尊彝》的说法的。

第三节　《礼记》《仪礼》与社会人生

民俗被精英俯视，礼仪被草根仰视，于是礼和俗的关系就微妙起来。《说文解字》："礼，履也。"礼是一种实践性的东西。"礼，经国家，定社稷，序民人，利后嗣"（《左传·隐公十一年》），可见礼是一种社会行为的规范。

什么是俗？《说文解字》："俗，习也。"指的是生活习惯。郑注云："俗谓土地所生习也。"（郑玄注《周礼·地官·大司徒》）俗是人们在特定生活环境中自然形成的习俗。

一、礼和俗的关系

礼起源于俗，却不同于俗。在文明混沌未开时，无俗与礼的区别；随着阶级分化、文化分层的过程，礼提纯于原始习俗。俗是大众层面的产物，内容大多与日常生活有关，无论男女长幼，有无文化，都可以浸润于其中，有广泛的群众性。礼最初是人神关系的调节，其次扩展到人，再次扩展到社会，成为严格的社会行为规范。礼是精英层面的文化，内涵丰富，浸透着深刻的理念。《礼记·曲礼上》："礼不下庶人，刑不上大夫。"郑玄注："为其遽于事且不能备物。"不要求庶人有完备的礼仪，故礼通行于贵族阶层中。礼与俗是两个既有密切联系又严格区别的概念。

二、《礼记》《仪礼》理论与实践的相应关系

从内容上看，《仪礼》记载周代的冠、婚、丧、祭、乡、射、朝、聘等生活习俗，是当时社会、政治等思想的体现。《仪礼》经过历代流传与删减，仅有十七篇，但只记录礼节而不解释礼的意义，语言古奥，晦涩难懂。

同样跻身"三礼"之一的《礼记》，也是记载周代包括服饰、礼仪、饮食禁忌、祭规、丧葬、婚姻等方面内容的，内容博杂而语言生动，其中很多礼仪后代演化为广泛的民俗。一般认为《礼记》是对《仪礼》的解释和补充，除讲述丧葬之礼的篇章与《仪礼》相似、稍显枯燥难懂外，《礼记》中有很多篇章是直接解释《仪礼》的。

《仪礼》与《礼记》的关系，大致可认为是理论教材与实践操作手册的关系。按篇章顺序看，《冠义》释《士冠礼第一》、《昏义》释《昏礼第二》、《乡饮酒义》释《乡饮酒礼第四》、《射义》释《乡射礼第五》、《燕义》释《燕礼第六》、《射义》释《大射礼第七》、《聘义》释《聘礼第八》、《丧报四制》释《丧礼第十一》、《郊特牲》释《特牲馈食礼第十五》等等，对应整齐周备。

比如《仪礼·士冠礼》说："前期三日，筮宾，如求日之仪。"说明进行冠礼之前的准备工作——通过卜筮的方法选择行礼的好日子，挑选德高望重或者是有福气的来宾为青年人加冠。《礼记·冠义》就说："古者冠礼，筮日筮宾，所以敬冠事，敬冠事，所以重礼，重礼，所以为国本也。"说明举行冠礼的日期

和主持人都要经过占筮，听从神的意见来决定。并且解说了何以需要这样慎重：礼是国之根本，而冠礼是礼之起点，冠礼的重要牵涉到国运，国泰才能民安。《仪礼》中《士冠礼第一》是开篇第一章。《礼记》申明了冠礼是礼仪起始的观念。

三、社会人生的精彩画卷

记载社会生活丰富画卷的《礼记》《仪礼》，包括服饰、礼仪、饮食禁忌、祭祀、丧葬、婚姻等在内的内容广泛的民俗，反映的是鲜活生动的人生画面。

（一）士冠礼

我国古代的冠笄之礼源于原始社会，即使在荒蛮民族中，也曾经普遍流行着样式各异的成年仪式。成年礼是每个人需要跨过的最重要、也最有意义的一步。举行成年礼之前，人只是一个生物学意义上的人，还没有完整的人格，只有举行过这个仪式，他才成为社会学意义上的人。① 冠笄之礼是具有中国特色的人生礼仪的重要组成部分。《仪礼·士冠礼》详细记载了举行冠礼的礼节，《礼记·冠义》对冠礼之意义进行了解说。另外《礼记·曲礼》还有这样的记载："男子二十而冠""女子十五而笄"，说冠笄之礼是到了一定年龄，男子需要加冠、女子需要着笄，以加冠改变发形的外在特征表示成年。上古典籍中有用"垂髫""总角"表示年龄的文字，是礼书的泛化。依据《仪礼·士冠礼》和《礼记·冠义》的记载，冠礼仪式主要有以下几个步骤：

1. 筮日。冠礼如此重要，举行冠礼的日子必须是吉日，不能随意决定。通过以筮草占定吉日，来开启一个好的开端。

2. 戒宾、宿宾。戒是告知、通报之义。行礼日子定后，冠礼主人要提前三天通知僚友参加冠礼。筮宾，就是再次用卜筮的方式选择一个德高望重或者有福之人担任加冠的正宾；宿宾，即举行冠礼的前一天，再次通知参加冠礼的宾客。

前两个行为用卜筮定吉日和正宾，是重礼的表现。

3. 三加弥尊、陈器服。冠礼要象征性地把缁布冠、皮弁、爵弁三种冠加在被冠者之首，叫作加冠。顺序是地位最低的缁布冠放在前、稍尊的皮弁次之，

---

① 常金仓. 周代礼俗研究 [M]. 哈尔滨：黑龙江人民出版社，2005：66.

地位最高最尊贵的爵弁放在最后，寓意君子德行与日俱增。三次加冠礼仪相同，只是二次加冠时，正宾要从西阶下二级台阶，三次加冠下三次台阶，每次加冠的祝福词也不同。不同冠要配不同服装，冠者要换上相应服装进行展示，叫作"陈器服"。冠礼的形式隆重，其中蕴含着"正容体，齐颜色，顺辞令"的人生大义。

4. 醴子。三加之礼完成后，举行醴冠者礼。正宾立于西门向冠者敬酒，致祝词。冠者按照礼节饮酒、离席、谢正宾。

5. 取字。古人取字的仪式非常严格。正宾、主人、冠者均有固定的站位与行为规范："宾降，直西序，东面。主人降，复初位。冠者立于西阶东，南面。宾字之，冠者对。"

古人有姓、名，还有字。如李白，姓李名白，字太白。曹操，姓曹名操，字孟德。取表字是对父亲所取名字的尊重。古代规定只有长辈或尊者能对卑者直乎其名。平辈、晚辈对人要以字相称表尊重。"字"是成人交际所使用的称呼。

一般"表字"与名有一定的关系。如常见的有按兄弟行辈中长幼排行的次第取字。最典型的要属三国时孙坚的四个儿子了：长子孙策字伯符；次子孙权字仲谋；老三孙翊，字叔弼；老四孙匡，字季佐。策与符、权与谋、翊与弼、匡与佐均为同意；伯仲叔季表示排行。在表字上用"子"的情况也很多，"子"在古代是男子的美称或尊称。如仲由，字子路；司马迁，字子长；曹植，字子建等。

取字之后，"已冠而字之，成人之道也"。表示冠礼已经完成，被冠者从此成人，开始承担社会责任。

6. 醴宾、见尊长。冠礼完成后醴宾，向来宾敬酒。之后就是拜见尊长了。拜见母亲、兄弟、姑、姊（无妹）等主要亲戚。贵族冠者要执雉拜见国王、卿大夫、乡大夫、乡先生等，聆听教诲。

与冠礼的详尽致密不同，女子的笄礼，礼书上没有详细的仪式记载，她们举行笄礼较男子略早。男子二十而冠，女子则为了许嫁十五而笄。《内则》："十有五年而笄"；《曲礼》："女子许嫁，笄而字"。女子在许嫁之后笄而字。笄礼虽无文献详细记载，但学者大都认为其流程与冠礼相似。不过从史书记载来看，古代后期女子大多并无字，可见女子称字的礼俗在后代并未得到推行。

古代礼制认为，没有举行冠礼，被禁止做的事情很多。如政治上不能担任要职、不能参加正式活动，因为"未成人"。周朝直至西汉，帝王、贵族家族对冠礼非常重视，要有大的举措伴随。比如汉惠帝行"冠礼"，曾下令大赦天下。《后汉书·周防传》记载周防十六岁就仕郡小吏，后世祖因其"成能诵读"，欲拜为丞，因未行冠礼而不能任命。所以说，行冠礼是古代男子事业开端的第一步。从南北朝到隋唐，冠礼一度被废止。宋代为弘扬儒家文化，再次推行"冠礼"，因为国土分裂，被民族危机感所催动，也算是事出有因。

（二）士昏礼

古代男子行冠礼、女子行笄后方可婚配。《礼记·昏义》说："昏礼者，将合二姓之好，上以事宗庙而下以继后世也，故君子重之。"婚姻的质量好坏、稳定与否，关系到子孙繁衍、宗族昌盛。《仪礼·士昏礼》详细记载了先秦时期男女结婚的礼仪细节，《礼记·昏义》对应地阐述了婚礼的内涵。

婚礼从周代开始就有了一套繁琐的仪式，《礼记·昏义》规定："昏礼纳采，问名，纳吉，纳征，请期，皆主人筵几于庙，而拜迎于门外。"士要娶妻，要经过纳采、问名、纳吉、纳征、请期、亲迎等六个步骤，称为"六礼"。从这时可以看出，古代的婚姻形式多种多样，但主体还是媒聘婚。

"六礼"中的前"五礼"都是婚礼前的准备工作，称为议婚和定亲。

纳采。为六礼之首礼。男方欲与女方结亲，先请媒人往女方说亲、提亲，得到应允后，再派使者带上雁作为礼物正式向女家纳"采择之礼"。《仪礼·士昏礼》："昏礼，下达纳采。用雁。"古纳采礼的礼物只用雁。雁南来北往，古人认为南为阳，北为阴，以雁为礼代表男女双方阴阳和顺。而雁中雌雄成双是固定的，伴侣死亡，剩下的一方就不再择侣，以雁为礼象征爱情的忠贞，此寓意到古往今来一直沿用。纳采是全部婚姻程序的开始。后世纳采仪式基本循周制，而礼物另有规定。清代的纳采多为订婚礼，与历代不同。

在这里需要注意的是，男女双方要经过媒人交接，私下见面接触是被人嘲笑的，也防止男女私下草率苟合。《孟子·滕文公下》说："不待父母之命，媒妁之言，钻穴隙相窥，逾墙相从，则父母、国人皆践（贱）之。"虽说周代男女恋爱婚姻自由，但未经过礼仪相约，私奔私会是相对违礼的。《诗经·氓》："氓之蚩蚩，抱布贸丝。匪来贸丝，来即我谋。送子涉淇，至于顿丘。匪我愆期，子无良媒。将子无怒，秋以为期。"虽然男女婚前相爱，甚至私会，但没有好的媒人，就成为嫁娶的阻碍。

问名。是婚姻礼仪"六礼"中的第二礼。纳采完毕后，男方要遣媒人到女家询问嫂子母亲姓氏，血缘关系，避免出现同姓婚配、近亲结婚，不利于繁衍后代的情况，这是优生优育的进步表现。再问女方姓名，出生年、月、日、时，即生辰八字。卜吉合八字。《仪礼·士昏礼》："宾执雁，请问名；主人许，宾入授。"郑玄注："问名者，将归卜其吉凶。"贾公彦疏："问名者，问女之姓氏。"

纳吉。是男方问名、合八字后，卜得吉兆的，派对使到女方通报，称纳吉。是向女方送礼表示要订婚的礼仪。古时，纳吉也要行奠雁礼。郑玄注："归卜于庙，得吉兆，复使使者往告，婚姻之事于是定。"我国宋代民间多以合婚的形式卜吉定婚。至明代，以媒氏通书、合婚代之。清代，纳吉一仪已融于问名和合婚的过程。如果卜得凶兆，婚姻不成，就不用再进行下面的步骤了。

纳征。相当于后世的订婚，由男方向女方送聘礼。《礼记·昏义》孔颖达疏："纳征者，纳聘财也。征，成也。先纳聘财而后婚成。"男方得到允婚后行纳征礼，礼不用雁，双方的婚姻关系由此确定下来。历代纳征的礼物各有定制，民间多用首饰、细帛等项为女行聘，谓之纳币。后演变为彩礼。

请期。吉日选定，男家派人到女家去通知成亲迎娶的日期。《仪礼·士昏礼》："请期用雁，主人辞，宾许告期，如纳征礼。"请期仪式历代相同。按照惯例，以上五个流程都是由男方操作，婚期也由男方确定。值得注意的是，婚礼的前"五礼"都是在早晨进行的。

亲迎。即迎亲，是婚礼的核心部分。经过前"五礼"的准备工作，终于到新郎亲自迎娶新娘回家的礼仪。《诗经·大雅·大明》："大邦有子，俔（好比）天之妹，女定厥祥，亲迎于渭。"亲迎礼始于周代，国王成婚时也曾亲迎于渭水。此礼历代沿袭，为婚礼的开端。与纳采问名等不同，成昏是在"昏"时进行，经考据，此习俗是远古时期的半夜抢婚习俗的遗留。现在我国少数民族地区还保留着抢婚的表演仪式。所以说，男子昏时亲迎为婚，女子因之而去为姻。故"婚姻"由此来。

"六礼"一直到唐代。宋代时将六礼简化为"纳采、纳征、亲迎"三个流程，一直流传到清代，虽然期间婚礼仪式的细节有所改进优化，但总体来说，几个步骤还是保留下来。

成婚、婚宴是婚礼期间答谢宾客举办的隆重筵席。亲迎把整个婚嫁活动推向高潮，婚宴是高潮的顶峰。新房为新娘设置饭食。双方按礼节对席、共牢。素菜是每人各一份食物，但肉菜"俎"是两人共食。"三饭"后食礼成，再进行"三酳"（用酒清洁口腔），前两次爵，最后用卺。夫妻双方各执一片葫芦对剖而成的瓢饮，称为"合卺而饮"。这个合卺演化为后代的交杯酒。因为夫妻双方在婚姻完成前完全是陌生人，从素昧平生到结发相伴，共牢而食、合卺而饮是增进关系的重要一环。古代的婚宴是非常简单的，发展到现在的婚宴，已经将关注新人的情感交流转化为饮食排场了。

拜见姑舅是婚礼后最重要的一个环节。完婚次日清晨，新娘沐浴梳洗后以新妇身份拜见公婆。这里有个重要内容就是新妇双手捧盛有枣、肉干的竹篮，行拜见礼时，将枣献于舅，肉干献于姑。然后进"馈特豚"与舅姑食。到此新妇才成为这一家的家庭成员。

关于婚礼，经过后代不断的发展，有了新的内容。如周代的婚礼，男女双方衣着以黑色为主体。男子着爵弁服，女子着镶黱边的玄色衣裳。与现代的喜庆红色是完全不一样的。"盖头"早期是没有的，到宋代才出现红"盖头"。

（三）丧服

生老病死是人生要经历的四件事。士举行冠礼以示成人，行冠而后成婚。经过几十年的家庭生活，最终人生要走向终点，丧礼是社会生活的一个重要组成部分。《周礼·春官·大宗伯》："以凶礼哀邦国之忧，以丧礼哀死亡。"凡文明之邦，亲人死亡都要用某种特定的仪式表示哀痛。我国古代礼仪中有"礼莫生于丧"的说法。丧礼是哀悼死者的礼仪，是我国古代礼仪中最重要的礼仪之一，葬礼只是一天或者几天的事，而丧礼则要前后持续长达三年之久。《仪礼·丧服》篇是我国古代记录丧服制度的文献，而《礼记》则有《丧服四制》等讨论丧服的意义。

1. 界定参加丧礼的亲属

丧服制度是按生者与死者亲疏关系界定的。一个家庭的繁衍是向上下、左右不断扩张的。从理论上说，各诸侯国都与周天子有亲。所以天子丧，赴，诸侯吊丧，待葬期到，会葬，诸侯亲往葬礼。《礼记·丧服小记》："亲亲以三为五，以五为九。上杀、下杀、旁杀。而亲毕矣。"按照血缘划分的亲属关系，是最牢固的家庭关系。古人形成以己为中心，父、己、子三代是家庭核心，这就是"三"。由三代向上下扩展为：祖、父、己、子、孙，此为"五"，即是"以三为五"。再由祖向上推进两代，向下推进两代。就形成了高祖、曾祖、祖、父、己、子、孙、曾孙、玄孙九代。这就是"以五为九"的意思。以人的寿命来看，以"己"为中心，人一生能见到的亲属的极限，上至高祖下至玄孙，一共九代。而从直系的九代横向扩展就是堂兄弟、从兄弟，从而形成了我们习惯上说的"九族"。

而所谓"上杀、下杀、旁杀"，杀在这里是减少、降低的意思，大意是说旁系亲属的丧服，以亲疏远近不同而依次减等即降低等级。郑玄说："杀，谓亲益疏者服之则轻。"用现在的话说就是亲属的关系，随着血缘关系的疏远而降低丧服的等级。

这种亲属区分的方法也传入我国周边国家，如朝鲜、韩国、日本等。

2. 丧服等差关系

按照礼制规定，九族之内要服丧。九族之内，父、己、子三代血缘关系最亲，向上下、左右和旁系扩展，亲缘关系越来越淡薄。这种递减正如上文所说叫作"杀"，即减少之意。根据与死者亲疏系的不同，在丧礼期间穿着不同的丧服。《仪礼·丧服》将丧服分为五等：斩衰、齐衰、大功、小功、缌麻。主色调本应为白色，斩是最高等级。

斩衰。服期三年。《礼记·丧服四制》："其恩厚者其服重．故为父斩衰三年，以恩制者也。"服斩衰的范围是：诸侯为天子、妻为夫、妾为君、未嫁女及子为父、父为嫡长子几种。

齐衰。服期分三年、一年、五月、三月不等。齐衰三年，是父为母、母为长子的丧服。齐衰杖期，父在为母、夫为妻的，期年是一周年，执杖期一年。齐衰不杖期也是一年，是男子为伯叔父母、兄弟、长子以外的其他儿子，女子为娘家父母，媳妇为公婆，孙子孙女为祖父母的丧服。齐衰三月，是为曾祖父母、高祖父母的丧服。

三年齐衰及齐衰杖期时间不一样，突出了男性社会地位比女性高。

大功。大功用熟麻布制作，因为是再加工的布，称为"功"，又称"大红"。服期九个月。男子为出嫁的姐妹和姑母、堂兄弟和未出嫁的堂姐妹，女子为丈夫的祖父母、伯叔父母、娘家兄弟，公婆为嫡子之妻，都服大功。

小功。小功也用熟麻布制作，但做工更加精细，称"小功"或者"少红"。服期五个月。男子为伯叔祖父母、堂伯叔父母、堂姐妹、外祖父母，女子为丈夫的姑母和姊妹、为兄弟媳妇，都服小功。

缌麻。缌麻是五服中最轻的一种，用精细的熟麻布制作。服期三个月。男子为族曾祖父母、族祖父母、族伯叔父母、族兄弟，为外孙、外甥、女婿、岳父母、舅父等都服缌麻。

丧服制与宗法制有密切的关系，也说明了男女社会地位的不同。妻为夫服斩衰三年，夫为妻服齐衰一年，是男为尊的体现。嫡子不为庶母服丧，而父亲要为嫡子服斩衰三年，这是嫡庶的区别。这些丧服制度礼节，基本上被后代延续下来，其中有些方面得到改进，如丧服用料的优化。清朝将子为母服齐衰改为服斩衰。在现代提倡精减办丧事的情况下，不少农村地区还保留着一定的丧服礼节。

第五章

典籍误读与传承误区

误读是文学史上普遍存在的现象，文学史是误读——匡正——误读交错与重合的历史。鲁迅曾指出："一部《红楼梦》，道学家看见易，才子看见缠绵，革命家看见排满……"审美主体的阶级出身、知识水平、种族或民族背景、个性气质等差异，使审美个性、价值取向产生差异，从而产生"误读"。就中国传统典籍的解读方式来说，误读典籍更来自时代的需要。在特定的时代背景下，某种政治的、意识形态的、宗教的权力掌握了话语权，往往由上层人为制定审美标准并使之绝对化。所以权力话语运作下的误读是在知识的建构与解构中以极端的破坏性与创造性推动着人类思想的发展。

西汉中期的今古文之争就是这样。当时就因为今古文经学传承典籍的文字篇章的不同，造成对经典的阐释和治学方法的诸多差异。今古文经学家在对"六经"文本原初意义追寻的争执中，就掩盖着一种窃夺权力话语的野心。经学家们总是企图借助训诂章句手段，阐发出应时代精神需求的新见解，以"六经"文本的原初意义来支撑自己的权威性言说，使自己成为圣人的代言人。比如大范围影响后世价值取向的"三纲五常"，就来自于董仲舒的《春秋繁露》，适应当时统治者的需要，形成一种束缚人民精神、诱使愚忠愚孝观念滋生蔓延的封建社会统治阶级的哲学，就是对儒家典籍的有意误读。在两千多年的中国封建史上，形成一种似乎顺应自然（天）的道德规范，实质上成为封建帝王统治国家的思想武器。再如魏晋玄学，也是在何晏、王弼等话语权拥有者自觉的"误读"中，以道家思想对儒家典籍的破坏性读解完成的，从而开启了一种价值观念、人生追求、审美体验有别于传统的新思想，贯穿于魏晋时期并影响了很多后世士人的人生观。可见，为适应时代需要，典籍的误读是不可避免的。

第一节　《尚书》并不佶屈聱牙

《尚书》最早被称为《书》，后来才称作《尚书》。"尚"通"上"，所以《尚书》指上古之书。自西汉始儒家称其为《书经》。《尚书》所记史实，上起于虞舜，下至春秋秦穆公，由《虞书》《夏书》《商书》《周书》组成，共58篇。《隋书·经籍志》说："《书》之所兴，盖与文字俱起。孔子观书周室，得虞、夏、商、周四代之典，删其善者，上至虞，下至周，为百篇，编而序之。"也就是说《虞书》是孔子（或后代其他人）根据尧舜时代历史传说追记，《夏书》则是孔子（或后代其他人）依据夏朝的典籍记载加工的。根据学者们考订，《商书》《周书》所记，基本是根据商周时期流存的文字材料加工或改写的。因为《尚书》有真伪之辩，所以我们这里讲解的对象仅限于公认为可靠的今文《尚书》。

史书分为记言和记事两个系统，《尚书》属于记言史料的汇编，所记大部分是誓、命、训、诰一类的言辞。在语言特点上自古有文字古奥、语句拗口、艰深难懂的差评；同时又多用雅言，极少有虚词和关联词，形成一种独特的语词组织方式，这就要求后人阅读《尚书》必须具备较高的语言处理能力。韩愈在其名篇《进学篇》中说："周诰殷盘，佶屈聱牙。"大学者尚且如此说，一般人自然把解读《尚书》文本视为畏途。另外，由于古今语言表述方式、习惯的差异，地域方言口语的使用，再加上年代久远造成的文献传承过程中文字脱衍、错漏等，也是人们认为《尚书》难读的重要原因。比如去古未远的司马迁，在《史记》中引用《尚书》文本时，也经常翻译成当时的习语。

实际上，《尚书》的记言并不全是佶屈聱牙的文字，其中穿插的记事更有简洁明了的文风展现，反而显得具有平易质朴的一面。这一点先贤也早有评说。比如明代大学者徐师曾就说过："其文或平正而易解，或诘屈而难读；平正者经史官之润色，诘屈者记矢口之本文。"①"矢口"，指当时习语，自然是一些不假思索脱口而言的话语，只不过后世不常用了，显得古奥罢了。其实当时的习语

---

① 徐师曾. 文体明辨序说·文体明辨序 ［M］. 北京：人民文学出版社，1982.

也有流传至今的，比如《尚书·无逸》中的"乃或亮阴"的"亮"，就是今天我们常说的"亮招"的亮，人气电视连续剧《亮剑》就是用"亮"的这个意义。《尚书》的"矢口"之言诘屈聱牙，原因不在于作者或者整理者立意让人看不懂，而是时代久远话语变迁造成的。

一、雅与俗的互动——《尚书》中的韵律

以今人眼光看，《尚书》不能算是纯粹的文学作品，但是作为我国记言兼记事的散文集，《尚书》还是具备不少文学因素的。如果玩味文本，可以发现书中的记事部分，往往具有历史传说的奇幻色彩；就是该书的记言部分，也有很多地方带有溢于言表的感情色彩。再加上整体表述具有形象化色彩，记事清晰生动，谋篇结构完整等特点，在文采方面并不输于同时代的其他历史散文——尽管在语言上，作为上层精英言行录，典雅追求使其充分发挥了上古语言表达的古奥特点，但在很多篇章中散句夹杂用韵，婉曲不失朗畅、整齐混迹错落的语言风格，还是值得今人鉴赏的。

比如《尚书》的一些韵语，就有诗歌萌芽的风韵，以《洪范》篇为例：

> 无偏无颇，遵王之义。无有好作，遵王之道。
> 无有作恶，遵王之路。
> 无偏无党，王道荡荡。无党无偏，王道平平。
> 无反无侧，王道正直。

引文全用四言，句式整齐；两句一韵，用韵工整，换韵雅致。在上古韵书中，"颇、义（音é）、作、道、恶、路"属于一个韵部即铎部十三；"党、荡"属于阳部十四；"偏、平"属于真部二十；"侧、直"属于职部二。可见每个应该是韵脚的地方都是严格押韵的，甚至严格到没有合韵出现，更谈不上破韵。这简直就是诗！这种比晚出的《诗经》还要完美的节奏韵律，是值得称赞的。我们完全可以说，这一段文字就是放在当今公认的文学巨著《诗经》的雅颂篇什中，也不能说逊色。

更为神奇的是，《尚书》的用韵还表现在对偶句的用韵上，对仗加押韵，是诗歌体式的上乘。试举二例：

明庶以功，车服以庸（两句东韵）。（《皋陶谟》）

三危既宅，三苗丕叙（两句铎鱼合韵）。（《禹贡》）

前后两句字数相等，结构、词性大体相同，用韵统一，形式整齐和谐。是对仗押韵句式的特点，这里完全具备了。另外《尚书》中还有同字为韵的情况：

牝鸡无晨，牝鸡之晨，惟家之索。（《牧誓》）

孺子其朋，孺子其朋，其往！（《洛诰》）

天聪明，自我民聪明。（《皋陶谟》）

以相同的字为韵脚叫作同字为韵，这在《尚书》不少篇章中存在，虽不是整篇用韵，局部用韵也能使文字读起来流畅。虽然《尚书》中错字脱字、训诂不通之处不少，但平实流畅的地方更多，只要读懂了文本，就会发现句式设计已经趋于成熟了。比如在《牧誓》篇中，对师誓的时间、地点，主要人物以及师誓场所的场面、气氛都做了正面的、工笔的勾勒：

时甲子昧爽，王朝至于商郊牧野，乃誓。王左杖黄钺，右秉白旄以麾，曰："逖矣，西土之人！"王曰："嗟！我友邦冢君、御事、司徒、司马、司空、亚旅、师氏、千夫长、百夫长，及庸、蜀、羌、髳、微、卢、彭、濮人，称尔戈，比尔干，立尔矛，予其誓。

这段文字细腻描绘了周武王威风凛凛的军事统帅形象："左杖黄钺，右秉白旄"，"杖""秉"词义相近的动词相对，"黄""白"色彩相对，形成对偶，语言富于节奏感。"称尔戈，比尔干，立尔矛"，三个动宾结构短句构成排比句，三种武器铺陈，语言铿锵有力，使人如临庄严的誓师场面。时隔三千多年的场面能够用这样生动的文字复活，有佶屈聱牙之感吗？并且从字面看，即使只有中等文化程度，也不会有阅读障碍，至于其中的官名、部族名称等专有名词显得生疏，是时代变迁造成的。再以《盘庚》为例：

无有远迩，用罪伐厥死，用德彰厥善。邦之臧，惟汝众，邦之不臧，惟予一人有佚罚。凡尔众，其惟致告：自今至于后日，各共尔事，齐乃位，度乃口，罚及尔身弗可悔！

这种句式散偶相错、正反对比的流畅语言，联动、排比等文学修辞手段的娴熟运用已经凸显于纸面。所谓阅读障碍，只不过出现了两个现在不常用的字（厥、臧）而已。又如《梓材》：

惟曰：若稽田，既勤敷菑，惟其陈修，为厥疆畎；若作室家，既勤垣墉，惟其涂塈茨；若作梓材，既勤朴斫，惟其涂丹雘。

这段话使用"若……既……惟……"（就像……已经……就要考虑……）的铺排、骈俪的句式，加上色彩鲜明的辞藻，明显看出句式的讲究。不但如此，关键是这段话用的全是比喻（若）：意思是说，治理国家就像耕作治理土地，已经辛勤开垦播种了土地，就要考虑整治土地，开挖沟渠；就像建造房屋，已经辛勤筑好高墙矮壁，就要考虑以茅草涂塞好屋顶；就像用优良的木材制作器具，已经辛勤去皮斫削加工，就要考虑用红色颜料漆饰。

这种连环修饰的方法，放在楚辞汉赋的篇什中，也不算逊色。

又如《君奭》中这段文字：

公曰："君奭〔1〕，我闻在昔，成汤既受命，时则有若伊尹，格于皇天。在太甲，时则有若保衡。在太戊，时则有若伊陟、臣扈，格于上帝；巫咸乂王家。在祖乙，时则有若巫贤。在武丁，时则有若甘盘。率惟兹有陈，保乂有殷，故殷礼陟配天，多历年所。"

其中用"在……，时则……"的句式间杂散句，整散结合，错落有致，表达技巧很高不说，铺陈排列的战国散文，不也是常用这种手法吗？更何况说这段话的周公，不但是个大政治家，还是连孔子都承认的礼文化的奠基人，是一个很有文化素养的人。他在劝导一时心情不好（不悦）、和他一起辅佐成王的弟弟（或曰异母弟）召公时，引经据典谈天说地，晓之以理动之以情，整篇可以作文学作品读。

由以上讲述可见，《尚书》在组织语言时已经有意识地用韵，形成韵律节奏美，而文字组合技巧也发展到了相当高的程度，对偶排比运用自由，可以看出作者已经重视文章之美了。

二、实录与润色——被曲解的本意

前面讲过，阐发适应时代精神需求的新见解，企图窃夺话语权，是驱使历代学者运用训诂章句手段对文本进行误读的原动力，《尚书》作为"七经之冠冕"，其文本原初意义也自然经常被曲解。现以暨南校名原典的质疑为例说明实录与润色的区别。

暨南大学官方网站对其校名的解说是："暨南"二字出自《尚书·禹贡》篇："东渐于海，西被于流沙，朔南暨，声教讫于四海。"意即面向南洋，将中华文化远播到五洲四海。就暨南大学对于《尚书·禹贡》中这句话的引用，难免给人造成这样的困惑：这样断句对吗？

根据暨南大学官方网站的解说。"暨南"二字出自《尚书·禹贡》篇："东渐于海，西被于流沙，朔南暨，声教讫于四海。""暨"，即"及、到达"，由于学校以吸收南洋华侨子弟就读为主，取名"暨南"，意指把教化传到南洋，并希望能进而"声教讫于四海"。这样断句，在解释暨南大学以吸收南洋华侨为主的办学方向方面，是契合的。但暨南校方这种方式的断句只能用于解说暨南大学的校名。实际上，历代典籍中对"东渐于海西被于流沙朔南暨声教讫于四海"这句话的断句，都是与暨南大学官网断句不同的。现列举西汉到清的断句例子：

现存解读《尚书》的典籍成书于西汉。中华书局出版的标点本《汉书·严朱吾丘主父徐严终王贾传》曾经引用过这段话：

> 捐之对〔汉武帝〕曰：臣幸得遭明盛之朝，蒙危言之策，无忌讳之患，敢昧死竭卷卷。臣闻尧、舜，圣之盛也，禹入圣域而不优，故孔子称尧曰"大哉"，《韶》曰"尽善"，禹曰"无间"。以三圣之德，地方不过数千里，西被流沙，东渐于海，朔南暨声教，迄于四海，欲与声教则治之，不欲与者不强治也。

可见这里"朔南暨"没有单独断句。

东汉情况如何？看看选入《文选·卷一》的《东都赋》在引用这句话的时候是怎样断句的：

> 尚书曰：东渐于海，西被于流沙，朔南暨声教。然后增周旧，修洛邑。扇巍巍，显翼翼。光汉京于诸夏，总八方而为之极。

断句和西汉一样。唐初房玄龄等主编的《晋书》是列入廿四史的权威典籍，其《卷十四·志第四·地理上》是这样活用《尚书》原文的：

> 夏后氏东渐于海，西被于流沙，南浮于江，而朔南暨声教，穷竖亥所步，莫不率俾，会群臣于涂山，执玉帛者万国。

虽然是活用，但引用是原文，"朔南暨"仍然没有单独断句。宋代司马光的《资治通鉴》权威性尽人皆知，其《汉纪》引用贾捐之的话也只能断句成"朔南暨声教"，否则语句不通：

> 待诏贾捐之曰："臣闻尧、舜、禹之圣德，地方不过数千里，西被流沙，东渐于海，朔南暨声教，言欲与声教则治之，不欲与者不强治也。"

清代阮元的《十三经注疏》是两千多年封建社会的理论基础文献，该书的校勘精审是公认的，书中收入的《尚书注疏·禹贡》应该是权威句读，也没有把"朔南暨"单拿出来说事：

> 东渐于海，西被于流沙，朔南暨声教，讫于四海。禹锡玄圭，告厥成功。

可见历代断句均为"朔南暨声教"，只有暨南大学一家断为"朔南暨，声教讫于四海"。

现在回到权威注疏。孔颖达的《尚书正义》是这样解说这段文字的："渐，入也。被，及也。此言五服之外皆与王者声教而朝见。朔，朔北也。玄，天色。禹功尽加于四海，故尧赐玄圭以彰显之。言天功成。"疏云："言五服之外，又东渐入于海，西被及于流沙，其北与南虽在服外，皆与闻天子威声文教，时来朝见，是禹治水之功尽加于四海。以禹功如是，故帝赐以玄色之圭，告其能成天之功也。"这些解说的蓝本是郑玄的一句话："南北不言所至，容逾之。此言'西被于流沙'，流沙当是西境最远者也。"根据先贤的注与疏的理解，此句为"这时候的疆界，东边伸入海中，西方达到沙漠地带，从北到南都接受王的声教德政，所以，禹把青黑色的圭献给天。"王之声教被于东西南北四方，是禹之功德。而暨南大学经过润色，曲解原文本义，目的在于使校名释义与招生方向相符，确是有意而为之的误读。

三、《尚书》中的民俗因子

贵族书录《尚书》是记载政治文化精英言行的正史，属于"阳春白雪"层次的典籍，但是在申说神权观念、政治思想的同时，不乏当时风俗习惯的被记录。比如《牧誓》本来是贵为国君的语录，周武王竟然说出这样的话："古人有言，曰：牝鸡无晨，牝鸡之晨，惟家之索。"这表明早在周代之前，人们已笃信雌鸡报晨是家道衰败的前兆。按照当时的宗教习惯，王欲为大事，须由巫觋运用龟卜以示天意。比如《尚书》中的《召诰》《洛诰》等篇，就在记述周成王选都洛邑时，命人使用龟卜"卜居"的过程。另如山岳信仰也是这样，《舜典》载舜祭祀五岳诸山神，就要直接到该山去祭祀，叫作"巡狩"。这其实是先民山岳崇拜的延伸，百姓祈祷某个身边的山岳赐福，是"靠山吃山"价值取向的衍化，直接向山祭祀而不管这个山是否具有神性。后来虽然有了"望祭"来减少奔波，但是重要祭祀还是要入乡随俗，秦皇汉武封禅泰山和霍去病封狼居胥、窦宪刻石燕然就不是一个层面，因而仪式和频率就不同。

（一）卜居与迁都

古人欲行事必占卜，根据龟甲被烧的裂纹来预测吉凶。通过问卜，解答应当采取怎样的态度来对待现实的问题。而卜居活动在《尚书》记载中很常见。其实卜居并非起于《尚书》时代，是唐尧虞舜夏商周对远古习俗的传承。甲骨文（殷墟卜辞）中就有卜居的记录：

> 乙卯卜，争贞：王乍（作）邑，帝若（诺）？我从，兹唐。
> 庚午卜，丙贞：王勿乍（作）邑才（在）兹，帝若（诺）？
> 己亥卜，丙贞：王有石才（在）麂北东，
> 乍（作）邑于之（兹）？乍邑于麂？

其中"争""丙"是占卜者之名，属于当时的礼官或是巫师；"贞"是问；"若"为顺，表示允许。以上卜辞，均为殷王要修建城邑，卜问以定可否或吉凶之辞。"我从，兹唐"即是顺应天意在唐修建城邑。修建城邑乃国家大事，故须反复卜问方能择地。

到了《尚书》时代，卜居搅入神权和王权的纠结中，但是可以看出，它的权威性还是不容忽视的。《盘庚》篇是记商王盘庚的诰言。在盘庚之前，自仲丁到祖乙两世，迁都四次。中间没有记载卜居迁都的仪式，但可以看出，四次都是以占卜结果为依据，动员部族民众迁移的。迁移的目的当然是配合军事的需要和政治经济发展的。《盘庚》记载：

> 盘庚迁于殷，民不适有居，率吁众戚出，矢言曰：
> 我王来，即爰宅于兹，重我民，无尽刘。不能胥匡以生，卜稽，曰其如台？先王有服，恪谨天命，兹犹不常宁；不常厥邑，于今五邦。今不承于古，罔知天之断命，矧曰其克从先王之烈？若颠木之有由蘖，天其永我命于兹新邑，绍复先王之大业，厎绥四方。

这段话的理解并不困难，正因为好理解，所以流传的翻译版本很多，大部分是有问题的，现在意译一个版本，供大家对比参考。

盘庚迁都到殷这个地方，有人反映在这个地方住不惯，甚至呼朋引类招呼亲戚到处煽风点火，放出这样的话：

我们原来的君王带领大家居住在奄（今山东曲阜）这个地方，是因为重视我们的生存环境，为了避免我们受到灭顶之灾而无法互相救助、保障生命。现在我们要迁都，用龟卜稽考的结果也不是赞成我们迁都。我们先王传统的做法是国家有大事，要敬慎地遵从天命。即使这样，尚且不能长久吗？不能长久住

在一个地方而保持安宁，到现在已经迁了五次国都了！每次都是上听天命（占卜）下查民意。现在不继承先王敬慎天命的传统，就不知道老天所决定的命运，更何况说能继承先王的事业呢？好像倒伏的树又长出了新枝、被砍伐的残余又发出嫩芽一样，老天将使我们的国运在这个奄邑延续下去，继续复兴先王的大业，安定天下。

总之这些"民"的意思就是，下有民众反对，上有天意不支持，你盘庚为什么要一意孤行迁都到殷呢？我们不答应！

盘庚迁都受到利益集团的阻挠，反对集团以祖乙西进失败，同时假托天命卜居为凶辞的结果鼓动民众反对迁都。从记载来看，盘庚似乎没有卜贞，或许可能是卜贞结果不利，被反对集团用以为借口。最终以国王之令迁都。迁都之后的记载是：

> 肆上帝将复我高祖之德，乱越我家。朕及笃敬，恭承民命，用永地于新邑。肆予冲人，非废厥谋，吊由灵。各非敢违卜，用宏兹贲。

强调的是上天授命在此建新邑而不可以违卜。从以上记载来看，卜居这种习俗习惯被用于王权反神权的斗争中。在殷商之后的周朝，也有贵族王室卜居的记载，比如《周书·洛诰》中就有这样的记载：

> 我卜河朔黎水。
> 我乃卜涧水东，瀍水西，惟洛食。
> 我又卜瀍东，亦惟洛食。

这是周成王选陪都经营东都洛邑前的占卜。他先对整个选址区域进行考察，最后经过多次卜居选定洛邑。《召诰》还记载周成王欲迁都洛阳，先派召公去洛（今洛阳）勘察了那里的整个环境。戊申日，召公于洛占卜筑城的位置，卜吉，开始建洛工程，即"越三日戊申，太保朝至于洛，卜宅。厥既得卜，则经营"。《逸周书·作雒解》关于周城的记载："城方千七百二十丈，郛方七十里，南系于洛水，北因于郏山，以为天下之大凑……"该城的整体建筑方位，采取堪舆理论的背山面水，负阴抱阳的法则。堪舆在当时不算迷信而是科学，比如城邦的易守难攻形势，就是兵家的实用原则在堪舆中的神示显现。

（二）信仰民俗：以山神崇拜为例

古老的山岳崇拜是原始文明和农耕文明的产物，是华夏文化的人文符号。关于山岳信仰的形成，从口传形态的远古歌谣、神话和传说角度看，最早可以追溯到黄帝、尧、舜、禹时代。虽然孔子说"欲观夏道"①，文献不足。但是从典籍角度看，山岳信仰记录还是可以见于《尚书》等典籍中夏代以前的记载的。

《尚书》中记载了相关的山神崇拜活动。《舜典》："肆类于上帝，禋于六宗，望于山川，遍于群神"，记载的是舜在接受禅让时祭祀山岳的的事项。《尧典》中记载："岁二月，东巡守，至于岱宗，柴，望秩于山川……五载一巡守，群后四朝。"这是文献中第一次出现的巡狩，并伴有柴祭四岳的活动。舜祭祀五岳诸山神，直接巡狩到该山，进行祭祀活动，这样的记载显然有美化舜德的用心。

《尚书》中山神崇拜起码有以下几方面值得称说：

一是山岳是奠定地域疆界的标志。《禹贡》将全国划分为九州，并以高山大川为标志，如"荆及衡阳惟荆州"即荆山与衡山之间是荆州；"海岱惟青州"即渤海与泰山之间是青州。《禹贡》最早提出了山系的概念。"导山"部分专论山岳，并将中国的山势按照地形特点归纳为"三条四列"，即四条山脉及三条随山行走的大道。在上古人们社会生活和思想观念中，山具有重要地位。

二是山神与人格神融契。夔就是殷民族的山鬼；禹是夏朝先祖中的山鬼；稷是周人的山鬼；防风氏是秦国先人的山神。山岳神灵是古人尊崇的重要神灵，以占卜来预知神意，通过祭祀祈求山岳护佑。《商书·盘庚下》："适于山，用降我凶德，嘉绩于朕邦。徙必依山之险，无城郭之劳。"孔疏："言古者我之先王，将欲多大于前人之功，是故徙都而适于山险之处，用下去我凶恶之德，立善功于我新国。"依山定都，在攻势上易守难攻，无劳百姓建城郭，并且能够降低被敌人攻伐的风险。《尚书·尧典》中尧以"纳以大麓，烈风雷雨弗迷"，用把舜困在山中的方法，来考察舜在狂风暴雨忽雷闪电恶劣环境下的心理承受能力和生存能力，以确认其是否贤能。可见山神的考验，可以见证部落首领的举立。《吕刑》中所谓的："禹平水土，主名山川。"就是说大禹之所以能够平治洪水、

---

① 朱彬．十三经清人注疏·礼记训纂［M］．北京：中华书局，1996：334.

疆理土地，是因为禹是"主名山川"的山岳、水脉之神。大禹后来又成为夏朝的国神，是山神与人格神融契的表现。

三是名山祭祀的政治功能。山神与人格神相融，使山神具有了人格意志，对山神的信仰由虔诚的宗教情感逐渐向世俗功利和教化功能转化。《舜典》明确记载着："（舜）肇十有二州，封十有二山。……咨十有二牧。"根据孔颖达的疏解，就是说自舜开始，每个地区的标志，便是名气最大的山脉，这个山脉具有稳定地区秩序的功能（每州之名山殊大者，以为其州之镇）。这明显是将山具体化为神祇也就是山神了。封是界定区划范围的标志、标识。舜封山，说明当时已经把山神加上了政治权力掌控者的功能，这种象征性的功能使得以祭祀山岳神灵为核心的宗教活动带上了政治色彩。

《舜典》："肆类于上帝，禋于六宗，望于山川，遍于群神"，说的是舜在接受禅让时祭祀山岳的事迹。这是文献记载的最早的山岳祭祀活动。《舜典》记载舜祭祀东、南、西、北四岳山神，展现了当时社会对山神的尊崇。"岳"又写作"嶽"，意为"山高而尊"，含有崇高之义。尧舜时，四方部落的首领被尊为"四岳"，四岳代表尧舜治理当地事务，代天子镇九州四方。故对山岳祭祀也成为了昭示维护统治的政治手段。

四是巡狩制度与山岳祭祀。先秦时期国王也就是天子祭祀山岳，与典籍记载的巡狩制度关系密切。天子出外巡视诸侯各国，并接受诸侯朝觐述职，称作巡狩，亦作巡守。《尧典》中记载："岁二月，东巡守，至于岱宗，柴，望秩于山川……五载一巡守，群后四朝。"舜于正月受帝位后祭告上帝六宗山川群神，岁二月东巡狩至岱宗燔柴祭天；五月向南巡守南岳，如岱礼；八月西向巡守西岳，如初；十有一月朔向北巡守北岳，如西礼。舜祭祀四岳诸山神，直接巡狩到该山，进行统一的柴祭之礼进行祭祀活动。山神是为天子镇守各地的代表，王者巡狩有威震四方，维护统治的意义。

国学知识拓展（16）：

〔1〕君奭

《尚书》中的"君奭"就是召公姬奭，姓姬名奭，史称召公（或邵公），典籍中也有称为召伯、召康公、召公奭的。称呼姬奭为君奭，相当于称姬奭为"奭君"，是一种带有敬意的平辈称谓，现在日本年轻人尤其大学生中间仍然用"某某君"这种称谓，属于华夏文化圈称谓习俗播化的一种现象。姬奭属于西周宗室的金枝玉叶，据说是周文王庶子，也就是武王和周公的异母兄弟。

姬奭也曾经辅佐周武王灭商，周王朝建国后受封于蓟（今北京），当时就叫作燕国（北燕）。和周公姬旦封在鲁国不就国一样，姬奭也是派他的长子姬克管理燕国，自己仍留在镐京（长安）任职，辅佐朝廷。周武王死后，成王继位，姬奭担任太保，周公担任太师，所以《君奭》开篇就解说此文产生的缘由："召公为保，周公为师，相成王为左右。召公不说（悦），周公作《君奭》。"

在文章的开始，周公就列举了商纣王不敬重上天，给殷国降下了大祸，殷国丧失的福命，我们周国接受了。我不敢认为王业一旦开始，就会自然地长期保持休美。这种居安思危的素质，姬奭原本也有，因此周公就引用姬奭曾经说过的话来激励他："我亦不敢宁于上帝命，弗永念天威越我民；罔尤违，惟人。在我后嗣子孙，大弗克恭上下，遏佚前人光在家，不知天命不易，天难谌，乃其坠命，弗克经历。"意思是说我们不敢安然享受上帝赐给的福命，不敢奢求上天和我们的人民不管我们行为是否端正就长久保佑、听从我们。在恭承天命的过程中是否过错和违失，事在人为。如果我或者我的后代，不能够恭敬上天，顺从下民，把前人的光辉当作资本独自享用不顾人民死活，那就是不知道天命难得，不懂得上帝难信，这就会失去天命，那么上天给我们的福祉就不能长久。

接着周公放低身段，把姬奭的话好好称赞了一番，并且进一步引申发挥出从现在做起从自己做起的豪语："嗣前人，恭明德，在今予小子。"下面就是接着我们引文中的这段话：成汤接受天命，上天派遣伊尹辅佐他；太甲执政，太保阿衡帮助他；太戊当朝，连老天都喜欢的伊陟和臣扈协助他，又有巫咸帮助他处理政务；祖乙时代，巫贤是他的好助手；武丁治理天下，也多亏了像甘盘这样的贤人的辅佐。这些有道的人，安邦定国方面贡献突出，所以殷人规定君王死后，辅佐这些君王的人都被封为神灵，和君王的英魂、天神地祇一样四时八节享受祭祀，经历了许多年代都烟火延续不曾断祀。

之后，就以殷商历代帝王用人当否与其兴亡的关系、和两人的父亲文王用人的恰当，来说明周族兴盛终于积聚了取代殷商的实力，以及文王治理天下时善于用人对获得天命眷顾的作用。文章中提到的那些在文王当政时期奔走效劳，努力推行常教的贤臣比如虢叔、闳夭、散宜生、泰颠、南宫括（或曰适）等人，在后代的史书中之所以留名汗青，也是被周公及其周族对他们念念不忘的情结催动的。五个名人中除虢叔是周王朝宗室（周文王弟，武王二叔姬仲）之外，其他四人被《帝王世纪》《史记·周本纪》等正史列为"文王四友"或称"文王四臣"。

之后就讲到他们的哥哥武王，能够充分尊重文王旧臣，那些旧臣也尽心尽力辅佐武王，所以凭借天命的威势，全部消灭了我们的敌人（诞将天威，咸刘厥敌）取代殷商建立了咱们周王朝。

讲完历史，周公说了一段很动情的话，让数千年之后的读者也为之动容：

> 今在予小子旦，若游大川，予往暨汝奭其济。小子同未在位，诞无我责，收罔勖不及。耇造德不降我则，鸣鸟不闻，矧曰其有能格？……君！予不惠若兹多诰，予惟用闵于天越民。

现在兄弟我才疏学浅，就像要涉过大河一样，只有和您同舟共济，才能顺利到达彼岸。我作为和您一样的辅政大臣，其实德行并没超越那些没有在位主政的人们，您如果不肯督责我的言行，我可就孤立无援一无所成了。如果您不能帮助我，让我了解您处理政务的老成厚重，我就会默默无闻一辈子，哪里还能像刚才说到的、我崇拜的辅臣那样名扬后世配祭君王？兄弟啊！我真是不好，用这么多废话麻烦您，但是希望您理解我，我之所以这样啰嗦，只不过是因为担心天命无常惩罚我的过失，担忧因为我执政中的错误使得百姓受苦。

这种放低身段、苦口婆心的规劝，确实荡气回肠。值得提及的是在引文中两次使用的"小子"一词，足以看出周公作为和召公同样的金枝玉叶、开国功勋、辅政重臣，已经在召公面前把身段放低到什么程度。"小子"是上古常用的自称谦词，称宗亲中男性同辈年轻者及下辈，扩衍到昵称男性同辈之年轻者或晚辈。因此也用在师长称呼学生、晚辈上，比如孔子就对他的学生说过："小子识之，苛政猛于虎也。"（《礼记·檀弓下》）韩愈虽然抗颜为人师并且好为人师，但是疯起来也完全没有了为人师表师道尊严的模样："花前醉倒歌者谁？楚狂小子韩退之。"（《芍药歌》）无赖而且轻狂，这就是小子。

应该是周公的苦口婆心发挥了作用，之后再没有见到召公"不悦"的记载，反而在其辅政期间政通人和，贵族和平民都各得其所，因此深受爱戴。周成王死后，姬奭接着辅佐周康王，开创"四十年刑措不用"的"成康之治"，为周朝打下延续八百多年的坚实基础，也为他自己留下"四朝元老（历仕文武成康四世）"的政坛能臣美名。盛传他曾在一棵棠梨树下办公，后人因为怀念他的德政，竟然舍不得砍伐此树，《诗经·甘棠》就是称颂这件事的。

国学知识拓展（17）：

《诗经·甘棠》

> 蔽芾甘棠，勿剪勿伐，召伯所茇。
> 蔽芾甘棠，勿剪勿败，召伯所憩。
> 蔽芾甘棠，勿剪勿拜，召伯所说。

因为这首诗的作者佚名，所以有人解说是周宣王册封叫作姬虎的伯爵所作。这个姬虎是姬奭的后代，宣王之前的召公有谏厉王弭谤的召公，有周召共和的召公，虽然都有名气，但是哪个也比不上首任召公姬奭。

诗文中的"蔽芾（fèi）"是树木高大枝叶茂密的样子。"甘棠"即棠梨也叫杜梨，高大的落叶乔木，春华秋实，花色白，果实圆而小，味涩可食。"茇（bá）"的本义是草舍，此处用为动词，是居住的意思。"拜"在这里读作 bā，是扒皮或者爬树的意思。"说"在这里读作 shuì，是"税"的通假字，税是休憩、止息的意思。比如"税车"就是停车，"税息"是休止憩息。唐欧阳詹《二公亭记》："一昒一昳，千趣万态，税息之者，若在蓬壶、方丈之上。"用的就是这个意思。

汉初《毛诗序》在解说这首诗的时候说："《甘棠》，美召伯也。召伯之教，明于南国。"郑笺说："召伯听男女之讼，不重烦百姓，止舍小棠之下而听断焉，国人被其德，说其化，思其人，敬其树。"朱熹在《诗集传》补充说："召伯循行南国，以布文王之政，或舍甘棠之下。其后人思其德，故爱其树而不忍伤也。"

而这首诗的写作背景在《史记·燕召公世家》中记载得更为详细明确："召公之治西方（同文："自陕以西，召公主之；自陕以东，周公主之。"），甚得兆民和。召公巡行乡邑，有棠树，决狱政事其下，自侯伯至庶人，各得其所，无失职者。召公卒，而民人思召公之政，怀棠树，不敢伐，歌咏之，作《甘棠》之诗。"许多民间传说和地方志中的资料也都足以证明召公听讼甘棠树下的故事流播广远。说是召伯南巡，所到之处不占用民房，只在甘棠树下停车驻马、听讼决狱、搭棚过夜，这种体恤百姓疾苦、不搅扰民间、为民众排忧释纷的人，永远活在人民心中。

国学知识拓展（18）：

盘庚迁都

盘庚是汤的第十世孙，商朝的第二十位君王。他为避免水患，复兴殷商，率领臣民把国都从奄（今山东曲阜）迁往殷（今河南安阳）。此举遇到了来自各方面的反对，盘庚极力申说迁都的好处，前后三次告喻臣民，终于完成了迁都。《盘庚》分上、中、下三篇，记述了这次迁徙的经过。上篇记述盘庚迁殷之前告诫群臣的话，中篇是盘庚告诫殷民的话，下篇是迁都后盘庚告诫群臣的话。历代学者大都认为《盘庚》三篇是殷代的作品，具有很高的史料价值。

上篇是盘庚对他的臣僚们进行规劝，责备他们不恪守先王的旧规矩，态度傲慢，贪图享受舒适，还以谣言蛊惑民心。盘庚的良苦用心日月可鉴，顽固的臣僚们作何感想，不得而知，而他们的丑恶嘴脸却清晰可见。

大凡能做臣僚的人，总是其先辈或本人有功于国于民，才会参与国政，享有功名利禄。有了功名利禄，就会滋生骄奢淫逸，目中无人，有恃无恐。有恃无恐，就敢于胡作非为。腐败就是由此产生的。尧、舜的太平盛世、清明政治已一去不复返了，接踵而来的是日甚一日的腐败。

古代政治腐败大概有两个重要根源：一是人治和世袭制造成了庞大的特权阶层，从天子以至芝麻官，无不如此。二是专制制度为人性丑恶的一面和弱点提供了温床。盘庚大概不会想到这些。文章中记载的他请出先王和旧时制度，是他所能想到的最好的理由，毕竟血缘、祖先、传统在中国古代社会生活中起着巨大的纽带作用，毕竟腐败的官员内心总是有所畏惧。

话说回来，争论起于迁移国都，而实质是盘庚试图对日益腐败的政治机器动手术，"去奢行俭"。盘庚的用意是好的，却是治标不治本。再出现腐败，又往哪儿迁？根子还在制度和人身上。不做开膛剖肚的手术，是无法真正解决问题的。当然，盘庚迁殷的结果，的确带来了商王朝暂时的兴盛，用今天的话说，他算得上是个改革者。他受到众多客观条件的制约，能力排众议，推行自己的设想，需要很大的勇气和决心、耐心。他采用的是文的一套即规劝说服，而不是武的一套。他显然知道：迫使人顺从容易，而要使人真心诚意地顺从，就难多了。从这个意义上说，迁都的成功，也是盘庚征服人心的成功。因此，盘庚是值得称赞的。

此外，这篇经典性的劝诫文，为我们的汉语成语增添了不少词，比如"予若观火""若网在纲，有条不紊""燎原之火"等等。这从一个侧面说明，改革者要有文化，有智慧，见多识广，了解民心所向，才可能获得多数人的支持，事业才可能成功。有人把盘庚称为东方的摩西，不是没有道理的。

中篇是盘庚对平民的训话，口气已大不一样。对贵族臣僚，他语气委婉，循循善诱，即使是责怪，也是"温而不怒"。但是对平民，便显出了高高在上的领袖姿态，口气强硬坚决，甚至不惜以断子绝孙相要挟，辅之以新的永久家园为诱惑，当然最终目的，是不容平民有所叛逆。

寻找乐土式家园的诱惑实在太大。这让人想起希伯来人最伟大的先知和导师摩西。他为了希伯来人摆脱埃及人的奴役，率领他们历尽艰辛走出埃及，到西奈山去建立家园。这事发生在公元前 13 世纪，约比盘庚迁殷晚一个世纪（公元前 14 世纪）。都是为了建立新家园，寻找新生活，都是部落首领，但一个是为摆脱统治集团内部的腐败，一个是为摆脱外族的奴役。

不知道盘庚的臣民是否把他看作先知和导师，但他们肯定会受到永久家园的诱惑。即便是今天的我们，也会被诱惑的，因为寻找永久的家园，是人类永恒的冲动，永恒的主题。

下篇是迁都之后，盘庚再次向贵族群臣训话，他要求群臣克勤克俭，不要贪婪聚财；体恤民情，恭谨从政，率领民众共建家园。这其实也是盘庚的重要施政方针之一，体现了早期的"保民"思想。远古的统治者已经发现民众是建立国家并使之长治久安的根本。唐太宗和魏征把民众比做水，把统治民众的人比做浮在水上的舟船。这种比喻应该是盘庚思想的传承。只不过唐代的比喻比盘庚进步了一些，把盘庚的思想引入辩证法的范畴，提出水用以载舟，没有水，舟无法行驶；水也可以使舟倾覆，让舟上的人溺水身亡的见解。水是无形的，水往低处走要有势能推动。要使水的流向得到规范，需要进行疏通和引导。谁来疏通和引导？当然是统治者。

在强大的社会传统势力的制约中，盘庚的思想具有很强的积极意义。统治者为了维持自己的统治，就要在享受民众创造的物质财富的同时，有为民众着想的许诺和行动，把为民众造福起码挂在口头上并在一定范围内付之行动。这在客观上会使民众的日子稍微好过一点儿。千百年的牧师形象麻痹了民众的神经，于是就形成了这样一种民众心理：把统治者看作自己的"父母""家长"，一心企盼"父母"恩赐、开明、公正，盼望身边的官长是"包青天"。

第二节　史传典籍中的文化符号

史传典籍以记言记事为主，以实录历史现象为原则，以记录朝廷君王的言事为基本内容，所记史事丰富翔实。先秦史传典籍有《左传》《国语》《战国策》等不朽之作。史官或史学家在编撰这些史籍时，受到口头历史文学的影响，也不乏丰富的艺术想象力。他们在叙述历史事件时，注意了情节与细节的生动，在描写人物时，突出了人物言行的个性特征，具有引人入胜的艺术魅力，这些史籍又称先秦史传文学。

春秋战国时期，各国君位嬗变，执政者夺权谋势，政客宦海沉浮，诸侯国之间倾轧吞并，这是史书记载的主干。但是在记载这些历史主线的过程中，作者为了丰润内容或者牵强因果，往往采集大量的历史传说、民间故事、童谣民歌等。这些材料通过作者的精心组织编排，大大丰富了史传典籍的内容。如战场中的厮杀与阴暗处的密谋活动等，竟然有无数大大小小形形色色的精彩故事贯穿其中。而史官将众多史实与历史传说、民间故事、风俗轶闻、民间歌谣等编排、串联起来，丰富了史传典籍的内容。这应当是在史传典籍中充满多彩文化符号的主要原因。

一、二次葬的早期记录

二次葬，一般指人死之后，或暂时掩埋初葬，或将灵柩暂时停放，经过一定时间，待死者肌肉腐化掉，把骨骼收拾起来举行骨葬仪式，将死者骨骼埋入墓穴的方式。由于要掘墓开棺捡出死者遗骨，用水（酒）洗净，置于瓮或木匣内再行安葬，所以又称洗骨葬或捡骨葬。在我国史前时代的墓地中，有大量的二次葬墓穴被发现。如山东大汶口遗址、仰韶文化时期的半坡遗址等存在二次葬的现象。

早期的二次葬记录，在史传典籍中也可以看到。比如晋文公重耳死后就被葬了两次，这两次都见于经传，成为凿凿历史见证。在《左传·僖公三十二年》的春秋经中记载："冬十有二月己卯，晋侯重耳卒。"然后就是《左传》中的如下记载出现："冬，晋文公卒。庚辰，将殡于曲沃。出绛，柩有声如牛。"就是说在鲁僖公三十二年冬晋文公去世。十二月初十，他的灵柩将送往祖庙曲沃停放，灵柩经过绛县的时候，灵柩中发出牛叫的声音。这第一次的停柩可以当作是一次葬。二次葬的时间在第二年的四月。《左传·僖公三十三年》经云："三十有三年夏四月辛巳，晋人及姜戎败秦师于殽。癸巳，葬晋文公。"《传》："夏四月，辛巳，败秦师于殽，获百里孟明视、西乞术、白乙丙以归，遂墨以葬文公，晋于是始墨。"停柩四个月之后，中间经历了以晋国为首的多国部队和秦国的战役，并且打了胜仗斩获多多，甚至把秦国的重要将领都俘获了，这才葬晋文公。

从典籍记载中看，当时的一次葬叫作"殡"，杨伯峻先生在注解《左传·僖公八年》时说："殡，停棺待葬也。人死，钦尸于棺，于西阶掘一坎地停柩。"这个说法详细解释了一次葬即殡的方式：把尸体恭敬地放入棺材，该举行的礼仪都完成之后，在院子西侧的台阶下挖掘一个地窖，把灵柩停放在里面。杨伯峻先生（1909—1992）是现代鸿儒饱学之士，这段话虽然不知所据，但是有很多古籍可以印证老先生的话，以其中的两个语段为例：

钦尸于棺。用于这个意义的通常是"殓"字，但是杨先生用这个"钦"字，也是有典籍支撑的。明代学者李翊在其《俗呼小录》中曾经说过"按谓之钦"的话，所依据的是唐代王琚的《射经》："钦身微曲，注目视的"放低身段，注目箭靶。王琚讲射箭技巧，这按本身有安的意思。而同样是讲周代制度的魏晋出土文献《汲冢周书》就说："威仪悉备曰钦。"可以理解为丧葬的各种威严庄重繁杂的仪式（详见本节后"国学知识拓展"）完备举行之后，把尸体放在灵柩内。

西阶掘一坎地。坎本来是"陷"的意思，这个字从来不用于好事，是个令人不愉快的字，什么陷阱、陷害、陷入等。这个字的情感色彩是上古传承下来的。坎本来是《易经》卦名，并且是八个本卦之一。对《易经》最早的解说《象传》说："习坎，重险也。"坎是危险而且是祸不单行的危险（重险）。现存最早的字书《尔雅·释言》说："坎，律铨也。"古人注解说："坎卦主法律，所以铨量轻重。"原来这坎还是量刑的法律条文的意思，现在说守法是不越雷池，"犯法"即触犯了不该亲近的东西。这样坎的坑穴意义就先天附着了不愉快的情感色彩。因此殡的坑穴就叫作"坎"。为什么要在西阶挖掘坑穴？《礼记·檀弓上》有"周人殡于西阶之上，则犹宾之也"的说法。就是说把去世的家人暂时留在家中，像对待贵宾那样。而其姊妹篇《礼记·檀弓下》则就此事进一步申明："观其葬焉，其坎深不至于泉。"这种规定不是无事生非。试想把灵柩放在泉眼汩汩的坑穴中，那将是什么后果！

晋文公的二次葬与一次葬的时间相隔仅四个月，还没有达到肌肉腐化掉、把骨骼收拾起来的时间，但这是遵循诸侯葬礼制度的。《左传》书天子之葬者四人，天子死后的下葬时间，有严格的限制，这就是所谓的葬期。《左传·隐公元年》说"天子七月而葬，同轨毕至"，就是说天子自死之月，要经历七个月才能安葬。诸侯的葬期当然不能比天子长。从天子到诸侯，二次葬是普遍存在的。只是早期的二次葬相隔时间短，其动机应当不是方便收集骨骼，而是祈求死者灵魂彻底脱离尸身，方能顺利进入阴间。

二次葬在春秋战国后的文献中更是多有详细记载。如《墨子·节葬下》云："楚之南有炎人国者，其亲戚死，朽其肉而弃之，然后埋其骨，乃成为孝子。"这里的楚之南也包括岭南地区，而今闽粤多有二次葬记录，而壮族也有二次葬。

根据《左传》的记载，在这隆重的葬礼（遂墨以葬文公，晋于是始墨）中，不难发现一个有趣的现象，诸侯都出席了文公葬礼，而独缺秦穆公。大家可曾记得秦晋两国世为婚姻，被美称为"秦晋之好"。秦穆公的夫人是晋献公之女穆姬；晋献公之子晋文公的夫人文嬴便是秦穆公之女。秦不"会葬"透露出秦晋之盟的破裂。僖公三十二年晋文公卒，秦穆公乘机越过晋境千里袭郑，蹇叔认为千里袭郑必败，但秦穆公拒绝他的忠告。蹇叔两次哭师。烛之武说退秦军，分化了秦晋联盟。秦军在回师途中经过肴山时，被晋军狙击，秦师全军覆没，三帅被俘。肴之战后秦、晋关系恶化。政治婚姻结成的利益关系恶化，但后世仍将男女之间的婚姻称为"秦晋之好"。如："主公仰慕将军，欲求令爱为儿妇，永结秦晋之好。"（明·罗贯中《三国演义》第十六回）"末将不才，便求小娘子以成秦晋之好，亦不玷辱了他，他如何便不相容。"（元·乔孟符《两世姻缘》第三折）都将男女婚姻称作"秦晋之好"。

二、关键词语的民俗密码

史传典籍记言记事巧妙，常将民俗密码隐于关键词语中。比如《战国策》

所用的正日到家、作祟、狡兔三窟、绥靖等词，其中就蕴含着流传至今的民俗密码。

奇书《战国策》杂记东周、西周及秦、齐、楚、赵、魏、韩、燕、宋、卫、中山各国之事，记事年代起于战国初年，止于秦灭六国，约有 240 年。此书用语精妙奇伟，富于雄辩与运筹的机智，语言生动形象，表现为巧用比喻、善用寓言和博引史事。比如著名寓言"画蛇添足""亡羊补牢""狡兔三窟""唇亡齿寒""南辕北辙"等，均出自该典籍。

正日到家

《战国策·齐策四》所记"冯谖客孟尝君"中有这样一段话：

> 后期年，齐王谓孟尝君曰："寡人不敢以先王之臣为臣"，孟尝君就国于薛，未至百里，民扶老携幼，迎君道中正日。孟尝君顾谓冯谖："先生所为文市义者，乃今日见之。"

这段话中的"正日"，通说是这样的：犹终日。指人民整天在路上迎接孟尝君。原本无"正日"二字，据鲍彪注本增。

那么，"正日"为什么能够释为"终日"呢？据说是那"正"和"整"同音通假，正日就是整日。这种说法是值得商榷的。古代虽然通讯技术不如现在，往往存在信息不通的情况，但是一个大贵族、这个地区的主人（薛是孟尝君的封地，也就是已经成为他家的私产）要回来，说白了就是老爷回家，哪有连个提前回家报信的人都没有？实际情况是，根据当时的民俗，只要知道孟尝君哪一天回家就可以了，至于到家的时刻，是必须中午之前。孟尝君回来正好赶上中午，所以文中的"正日"应释正午之日，即午时。午时即日中，又名日正、中午等，是一天中光照最猛烈、阳气最强的时候。在这里指人民正午之时顶着烈日在路上迎接孟尝君。这样"正日回家"就能解释得过去了。

为什么午时回家？是不得已。因为过了正午，鬼魂容易顺路搭车，不小心把搭蹭车的冤魂怨鬼拉回家，是要闹鬼的。不懂"正日"蕴含的民俗因子，就在解释时出笑话，好像等了一整天，天黑孟尝君才回到家似的。解开这个密码，才能还原历史真相，不会望文生义。

狡兔三窟

接下来是孟尝君看到老百姓不畏烈日曝晒迎接失势的自己，有感而发和冯谖的一段对话，这里就展现了被世代追捧的华夏民族以弱制暴的民俗心理。

> 孟尝君顾谓冯谖："先生所为文市义者，乃今日见之。"冯谖曰："狡兔有三窟，仅得免其死耳。今君有一窟，未得高枕而卧也。请为君复凿二窟。"……冯谖诚孟尝君曰："愿请先王之祭器，立宗庙于薛。"庙成，还报孟尝君曰："三窟已就，君姑高枕为乐矣。"

从引文看，所谓狡兔三窟的第一"窟"，是焚烧债券获得薛邑的人心，冯谖以"市义"的方式为孟尝君赢得了百姓的拥戴。人心向，根基稳，使孟尝君的薛邑这个根据地无后顾之忧。因为记载稍繁，引文中省略了第二"窟"便是设法让魏王虚相位以待，通过"扬誉"使齐王复用孟尝君，重返朝廷做重臣。第三窟正如引文中说的，向齐国国君申请在薛邑正式建立先王的宗庙。当然这里还有一个先决条件，就是孟尝君田文和他的亲侄子田地（田遂）即历史上著名的齐愍（闵）王自然是同宗同祖，否则再想立先王之庙，冯谖也没有法子可施展。这里又涉及一个民俗密码的破解问题。立宗庙怎么算安身立命的一个堡垒呢？因为兄弟叔侄同宗伯仲，只要有争执，最怕到宗庙中去求祖宗判定是非，就像现在小老百姓怕惹官司一样。因为祖宗在判定是非之前一定先各打五十板，为同宗起争执不高兴！这就像父亲不管谁有无道理，就是不愿意看到儿子之间打架一样。因此这个民俗就上升为礼成为礼俗：宗庙所在，国不可夺（取消封地建制）、不可限（降格，比如公爵降为侯爵、伯爵之类）、不可伐（不能派军队攻击）。权力再大、兵力再强也不许在祖宗面前耀武扬威，这是这个礼俗的核心观念。

作祟

还是这个故事，就是齐愍王请孟尝君重新回到朝廷，恢复其相位时作的自我批评：

梁使三反，孟尝君固辞不往也。齐王闻之，君臣恐惧，遣太傅赍
黄金千斤、文车二驷，服剑一，封书，谢孟尝君曰："寡人不祥，被于
宗庙之祟，沉于谄谀之臣，开罪于君。寡人不足为也；愿君顾先王之
宗庙，姑反国统万人乎！"

其中的"寡人不祥，被于宗庙之祟"，通常解说为：寡人不好，受到神灵降
下的大祸。

作祟是指鬼魅或鬼怪扰乱，作怪，所以常说"鬼鬼祟祟"，没有说神灵"祟
祟"的。翻检汉语词汇中和"祟"有关的几乎没有好词，比如：作祟、祸祟、
鬼祟、魑祟、邪祟、魇祟、送祟、祟书、外祟、魔祟、鬼鬼祟祟、邪魔外祟等
等，没有一个可以解说为平安吉祥好事连连的。

这里要解说一下《左传·昭公元年》记载的一句卜辞"实沈台骀为祟"。
实沈虽然是神，但是一个很不像样的神，和兄弟搞不团结，"日寻干戈"就是天
天找茬打架。结果被罚为远在西天边做主持参星的神。至于台骀，因治水有功
封于汾川，为汾水神，此神被封之后甚是寂寞，就连所在地晋国的国君、著名
学问家兼大政治家叔向乃至该国的巫师史官，都不知道此神如何来历，以至于
占卜遇到"台骀为祟"都不知道这台骀是哪路神仙。所以在四时八节祭祀诸神
时肯定不会想到祭祀此君。多亏郑国大贵族公孙侨（即著名的政治家子产）来
访问，才拆穿西洋景知道其汾水神的身份。如此看来，这两个神仙一个是怪力
乱神，一个是冷清怨神，作点祟似乎在情理之中。

但问题还不是这样简单。其实这句"实沈台骀为祟"的卜辞，属于对两位
神仙的诬蔑不实之词。也是在这次访问中，子产说过这样一段话：

抑此二者，不及君身。山川之神，则水旱疠疫之灾，于是乎禜之。
日月星辰之神，则雪霜风雨之不时，于是乎禜之。若君身，则亦出入
饮食哀乐之事也，山川星辰之神，又何为焉？

这句卜辞是巫师在晋国国君生病时占卜的结果，意思是晋侯的病是实沈和
台骀两个神仙闹事。子产这次访问的目的就是来慰问病中的晋侯的。子产否定
了巫师占得的这则卜辞。说实沈和台骀两个神与国君的病无关。台骀属于山川

之神系列的，如果为了避免水灾旱灾大面积病虫害或瘟疫蔓延，可以祭祀它；实沈属于日月星辰之神系列，如果季节颠倒风不调雨不顺，可以祭祀它。像今天这样关乎国君您身体健康的事情，实沈和台骀这样的主管山川星辰的神，怎么能有兴趣掺和进来呢？您现在的病，是日常生活无规律、饮食男女之事无节制造成的。并且具体指出了晋侯在生活节奏、后宫姬妾方面存在的问题，这其中还提到了传于清末民初的"买妾不知其姓，则卜之"习俗，从子产的语气看，这个习俗在当时已经是古代的《志》书传承下来的了。子产的话有理有据，自然使得晋国君臣心服口服，晋侯还脱口称赞子产是"博物君子也"，给了他很多赏赐。

看看，若不是子产渊博，两位小神就被冤枉了。说明先秦文献不支持"神"作祟的说法。到了汉代，《汉书·江充传》有"祟在巫蛊"的说法，根据当时的语法习惯并验之以前后文，是说这祟是"巫蛊"作的。巫蛊本来不是一个词，只是"巫师放蛊"的临时组合，意思有些难解，唐代颜师古为这句话作注释不算多事。但麻烦的是他竟然如此解说："祸咎之征，鬼神所以示人也。故从出从示。"后人于是开始鬼神连用，造成鱼龙混杂的语词解说状况。但他的说法不是没有出处，比如东汉的许慎就明确说这祟是"神祸也"。颜师古看似继承了许慎的说法，但是他毕竟强调了这样两件事：一是"祸咎之征"即祟是灾祸或者咎害的征兆而不是灾祸本身。二是"所以示人"意即弄个征兆给人看，如果是提醒人们注意赶紧危机公关，那算是善意；如果是警告，也算不得恶毒，总比突然袭击弄得大祸临头还莫名其妙、连改过避祸的机会都不给要好得多。颜师古这个意思被后人完整理解并继承，是在晚唐五代，当时徐铉、徐锴兄弟在注解《说文》时说："祸者，人之所召，神因而附之。祟者，神自出之以警人。"（《说文·徐曰》）这就不但把祸与祟划清界限，还把神呵护人类的善意淋漓展现。因此，我们把作祟解说为"鬼魅出来作怪"可以，如果说"鬼神制造的灾祸"，就难免给人好坏混淆的感觉。

这样，齐愍王所谓的"被于宗庙之祟"，绝不是说自己的祖先降下祸患，并且还大不敬，把这种降祸称之为作祟。因为他和孟尝君是一个祖先，他免了孟尝君的官，这个事实用祖先降祸给谁解说合适呢？因此，只能解释为遇到了冤魂冤鬼（祖先得罪过的人的鬼魂）到宗庙中作祟捣乱，这种倒霉事让咱们赶上了。因为祖先忙于应付祟鬼而无暇顾及弥合我们叔侄的不合，以至于我出昏招，您受委屈……

下面介绍一则常见于笔记小说的民间传说，来说明就是在民间，历来也不认为这作祟的家伙属于神的范畴，而是一个名不见经传的邋遢鬼、面目可憎的小妖怪，他的名字就叫作"祟"：

> 古时候有一种身黑手白的小妖，名字叫"祟"，每年的年三十夜里出来害人，它用手在熟睡的孩子头上摸三下，孩子吓得哭起来，然后就发烧，讲呓语而从此得病，几天后热退病去，但聪明机灵的孩子却变成了痴呆疯癫的傻子了。人们怕祟来害孩子，就点亮灯火团坐不睡，称为"守祟"。
>
> 在嘉兴府有一户姓管的人家，夫妻俩老年得子，视若珍宝。到了年三十夜晚，他们怕祟来害孩子，就由着孩子玩。孩子用红纸包了八枚铜钱，折开包上，包上又折开，一直玩到睡下，包着的八枚铜钱就放到枕头边。夫妻俩不敢合眼，挨着孩子长夜守祟。半夜里，一阵大风吹开了房门，吹灭了灯火，黑矮的小人用它的白手摸孩子的头时，孩子的枕边竟闪出一道亮光，祟急忙缩回手尖叫着逃跑了。管氏夫妇把用红纸包八枚铜钱吓退祟的事告诉了大家。大家也都学着在年夜饭后用红纸包上八枚铜钱交给孩子放在枕边，果然以后祟就再也不敢来害小孩子了。原来，这八枚铜钱是由八仙变的，在暗中帮助孩子把祟吓退，因而，人们把这钱叫"压祟钱"，又因"祟"与"岁"谐音，随着岁月的流逝而被称为"压岁钱"了。在我国历史上，很早就有压岁钱。最早的压岁钱也叫压胜钱，或叫大压胜钱，这种钱不是市面上流通的货币，是为了佩带玩赏而专铸成钱币形状的避邪品。这种钱币形式的佩带物品最早是在汉代出现的，有的正面铸有钱币上的文字和各种吉祥语。

绥靖

在《战国策·赵策四》中，有一段文字，被后代文选家称作《触詟说赵太后》，其中有这样一段文字：

左师公曰："父母之爱子，则为之计深远。媪之送燕后也，持其踵而为之泣，念（悲）其远也，亦哀之矣。已行，非弗思也，祭祀必祝之，（祝）曰：'必勿使反。'岂非计久长，有子孙相继为王也哉？"太后曰："然。"

踵就是脚后跟。"持其踵而为之泣"，通常的解说是赵太后拉着燕后的脚后跟哭泣，使其不能举步。这种解说让人莫名其妙，情急之下要拉扯即将远离家乡的女儿，拉哪个部位也比拉脚后跟顺手，为什么非要拉脚后跟？

按《礼记·曲礼上》记载："妇人不立乘。"古人乘车是站在车舆里的，叫作"立乘"，但"妇人不立乘"。汉刘向《列女传·齐孝孟姬》："公游于琅邪，华孟姬从车奔，姬堕车碎。孝公使驷马立车载姬以归。"王照圆补注："立车者，立乘之车。妇人不立乘。乘安车，……"燕后坐在车舆里，赵太后想要"持其踵"不容易也不符合其高贵的身份。那么踵应作何意？踵应为马车的一部分。《汉书·考工记》："五分其颈围，去一以为踵围。"郑玄注："踵，后承轸也。"故《战国纵横家书》注："踵，足踵。一说车踵，车后承轸木。"而《原注战国策》云："赵太后送燕后出嫁，手握嫁车横木而泣。"是符合现场情况的。这是一种解读。

还有一种解读。古代妇女上车，要凭几凳垫在脚下蹬车，第二个动作是跪在车辕和车棚之间的平板上，第三个动作是两腿并拢踅进车棚，而不是像男人那样两腿乱踢蹬钻进车棚完事。赵太后持其踵是在女儿上车的第二阶段也就是跪在车边的时候，足踵向上并且正好在赵太后的胸部位置，赵太后正好抓住燕后也就是女儿的脚跟，一是支撑哭咽中身体的不稳，二是阻止燕后踅入车棚再看不到女儿。因为乘车人进入车棚，驾驶员就要开车了。这是一个很生动的母亲送女儿出嫁的场面。

不管是"不立乘。乘安车"，还是双腿并拢踅入车棚，都要借助一个东西稳定身体，这就是"绥"，这绥就是安装在车棚上的粗绳吊环，和现在公交车上稳定乘客身体的拉环形状与功能相似。"不立乘"的目的，就是为了更好地拉紧绥；踅入车棚的过程也需要借助绥，这绥就是"乘安车"中那"安"的保障。从《诗·桓》"绥万邦"和《尚书·无逸》"嘉靖殷邦"开始，汉语词汇中逐渐形成了"绥靖"这个词。《汉书·王莽传上》："遂制礼作乐，有绥靖宗庙社稷之大勋。"《晋书·张轨传》："绥靖区域，又值中州兵乱，秦陇倒悬，……实思敛迹避贤。"苏轼："宰相之责，绥靖四方。"（《赐宰相吕公著乞罢免相位不允诏》）乃至清代夏燮："中外绥靖，不折一兵，不发一矢"（《中西纪事·粤民义师》）的梦想，先民对这"绥"附加的意绪之沉重，是很少有汉语词可与之比肩的。至于国民政府好古，把自己统治地区划分为绥靖区，并且在那里建立弹压民主的绥靖公署，那就连梦想都不是，大多数属于挂羊头卖狗肉罢了。

君子之泽，五世而斩

还是这触詟，在劝说赵太后派长安君做人质的时候，还有这样一段对话：

> 左师公曰："今三世以前，至于赵之为赵，赵主之子孙侯者，其继有在者乎？"曰："无有。"曰："微独赵，诸侯有在者乎？"曰："老妇不闻也。""此其近者祸及身，远者及其子孙。岂人主之子孙［侯者］则必不善哉？位尊而无功，奉厚而无劳，而挟重器多也。今媪尊长安君之位，而封之以膏腴之地，多予之重器，而不及令有功于国。一旦山陵崩，长安君何以自托于赵？老臣以媪为长安君计短也，故以为其爱不若燕后。"

触詟顺着赵太后欲使子孙永享富贵的心理，指出："今三世以前，至于赵之为赵，赵主之子孙侯者，其继有在者乎？"实际上是用实际例子印证了一个很重要的命题："君子之泽，五世而斩。"这个命题出自《孟子·离娄下》。触詟不但印证了孟子的理论，还提出一个更加惊人的现象："今三世以前，至于赵之为赵，赵主之子孙侯者，其继有在者乎？"注意赵太后的回答竟然是"无有"！至此不必再追究："微独赵，诸侯有在者乎？"曰："老妇不闻也。""此其近者祸及身，远者及其子孙……"之类的触目惊心，就说触詟和太后所在的赵国吧。赵太后和触詟的对话发生在赵国第八代君主赵孝成王元年，这还不算他们的远祖赵氏孤儿赵朔（当时也是侯爷呀）。所以这触詟的话可以提炼出"三世而斩"或者"八世而斩"，这里是触詟讽劝赵太后要做长远打算，但是不能就此演变出"四世而斩"的。后代的"皇恩四世""四世三公""四世同堂"都是这个命题变形之后的衍射。通常的理解是指君子的品行和家风经过几代人之后，就不复存在了；也指先辈积累的财富家产经过几代人就会败光了。一直流传到今天民间的所谓"富不过三代"，也是这个命题的草根版。

其实这个命题在孟子、触詟时代是一个很直观的社会现象。历来社会精英总是拿"万户侯"说事，说明"生当鼎食死封侯"（宋江语）的极致境界是封为万户侯。就算是万户侯吧，如果后代不争气，躺在祖宗功劳簿上吃老本不肯立新功，即便没有双规夺国取消封地，那逐步被瓜分的封地一代代世袭，也就是分割祖先的封地，富人妻妾多自然生孩子也多，就算一代生十个儿子，第五代就是40个人参与分割封地。到第五代就只能剩下"百户"封地，相当于一个亭长或者村长了。这种情况连"大夫"（封地为邑也就是县镇之类）都不及，哪里还谈得上"侯"！

三、断背猜想与皖南风姿

断背（Brokeback）是2007年8月由教育部公布的171个新词之一，出自李安的同性恋题材电影《断背山》，隐喻同性恋。中国古代把男子相互爱恋称为"断袖""龙阳""分桃"。

关于我国古代断背现象的记载，似乎是从《越人歌》开始：

> 今夕何夕兮，搴中洲流（一作搴舟中流）。今日何日兮，得与王子同舟。蒙羞被好兮，不訾诟耻。心几顽而不绝兮，知得王子。山有木兮木有枝，心说君兮君不知。

这首歌记载在刘向《说苑·善说篇》，是一个故事中的故事。楚大夫庄辛倾慕襄成君的美貌，提出了"把君之手"的非分要求，说明庄辛对襄成君有爱恋的欲望。被拒之后，庄辛就给襄成君讲了鄂君子皙与越人的故事。榜枻越人以歌求爱，子皙立即领会了其情意，并欣然接受了对方的求爱："于是鄂君子皙乃揄修袂，行而拥之，举绣被而覆之。"这样暧昧的动作，可以猜想他和越人之间发生的事情。讲完故事后，庄辛趁热打铁，进一步诱劝襄成君："鄂君子皙，亲楚王母弟也。官为令尹，爵为执圭，一榜枻越人犹得交欢尽意焉。今君何以逾于鄂君子皙，臣何以独不若榜枻之人，愿把君之手，其不可何也？"襄成君乃奉手而进之。如果仅是一首越人歌，我们可以把它当作一首单纯的爱情诗，如果考察鄂君子皙与越人、庄辛与襄成君的性别，似乎使人可以窥探男男相爱的两则趣事。于是有人认为这是中国较早歌颂同性爱情的诗篇。

关于断背，在礼教立国的华夏历史上也不是名不见经传的。汉代称以谄媚而得到宠幸的人叫佞幸，佞幸还指以男色事君的人。《史记·佞幸列传》中记载的邓通、赵同、李延年、韩嫣等人专以谄媚事主，就有解说者透露其为帝王同性恋人。不止汉代如此，先秦也有断背的记载，比如《战国策·魏策》中魏安釐王的男幸龙阳君，就是后代"龙阳之癖""龙阳之好"成语的典出之处；《韩非子·说难》称弥子瑕与卫灵公为分桃之好。《汉书·董贤传》记载董贤与汉哀帝有"断袖"之谊等，都是显例。就是庄辛，在《战国策·楚策四》中指责楚襄王的侈靡时，也透露了这样的信息：

> 君王左州侯，右夏侯，辇从鄢陵君与寿陵君，专淫逸侈靡，不顾国政，郢都必危矣。
>
> ……　……
>
> 君王之事因是以。左州侯，右夏侯，辇从鄢陵君与寿陵君，饭封禄之粟，而载方府之金，与之驰骋乎云梦之中，而不以天下国家为事，不知夫穰侯方受命乎秦王，填黾塞之内，而投己乎黾塞之外。

郢都失陷前后批评楚襄王的对话中，两次用同样的文字提到楚襄王的生活状态是"左州侯，右夏侯，辇从鄢陵君与寿陵君"，为什么这么耿耿于怀？首先，这四个人基本上不见经传，更谈不上什么功业可据，只有州侯，大概是楚宣王时名臣州侯（事迹可见《战国策·楚策一》）的后代，他这一代没有什么功业可以称道。他们成为楚襄王的"宠臣"虽然让人不服气，但也不至于书写得这样具体，并且被认为是楚襄王的丑行。而楚襄王也没有什么像样的辩解，郢都失陷之前不知利害，骂人气走庄辛而已；郢都失陷之后成为流亡政府的漂泊国君，也只不过吓得"颜色变作，身体战栗"。而没有一句辩白，也没有痛改前非的表示。也就是说，国君私生活的改变没有被《战国策》的书写人关注从而留取史册。不过有一点是明确的，这四位都是男性，在历代解说中没有异词。

在这里值得注意的有两点；一是在第二次也就是郢都失陷、政府流亡城阳时的对话中，庄辛是把楚襄王"左州侯，右夏侯"的生活方式，和蔡圣侯"左抱幼妾，右拥嬖女"相提并论的。而且同样是以左拥右抱的方式"驰骋乎某某（襄王是云梦，蔡圣侯是高蔡）之中"。先前破口骂人的楚襄王也没有说庄辛乘人之危无类比附，人家拥抱女人怎么拿来和我宠幸男人相比！有戏弄君主之罪。

二是那"辇从鄢陵君与寿陵君"。辇是会意字，从车，从两"夫"（男子）并行拉车。意思是用人拉或推的车。所以古人把"辇"一律解释成诸如"挽车也"（《说文》）"人挽行"（《周礼·乡师·注》）"人步挽车也"（《广韵》）"人挽车也"（《诗经·小雅·我任我辇·注》）之类，没有例外。最典型的是在《汉书·李广苏建传》中有"扶辇下除"的话，在下台阶的时候扶着这个"辇"，辇都能上下台阶，说明没有轱辘，简直就相当于后代的轿子了。辇特指君、后所乘的车是秦汉之后的事情，应该是秦汉之后才有人力拉的带轱辘的辇，人抬的辇开始称为轿子。

清代段玉裁《说文解字注》关于辇字的解说，其中引用的《司马法》佚文："夏后氏二十人而辇。殷十八人而辇。周十五人而辇。"如果是要用15—20人才能拉动的车，干吗不用马？如果说是抬辇，还说得过去。所以前面提到的赵太后"恃辇而行"（《战国策·赵策》）应该是坐当时叫作辇的轿子。

现在说"辇从"，通常解说为"同车的随从"恐怕就不合适了，应该是在最少十五人抬的大轿子里，坐着三个人：国君楚襄王、宠臣鄢陵君与寿陵君。三个男人坐在同一个轿子里，不是断背是什么！

当然这里庄辛的良苦用心，是针对襄王的淫逸侈靡、不思进取而进谏，以生动的譬喻说明强敌当前，必须励精图治；若贪图享乐，日与幸臣为伍，必将国破身亡。以引类譬喻，借动物、植物及生活中的事物为喻，达到说辩的目的。

应当指出的是，这段对话还衍生了"螳螂捕蝉""亡羊补牢"两个成语，也是值得关注的。

国学知识拓展（19）：

上古丧葬之礼相关词汇解读

死：古代等级森严，死者尊卑不同，对死的称谓也不同。《礼记·曲礼》："天子死曰崩，诸侯曰薨，大夫曰卒，士曰不禄，庶人曰死。"另外古人讳言死，并发明一些死的别称，如称"亡""殂""殒""没（殁）""逝"，或者称作"弃世""上仙""不讳""登遐""物故""上宾"，乃至称作"考终命""填沟墼"等等，古人一般都能因人而宜地使用这些别称。

殇：男未冠、女未笄而死称殇。"年十九至十六为长殇，十五至十二为中殇，十一至八岁为下殇。不满八岁以下，皆为无服之丧。"《仪礼·丧服》对于长殇、下殇，父母要为之持大功之服。对无服之殇，仅哭之而已。至于三个月以下的小儿，因还未起名，就连哭也不必了。

属纩：是古人测试死者是否断气的做法。据《仪礼·既夕礼》和《礼记·丧大记》的记载，人病危了，要给他脱掉内衣，换上新衣。四肢都有人扶着，以防手脚痉挛，然后"属纩以俟绝气"。属是放置的意思，纩指丝絮。丝絮很轻，用来放在弥留者的口鼻上，测看是否断气。如果不见丝絮摇动，说明病人死了，这时才可称"卒"。

复：即招魂。据《礼记·丧大记》载，古人初死，须有生者一人，持死者上衣，登屋顶，面向北喊死者的名字（妇女则称其字），连喊三次，再把死者的上衣卷起来投到屋下，由家人接着，覆盖到死者尸体上，这就叫"复"。

沐浴：古丧仪之一。沐是洗头，浴是洗身。《礼记·丧大记》和《礼记·士丧礼》都有关于沐浴的记载。

饭含：古丧仪之一。饭指在死者口中放入米、贝；含，又作"琀"，是在死者口中放入珠玉。

殓：古丧仪之一。《释名·释丧制》："殓者敛也，敛藏不复见也。"殓有小殓、大殓之分。小殓：谓以衣衾加于死者之尸。据《仪礼·士丧礼》和《礼记·丧大记》载，小殓的时间是在逝者死去的次日早晨，地点是在卧室门里。《书仪》载，大殓时孝子等要跳起脚来哭，叫踊。等尸体处理停当，还要抱着尸体跳起脚来哭。接着是尸体入棺，棺上加盖，都要痛哭一场。最后，在灵座前行祭奠礼后，大殓仪式才算结束。

殡停：柩待葬叫殡。周代制度，人死，殓尸于棺，在堂的西阶掘一坎地停柩，这就是孔子说的："周人殡于西阶之上，则犹宾之也。"

执绋：绋，亦作"綍"，指拉灵车的绳子。送葬的人拉灵车，叫执绋。《礼记·曲礼上》："助葬必执绋。"据《周礼·地官·遂人》及《礼记·丧大记·杂记》记载，天子之葬，用六根大绳挽车，叫六绋，执绋者据说有千人；诸侯四绋，五百人；大夫二绋，三百人。

挽歌：执绋者所唱的哀歌叫挽歌。上古无挽歌，《礼记·曲礼上》："适墓不歌，哭日不歌，送丧不由径，送葬不避途潦。临丧则必有哀色，执绋不笑。"最早的挽歌见于《左传·哀公十一年》："公孙夏命其徒歌《虞殡》。"杜预注："《虞殡》，送葬歌曲。"后来挽歌逐渐流行。

棺椁：藏尸之器叫棺（棺材），围棺之器叫椁（棺外的套棺），椁又作"櫕"。据《礼记·檀弓上》，虞舜时用瓦棺，夏代又烧砖砌在瓦棺四周，殷商才使用木制的棺椁。

明器：古代随葬的象征性器物，是用竹、木、陶土等制作的实物模型。《礼记·檀弓上》："其曰明器，神明之也。"即把死者当作神明来侍奉的。

坟墓：坟是埋葬死人筑起的土堆，墓是墓地，即埋葬死人的处所。《方言》卷十三："凡葬而无坟谓之墓。"坟和墓是有区别的。《礼记·檀弓上》："古也墓而不坟。"据说殷人的墓地上是不筑坟堆的。周代开始在墓上筑坟堆，但仅限于贵族阶层。《周礼·春官·冢人》载："以爵等为丘封之度，与其树数。"丘是王公之坟，封是诸臣之坟。坟堆的大小，植树的数目，取决于爵位的高低。这时不但有了坟，而且坟上要种树。

合葬：谓夫妇死后葬于同一墓穴。《礼记·檀弓上》："舜葬于苍梧之野，盖三妃未之从也。季武子曰：'周公盖祔'。"郑玄注："祔谓合葬，合葬自周公以来。"《诗·王风·大车》载："谷则异室，死则同穴。"孔颖达疏："夫之与妇，生则异室而居，死则同穴而葬。"

庐：孝子等人在居丧期间临时搭盖的住所，是至痛至哀的一种表示。《荀子·礼论》："齐衰、苴杖、居庐"，"所以为至痛饰也"。庐古称"倚庐"，即倚靠树木搭建的简陋草棚。《礼记·丧大记》："父母之丧，居倚庐，不涂（即不能涂上泥），寝苦枕，非丧事不言。"

尸：古指代表死者接受祭飨的人。《仪礼·士虞礼》："祝迎尸。"郑玄注："尸，主也。孝子之祭，不见亲之形象，心无所系，立尸而主意焉。"充当尸的人必须是孙辈，因为祖、孙与其昭穆相同。《礼记·曾子问》："尸必以孙，孙幼则使人抱之。"《祭统》："孙为王父尸，父北面而事之，所以明子事父之道。"

奠：丧祭称作奠，奠即停放。人死到下葬前的丧祭，尚未有正式的"主"或"尸"来接受祭飨，祭品都停放在地，故称为奠。《礼记·檀弓下》："奠以素器（朴素的器皿）。"孔颖达疏："奠谓始死至葬之时祭名，以其时无尸，奠置于地，故谓之奠也。"

七七：人死后隔七日为忌日，须祭奠一次，到七七四十九日止。这是佛教在我国流行后产生的一种风俗。

虞祭：父母葬后迎魂安于殡宫之祭称为虞祭。虞是安的意思，据说死者下葬后，骨肉归土，魂尚无所归，故行虞祭，使灵魂得安。虞祭要举行三次，第一次在下葬日举行，《礼记·檀弓下》："葬日虞，弗忍一日离也。"第二次在始虞后的第一个柔日举行。按天干记日法，乙丁己辛癸日为柔日。第三次虞祭于再虞后的第一个刚日举行，亦即于再虞的次日举行，因为"刚日阳也，阳取其动也"。

卒哭：祭名。卒，终止；哭指"无时之哭"。卒哭祭即终止无时之哭之祭。古代孝子从父母始死到殡，哭不绝声；殡后居庐中，念及父母即哭，称为无时之哭。卒哭祭后，改为朝夕各一哭，称"有时之哭"。卒哭祭举行于第三次虞祭后的一个刚日。古礼，士三月而葬，葬后接连举行三次虞祭，到卒哭祭，离始死约已百日。《仪礼·既夕礼》："三虞，卒哭。"

祔：祭名。《仪礼·既夕礼》："卒哭，明日以其班祔。"郑玄注："祔，卒哭之明日祭名。祔犹属也。"

小祥：父母死后一周年的祭礼。《仪礼·士虞礼》："期而小祥。"郑玄注："小祥，祭名。祥，吉也。"至小祥祭时，孝子除去丧服，换上吉服。

大祥：父或母死后两周年的祭礼。《仪礼·士虞礼》："期而小祥"，"又期而大祥"。据《礼记·间传》，卒哭祭后，孝子只能吃粗饭饮水，小祥祭后才可以吃蔬菜和水果，到大祥祭后饭食中才可以用酱醋等调味品。

禫：丧家除去丧服的祭礼。《仪礼·士虞礼·郑玄注》："禫，祭名也，与大祥间一月。自丧至此，凡二十七月。禫之言澹，澹然平安意出。"禫祭后，丧家生活归于正常。

第三节　诸子精神的定向误读

培根说："读史使人明智，读诗使人灵透……伦理使人庄重。"王国维在《人间词话》中提到读书的三种境界："昨夜西风凋碧树。独上高楼，望尽天涯路。"第二境界是"衣带渐宽终不悔，为伊消得人憔悴。"第三境界是"众里寻他千百度，蓦然回首，那人却在灯火阑珊处。"诸子散文本质上属于伦理范畴，但是其文学表述又总是诱发读书人的境界追求，因此他们的文章被人有意或无意地曲解，背离话语者本身的意图，是一个值得注意的现象。比如宋朝学者一厢情愿地把孟子的"性善"说成"性本善"，孟子接连使用了三个动态的"向"来做比喻，可见讲的不是"本善"，宋朝学者们这是多么大胆的误读啊。郭象的《庄子注》对《庄子》一书的思想有很大的继承，也有明显的差异，可以说是有意在误读《庄子》，借以表达自己的思想。以"逍遥观"为例，庄子追求的是"自由逍遥"，郭象追求的是"任性逍遥"。因所处的时代、社会地位差异，郭象的注解远离了庄子的本意。

一、《孟子》这样被误读

因有"至圣"孔子在前，孟子被称为"亚圣"。其实孔子与孟子生活的年代相差一百多年，思想在各自的时代都是独一无二的。但归为一个流派，就像梁山百八好汉一样总要排名位，在孔子之后，孟子总显得委屈。

《孟子》一书有七篇，后人将每一篇都分为上下部分，总共分为十四部分。傅佩荣《向善的孟子》说孟子有三大委屈，其一是被误为好辩，其二是仁政理想被视为空想，其三就是人性论被误解。两千多年来，谈到孟子的人性论，比如连居委会大妈都知道"相濡以沫"的意思，而忘记其后面还跟着"不如相忘于江湖"这条大尾巴。人们将孟子的性善论总结为《三字经》里的第一句话："人之初，性本善"。可孟子说的是"性善"，绝对不是"性本善"。孟子《告子上》是这样来说明的：

> 性犹湍水也，决诸东方则东流，决诸西方则西流。人性之无分于善不善也，犹水之无分于东西也。水信无分于东西。无分于上下乎？人性之善也，犹水之就下也。人无有不善，水无有不下。今夫水，搏而跃之，可使过颡；激而行之，可使在山。是岂水之性哉？其势则然也。人之可使为不善，其性亦犹是也。

据说，孟子学生告子口才好，喜欢和老师孟子辩论，认为人性就像一条流淌的河，东边开个缺口水就向东流，西边开个缺口水就向西流。就像人会受环境影响，近朱者赤，近墨者黑。人性没有善与不善之分，就像水没有向东向西的区别。人没有不向善的，就好像水没有不向下的。看书要整体看，要将"下"和"善"放在同一个位置，不要看到"人无有不善"就断章取义说人是没有不善的。为什么说是"向"？因为"下"不是水的"性"，是水的流"向"，人本性是"向善"。

孔子在《论语》中也提到人性："性相近也，习相远也"，后来变成"性相近，习相远"，即《三字经》的第二句。《三字经》里面有对有错，第二句话完全正确，第一句话"人之初，性本善"就有问题了。《论语》里的"性相近也，习相远也"，"习相远"的"习"和后天的环境以及养成的生活习惯有关，让人变得千差万别，有人行善，有人为恶。

将孟子的"性善"理解为"向善"，比"本善"更合理。人性向善，所以"性相近"。"本善"孔子没说过，孟子更没有说过，是宋代学者解释出来的。也有人说性善论和性恶论是华夏文化面临的选择，甚至有人说可以"向恶"，因为人性只是"向"善而已，恶也是可以选择的。为什么我们强调"向善"而不是"本善"和"本恶"呢？假设你今天早上起来不孝顺父母，破坏公共安全，心里是不是觉得不安、不忍？这证明人性向善。反之，你今天一天都不去杀人放火，作奸犯科，心里觉得不安、不忍，这是人性向恶。在一般情况下，我们的自省，往往来自前者。所以说，孟子的"向善论"被人曲解为"性本善"，是不合理的。

说到误读与曲解，不得说《孟子·告子上》中鱼和熊掌的关系。孟子原文是这么说的：

> 鱼，我所欲也，熊掌，亦我所欲也；二者不可得兼，舍鱼而取熊掌者也。生，亦我所欲也，义，亦我所欲也；二者不可得兼，舍生而取义者也。

像前面讲的相濡以沫的例子一样，鱼与熊掌不可兼得，往往认为是面对取舍时要学会选择。实际上孟子他老人家只在开篇说了这么一句，却被人念念不忘。后面的众多文字就被挡在眼皮外面了，可以说眼皮子浅对孟子也是不尊重的。这里应该是说"义"的价值高于生命，贤者在必要时应当"舍生取义"，而不苟且从事，即"生亦我所欲，所欲有甚于生者，故不为苟得也"。人喜欢活着，当我所喜欢的超过了生存，我也不会苟且偷生。人们追求比生命更宝贵的"义（向善）"，厌恶比死亡更可怕的"不义（向恶）"。最后说："所欲有甚于生者，所恶有甚于死者。非独贤者有是心也，人皆有之，贤者能勿丧耳。""向善"并不是贤人才具备，而是每个人的本性。不受嗟来之食，不能因贪图利益而丧失本性。

二、汪洋恣肆不是语无伦次

《庄子》，原文将近七万字，共三十三篇，分为内七篇，外十五篇，杂十一篇，仅存传世文本为晋代郭象所删定。一般认为，内篇是庄子思想的精华所在，如《逍遥游》《齐物论》《养生主》《人世间》《大宗师》等。关于庄子的生平事迹，史料记载极少，大约可以知道庄子家贫，曾做漆园吏，有妻有子，有好友施惠，不"为有国者所羁"而隐。庄子逍遥自由，爱游历，交游遍诸国。庄子的人生体验是"衣弊履穿""困窘织履"，为生活辛苦奔波。精神上他"独与天地精神往来"，打造了一个"无己、无功、无名"的世界。这是通说。其实其中有些描述是值得商榷的。

寓言是《庄子》最主要的表现方式，其文章的主干往往由一个个寓言组合起来。大量寓言的使用，使文章的结构看起来好像缺乏连续性，谋篇布局趋于散漫，因而显得内容杂乱随意，文字散乱重复，读起来语无伦次。实际上，庄子的许多篇章，尤其是内篇，古人并非如此评价，比如清代刘熙载如是说："文之神妙，莫过于能飞。庄子之言鹏曰'怒而飞'，今观其文，无端而来，无端而去，殆得'飞'之机者，乌知非鹏之学为周邪？"（《艺概》）用"无端而来，无端而去"来概括《庄子》的语言风格与写作技巧是再合适不过了。庄子智虑过人，才华谲奇，其文章看起来起落无端，想象奇特，其目的不只是为了说明主旨，也是为了展示其卓越不凡的见解及才华。

内篇是庄子的精华，我们以《逍遥游》为例，来说明《庄子》的汪洋恣肆不是语无伦次。

细读《逍遥游》，看似无端飞扬，实则脉络清晰：文章脉络是从有所待到无所待的渐进说理，可以分为四个极为分明的层次：一是小大之辩，小至蜩与学鸠，大至鹏不逍遥，皆在所待。二是逍遥的三种境界：无所待（无己）、待于风

（无功）、待于世（无名）。三是牵于世而无法逍遥游者，曾不若神人之尘垢秕糠。四是拙于大用。

《逍遥游》第一层次以"鲲化为鹏"的故事开篇：鲲、鹏是大者，"不知其几千里也"。大者，才能"抟扶摇而上者九万里"，飞得高才能看得远。这鸟和鱼都非常大，张开翅膀都像天边的云彩，突破自然本能的限制，进入一个高远不受控制的境界，近乎"游于无穷"，再到"视于无穷"乃至"知于无穷"。蜩与学鸠"抢榆枋而止，时则不至，而控于地而已矣"。受到自身小的限制，视野也受到地面的局限，不能到达鹏的境界。这就是大与小的区别。形体与空间的大小之别，影响到"小者其飞所至亦小，而大者其飞所至亦大"的认知。在"知"的方面，蜩与学鸠是"小知"，鹏是"大知"。"大小之辩"还包括"小年"与"大年"等："大年"制约着"小年"，"大知"与"小知"形成对比。"大知"的鹏突破了"小知"的局限达到逍遥，可以说逍遥游包含有消除或突破种种局限的意思，也有提升转化的暗示。人的生命本来有各种条件的限制，慢慢转化突破，达到无待，就可以真正逍遥。当然，蜩与学鸠没有突破，达到逍遥，大鹏有待，也未到逍遥。因为"风之积也不厚，则其负大翼也无力。故九万里，则风斯以之九万里而南"。鹏凭风而起，无风则无力。

第二层是关于逍遥游的三种境界。这一段位于文章中间，"至人无己，神人无功，圣人无名"是《逍遥游》的主旨，而第一句又是这三句的主旨。只有"无名"（无法称说，无以名状），才可无所待地游于无穷。

第三层是就举例"尧让天下于许由"证实"圣人无名"；举例"肩吾问于连叔"证实"神人无功"。神人超脱，不牵于世，是"道物之别"。

第四层以惠、庄论辩证实"拙于大用"，说明"以无用为大用"。惠施立足于世俗，以常人不能用者（大瓠、大椿）为"无用"，庄子超脱世俗、超脱现实，以"无用"之中发掘"大用"，突出"无"的重要性。

从"小大之辩"到"道物之别""拙于大用"，结束于"至人游于无何有之乡"，以无所待游于无穷之境。

此外《逍遥游》一文有许多广为人知的有趣寓言，如越俎代庖、跳梁小丑、不龟手之药等，还有一个民俗符号：腰舟。庄子云："今子有五石之瓠，何不虑以为大樽，而浮于江湖，而忧其瓠落无所容？"人以瓠系于腰间，用以渡水，谓"腰舟"。《晋书·蔡谟传》《鹖冠子·学问》均有腰舟的记载，曾是我国南方众多民族广泛使用的渡水工具，现只有海南黎族保留这一民间传统。

三、怎样读《劝学》

《荀子》32 篇，大多为说理散文，以《劝学》《儒效》《非十二子》《王制》《王霸》《富国》《强国》《天论》《性恶》《正名》等篇为代表，内容包括政治、经济、哲学、文学等各个方面，主要表现荀子外在之礼、主张性恶，重义不轻利，兼法后王、兼法霸道的集儒家之大成的主张。《荀子》的写作手法：一是辩说，二是譬喻，三是排比。

《劝学》作为《荀子》的开篇之作，论述学习的重要意义，劝导人们以正确的目的、态度和方法去学习。怎么样读《劝学》？

（一）理清文章脉络

《劝学篇》分为四部分：

第一部分是学习的意义，从开篇到"君子慎其所立乎？"四个段落，分别从后天修养的重要，学习可以提高生存品位、提高能力和增长才干、学习是安身立命之本四个方面展现学习的意义。

第二部分是学习的态度，"从积土成山"到"安有不闻者乎？"两个段落，分别从学习要专心致至、持之以恒、日积月累，学习要老实，要不怕别人不了解，要相信有内修才有内美两个方面表明学习的态度。

第三部分是学习的内容与培养目标。仅"学恶乎始？恶乎终？"一段。

第四部分是学习的方法，从"君子之学也"到"然后学者也"四个段落，分别从学习的目的正确、有能动性、教学互动，学习途径切磋师友、提纲挈领（以《礼》为纲领），因人施教，调动学习兴趣四个方面阐述学习的方法。

（二）辩说以明"性恶"

荀子主张"性恶"，《劝学》一开篇就云："君子曰：学不可以已。"这是本段的论点也是全文的论点。荀子主张性恶，人的天性在于耳目之欲，声色之好，从而出现争夺、杀伐、淫乱等，要以礼义进行教化方能形成道德观念。为学可以养成人后天的德行："故学数有终，若其义则不可须臾舍也。为之，人也；舍之，禽兽也。"荀子批判孟子的性善，认为首先人能够学习，不是因为人的本性善良才有兴趣于学习的，而是后天的学习积累才能改变性恶。学习以后：

及至其致好之也，目好之五色，耳好之五声，口好之五味，心利之有天下。是故权利不能倾也，群众不能移也，天下不能荡也……天见其明，地见其光，君子贵其全也。

人在权利欲望面前无邪念，权势面前不屈服，万物也不能动摇信念，这些都是与人的本性违背的。其次，学习是为了安身立命，使行为符合礼义规范。圣王制定礼义，不是出于善性，因为他的本性也是恶的，可贵之处在于后天的学习可以改变本性，"故隆礼，虽未明，法士也；不隆礼，虽察辩，散儒也"。经过辩说，荀子认为，后天的学习和改造，可以"使天见其明，地见其光"，君子的德行可以完美无缺。

（三）譬喻以明理

《劝学》是一篇说理性很强的文字，为何千百年来为人们传诵不衰？其原因在于《荀子》运用大量日常生活中的事物作为譬喻，语秀理清，浅显贴切、生动，易于理解。《劝学》譬喻种类很多，大致可以分为以下几种：

寓理于比。《劝学》开篇，连用"青，取之于蓝，而青于蓝""冰，水为之，而寒于水""楺以为轮""木受绳则直""金就砺则利"等五个比喻形象地进行说理。前两个"青"和"冰"是由"蓝"与"水"质变而来，论证后天学习对人的改造的道理。第三个"楺以为轮"的譬喻，说明后天的改造作用。最后两个论证得出"博学""修身"两个不同的结论，来回应"学不可以已"的道理。审理于喻，层层深入，丝丝入扣，连类比物，启迪思考。

对比设喻。《劝学》的譬喻，用正反议论形成对比的关系。如："南方有鸟焉，名曰蒙鸠，以羽为巢，而编之以发，系之苇苕……白沙在涅，与之俱黑。兰槐之根是为芷，其渐之滫，君子不近，庶人不服。"连用五个比喻从正反两方面反复论证。"蒙鸠"句是从反面设喻，指出它筑巢于苇苕的不幸是"巢非不完，所系者然也"。从正面设比"射干"，因其生长地势相宜，居高无危，"木茎非能长也，所立者然也"。后以"兰槐"设比，三者均说明选择不好的所凭之物带来的恶果，对比选择好的立足点带来的长处。正如"蓬生麻中""白沙在涅"的对比，也是意在说明前三个譬喻的道理，论证了"君子慎其所立乎"的结论。

"骐骥一跃，不能十步"一段连用八个比喻构成四组对比，以"骐骥"与"驽马""朽木"与"金石"作对比，形成"功在不舍""锲而舍之""锲而不舍"的结果，说明"不舍"（持之以恒）对于学习的推动作用。后又用"蚓"和"蟹"作对比，说明专心致志"用心一也"与"用心躁也"的不同结果。鲜明的对比，强烈的反衬，增强了说理的分量。

并列为喻。这也是《劝学》中最常见的设喻类型，各组比喻形成并列关系，两句成对，三句鼎足以至四句以上成排比。如"登高而招，臂非加长也，而见者远；顺风而呼，声非加疾也，而闻者彰"句中"登高而招"与"顺风而呼"、"假舆马"与"假舟楫"为两对同类事理并列，两对四句论证"善假于物"的结论。"行衢道者不至，事两君者不容"，"目不能两视而明，耳不能两听而聪"，"螣蛇无足而飞，鼫鼠五技而穷"六个喻体连用构成三组对句、三句鼎足的选材类型。这种连用同类事物的比喻，更强调了所证之理。

单独成喻。《劝学》中以多个事物作比说明道理非常普遍，但也有直接用喻词的。"譬之犹以指测河也，以戈舂黍也，以锥飧壶也，不可以得之矣。"喻词"犹"引出用手指测量河水，用戈舂黍米，用锥子吃葫芦的比喻，暗喻学习途径不对，学习就事倍功半。再如"若挈裘领，诎五指而顿之，顺者不可胜数也"句，喻词"若"引出五指提皮袍领子，这里的"挈裘领"暗喻《礼》。在荀子看来，"礼"就是"法"，是修身的规则，究圣人智慧，寻仁义根本，捷径就是习"礼"。

（四）排比句式

《劝学》开篇即用排比"青，取之于蓝，而青于蓝；冰，水为之，而寒于水"，有增强气势、和谐声韵的作用。再如："不登高山，不知天之高也；不临深溪，不知地之厚也；不闻先王之遗言，不知学问之大也。"运用"不……不……"句式，对称而又错落有致，朗朗上口，有音乐节奏美。

由于具备以上特点，《荀子》的哲理散文就好读了。

但是《荀子》也有被误读的地方。比如这《劝学》中，"以锥飧壶""强自取柱""柔自取束"等，在古注乃至今人的解读中误读很多。其中的"壶"指葫芦；"强"指木材中的硬木；"柔"指收割现场的充作绳索的半干谷物（小麦、水稻、谷子之类）的茎秆等，如果不从民俗民风方面介入，是很容易人云亦云的。

第六章

楚汉文化与跨界传承

汉王朝沿着秦朝大一统开辟的历史道路，形成并确立了以汉民族为主体的空前统一的多民族国家。于是整合多元文化就成为两汉难以推卸的使命。所以汉代才出现了大一统文化的形成。这种整合一方面表现为以儒道为主，融合百家之学，另一方面表现为南北文化的交流。在这种南北文化的交流中，成就最突出的部分就是楚汉文化的交融。

第一节　楚汉文化的交融

早在战国时代，蓬勃发展的楚民族和楚文化突破地域的限制，进入华夏民族及华夏文化的领域，两者得到完美整合。两汉文化的发展，特别是文学领域的发展，与先秦楚文学很有渊源。楚汉文化一脉相承离不开文化发展的自身规律，即内在动力："汉起于楚，刘邦、项羽的基本队伍的核心成员大都来自楚国地区。"① 楚汉文化的融合，在文学领域反映为对楚声的继承与古老宗教神话的延续。所以，汉文学一开始就具有浓厚的浪漫色彩。两汉文学一方面对现实社会进行肯定，一方面又神游于神仙世界中，许多作品表现出人神共游、人神极乐的幻想。

汉赋源自于楚辞，表现出楚汉文化的相承，更多的是对楚文化的吸收与包容。这种文化的吸收与选择中，汉人一方面以浪漫神奇的想象展演雄阔心胸与气势，另一方面将忧患意识从敬畏自然移情到鞭挞社会。

---

① 李泽厚. 美的历程［M］. 北京：中国社会科学出版社，1984：85.

一、赋体文学的多元整合

沿着先秦文学的发展道路，诗歌、辞赋、散文三大主要形式在汉代得到了创新与发展。

赋体文学是两汉文学的代表，追溯赋的本义，可在《尚书·禹贡》："厥土惟白壤，厥赋惟上上错"中探寻。传云："赋谓土地所生，以供天子。"疏云："赋者，税敛之名。"明确告诉我们，赋的本义是取、敛。在春秋时代，这个本义被广泛使用着。而周人在朝聘燕飨时往往引经据典，借用古诗表态，被称为"赋诗言志"，由此，赋有了"诵读"的意思。关于赋，还有一个说法："诗有六义，其二曰赋。赋者，铺也。铺采摛文，托物写志也。"这里的赋就是铺陈之意。从聚敛到诵读，再到后来经由"六义之赋"，赋一举登上大雅之堂，也让人联想到赋与《诗经》的关系。

当然，以赋名篇，始于荀子。其《赋篇》分别咏礼、智、云、蚕、箴，是后来咏物赋的开端。《赋篇》的出现，标志着赋这种文体的确立。而赋体文学有多种文化源头，它沿着先秦诗（《诗》《骚》）文（诸子散文及纵横家说辞）多方位整合，成为韵、散融合，具有浓郁汉代文化形态的独特文学形式。

首先说汉赋与《诗经》的关系。作为一种文体，《诗经》是赋的重要来源之一。比如，汉赋从《诗经》中继承了语言形式。《诗经》的句式以二拍四言为主，汉赋中大量使用这种句式。汉赋中的四言赋从西汉初年到东汉末年始终存在。贾谊的《鹏鸟赋》写于西汉初年，蔡邕《青衣赋》是东汉末年的作品。可以说，刘安《屏风赋》、扬雄《逐贫赋》、赵壹《穷鸟赋》等作品，贯穿在两汉四百多年的历史中，可见四言句式对汉赋的影响。比如：

> 蒹葭/苍苍，白露/为霜。所谓/伊人，在水/一方。——《蒹葭》
>
> 氓之/蚩蚩，抱布/贸丝。匪来/贸丝，来即/我谋。——《氓》

这是《诗经》中的四言，结构整齐，韵律和谐。再看看《穷鸟赋》与《青衣赋》的句式：

> 飞丸/缴矢，交集/于我。思飞/不得，欲鸣/不可。——赵壹《穷

鸟赋》

　　金生/沙砾，珠出/蚌泥。叹兹/窈窕，生于/卑微。——蔡邕《青
衣赋》

　　从以上例证可以看出，汉四言赋继承了《诗经》四言句式。四言句式还被
用于散体赋中。如《上林赋》：

　　东西/南北，驰骛/往来，出乎/椒丘之阙，行乎/洲淤之浦。

　　可见，散体赋的部分句式运用了《诗经》的典型句式。在语言形式上，汉
赋不仅是对句式的吸收，还继承了押韵与对偶。就押韵来说，前举《蒹葭》
《氓》就是好例子。汉赋中的押韵，从《诗经》得到发展，越来越齐整精密，
有向格律化发展的趋势。如《东京赋》中的一段就是这样：

　　文德既昭，武节是宣。三农之隙，曜威中原。岁惟仲冬，大阅西
园。虞人掌焉，先期戒事。悉率百禽，鸠诸灵囿。兽之所同，是谓告
备。乃御小戎，抚轻轩。中畋四牡，既佶且闲。戈矛若林，牙旗缤纷。
迄上林，结徒营。次和树表，司铎授钲。坐作进退，节以军声。三令
五申，示戮斩牲。陈师鞠旅，教达禁成。

　　这里的押韵整齐讲究，已由早期的换韵自由，发展到了按一定规律编排。
而对偶更不用说了，汉赋有意讲究对偶，在句式上注重声律、色彩的严密搭配，
后来的《章台赋》《鹦鹉赋》有了更大的发展，走向骈赋。

　　还有吸收美、刺的意识。《诗经》作为中国文学的源头之一，其美、刺功能
已成为文学的传统，被后来的各种文学形式吸收。汉赋作为距《诗经》不远的
文学形式，或颂扬或讽谏、甚至揭露抨击，在吸收发扬的过程中形成了一些倾
向性的规律，比如四言、骚体以讽谏为主，散体赋以颂扬为主等等。

　　其次是诸子散文及纵横家说辞与汉赋的关系。诸子散文在形式上的特点之
一就是以问答方式组织文章，表现讽谏观点。《孟子》一书中的《梁惠王》《公
孙丑》《告子》等就有这一形式。《梁惠王》采用一问一答的形式，提出问题引

出论题，再用回答的方式阐明观点。《墨子》一书也基本上运用这种形式谋篇布局。而汉赋在布局结构上，引用"主客问答"的方式，串连内容、阐明态度。如《子虚赋》《上林赋》以子虚、乌有、无是公三人讲述齐、楚与天子畋猎的状况，表明他们的"明君臣之义，正诸侯之礼"的态度。这与诸子中《孟子》《庄子》《墨子》的谋篇布局结构相同。而汉赋中《长杨》《羽猎》《两都》《二京》等都是主宾问答方式贯穿全文、组织结构的。二是诸子散文及纵横家说辞运用繁辞华句、多方铺陈表现内容。如《孟子·梁惠王》为提出仁政思想，以设问答的形式从轻暖、肥甘、声音、色彩等几个方面加以论说，批评齐王的霸政思想。而《战国策·秦策》中苏秦以华丽辞藻大量铺陈秦国东南西北四方丰富的物产，以游说秦王达到连横的目的。这种运用华美辞句多方铺陈的方式表明目的的写法，可以说是汉赋的特色。如《七发》中对宫室、声色、饮食、田猎等七事相连的层层展开，是汉赋的进步。而《子虚赋》《上林赋》《两都》《二京》对山川物产的大量铺陈，可以说提汉赋的代表。而辞藻的繁复成为它们的共同特点。如《子虚赋》：

> 其土则丹青赭垩，雌黄白坩，锡碧金银。众色炫耀，照烂龙鳞。其石则赤玉玫瑰，琳珉昆吾，瑊玏玄厉，碝石碔砆。其东则有蕙圃，衡兰芷若，芎藭菖蒲，江蓠蘼芜，诸柘巴苴。其南侧有平原广泽，登降陁靡，案衍坛曼。缘似大江，限以巫山。其高燥则生葴菥苞荔，薛莎青薠。其埤湿则生藏莨蒹葭，东蘠雕胡。莲藕觚卢，菴闾轩芋。

将华美繁缛、怪异重沓、同旁乃至偏旁累积的字（从上引文中的玉字旁、草字头等可见）堆砌起来，可以说是汉赋的特点，也是受人诟病（字林之讥）的地方。

汉代文化受到楚文化的影响，所以汉赋中也存在大量摹拟楚辞形式的作品。这种作品最初以《离骚》的句式表现感情。汉赋家从形式方面对楚辞的模仿，主要表现在句式选择、词语运用、段落安排上。如贾谊的《吊屈原赋》《鵩鸟赋》，司马相如的《长门赋》，司马迁的《悲士不遇赋》，严忌的《哀时命》，东方朔的《七谏》，王褒的《九怀》等是代表之作。试举几例：

一是介词"于""乎"的运用。楚辞中广泛存在这种句式，而汉赋中与楚辞同例的不少。如：

> 江离弃于穷巷兮，蕲藜蔓乎东厢。
> 王不察其长利兮，卒见弃乎原野。——《七谏》
> 庆忌囚于阱室兮，陈不占战而赴围。
> 韩信蒙于介胄兮，行夫将而攻城。——《九叹》

二是连词的使用。而、之、以之后连动词、形容词是楚辞中的特征，而汉赋中有很多这样的摹仿之作。

> 贤士穷而隐处兮，廉方正而不容。
> 子胥谏而靡躯兮，比干忠而剖心。——《七谏》
> 三苗之徒以放逐兮，伊皋之伦以充庐。
> 今反表以为里兮，颠裳以为衣。——《九叹》
> 浮云兮容与，道余兮何之？——《九怀》
> 始结言于庙堂兮，信中涂而叛之。
> 怀兰蕙与衡芷兮，行中野而散之。——《九叹》

以上例证可以看出汉赋对楚辞的摹仿，从形态上来说非常相似，但要指出的是，这种形似往往被评论家说成是神不相通。朱熹曾说："《七谏》《九怀》《九叹》《九思》，虽为骚体，其词气平缓，意不深切，若无所疾痛而强为呻吟者。"（朱熹《楚辞集注·楚辞辩证上》）汉赋模仿楚辞，被朱熹说成是无病呻吟。不过我们现在说的不是汉赋是否得到楚辞抒情的真传，而是说汉赋在形式上如何受到楚文化的影响。无论如何，汉赋作家们在作品中表现出来的奇幻想象和夸张，还是值得肯定的。

赋体文学在形式上继承先秦诗（《诗》《骚》）文（诸子散文及纵横家说辞）的特点，形成了韵、散融合，具有浓郁汉代文化形态的独特文学形式。

二、从名不副实到全盛

以赋名篇，始于荀子。而宋玉的作品在后世被称为赋，如《神女赋》《高唐赋》等，可以说是对司马迁"皆好辞而以赋见称"的一种解读。与所有文学形式发展一样，赋体文学的发展也经历了从名不副实到全盛的过程。

从传承屈宋体制到荀子命名。西汉前期，自高祖、惠帝、吕后、文帝至景帝，历时六十多年是汉赋的肇始期。由于社会处于休养生息的阶段，还没有产生"铺采擒文"大赋的土壤，这个时期赋体文学在创作上，大体沿续着楚辞的余绪，以骚体赋为主流。汉初之赋，据《汉书·艺文志》著录有八家，即陆贾、朱建、赵幽王刘友、贾谊、庄忌、枚乘、淮南王刘安以及未具名的淮南门下群臣宾客，作品共一百七十二篇。其中陆贾、朱建、刘友、刘安等人的作品已全部亡佚，余下四家之作虽也不全，但毕竟尚可窥豹一斑。

这个时期的代表作是贾谊的《吊屈原赋》《鹏鸟赋》及枚乘《七发》。这些早期的汉赋，如果从汉大赋君臣（主宾）问答、多方铺陈、分类排比、繁辞华句、恢宏扬厉等特点来衡量，还是名不副实的。但其里程碑作用不可磨灭。

枚乘的《七发》对于汉赋的发展起了重大作用。这篇赋假设楚太子有病，吴客前去探望，通过互相问答，分别描述音乐、饮食、乘车、游宴、田猎、观涛等六件事的乐趣，以及"天下要言之妙道"，构成七大段文字。吴客认为楚太子的病因在于"久耽安乐，日夜无极"，非药石可医，只能"以要言妙道说而去也"，使其改变贪恋佚乐的情志，才可医治。最后向太子引见"方术之士"，"论天下之精微，理万物之是非"，太子据几而起，霍然而愈。《七发》在文章结构上进一步发展了"假设对问"的方式，对汉赋"述主客以首引"的组织方式的形成有直接的奠基作用。在选材与内容上，开始将重点引入叙事中，对事物有了完整的表述。在六事中，以观潮最为完整精彩。从潮水的形态、动作、气势、声威各方面将潮水写成一支声势浩大的军阵。充分发挥想象力，从"水力之所到"写到"涛形"。写"涛形"的雄奇奔放，气象阔大，从"其始起也"写起，写"其少进也"，"其被涌而云乱"，"其旁作而奔起也"，"观其两傍"等等，有一种激动人心的力量。这种博大的气势与雄奇物象，展现了一种崇高壮美的追求。《七发》所述前几事"至美""至骏""靡丽皓侈广博""至壮"的特征，如"龙门之桐"的形状、"景夷之台"的形势——"南望荆山，北望汝海，左江右湖，其乐无有……"，也无不显示出雄奇、阔大的特征。吴客以崇高壮美的事物来开拓楚太子的胸襟，"阳气见于眉宇之间，浸淫而上，几满大宅"，激发了其对崇高的向往。这种对壮美崇高的追求，切合汉人的精神。《七发》确立的壮美崇高的审美意识，正是汉赋表现出的审美趣味，奠定了汉赋在审美上的追求。汉赋"以大为美"，带领赋体文学进入全盛的作家作品中展现的博大雄奇、壮丽开阔的气势，都与《七发》有着联系。由《七发》奠定的汉赋审美特点及艺术追求，引导着汉赋由成熟走向定型。

从武帝开始，赋体文学进入全盛时期，代表作是司马相如的《上林赋》《子虚赋》、扬雄的《甘泉赋》《羽猎赋》等。在武、昭、宣、元、成时代，赋体文学形成作家群。大量名家名作传世，是赋体文学全盛的标志。除扬、马外，淮南小山《招隐士》、东方朔《答客难》、司马迁《悲士不遇赋》、董仲舒《士不遇》等都是赋篇名作。

自从扬雄将赋体文学标为"壮夫不为"后，赋体文学的创作进入一个尴尬境地，这种体裁一度成为表现心路历程的悄悄话，作为玩物寄志、私人日志的载体。如冯衍《显志》、傅毅《舞赋》、班彪《北征》等。这种低潮只是一时的，在杜笃《论都赋》的启发下，班固和张衡将汉赋推上第二个高峰，《二京赋》和《两都赋》两套大赋的创制，开创了京都赋的体制。

在东汉时期，咏物、抒情成为了赋体文学的主流。代表作有蔡邕《述行赋》、王延寿《梦赋》、赵壹《刺世疾邪赋》等。汉末建安时期开始，抒情、咏物赋独占赋体文学的局面改变，出现了赋体文学的散化。这个时期曹植、曹丕是代表。语言注重骈骊化，逐步向骈体文过渡，最终赋体文学被骈文代替。

三、怎样读汉赋

汉代在中国历史上是第一次在经济、政治、思想文化上取得空前发展的时代，疆土扩大、民族文化交流活跃，这些都极大地影响着人们的精神生活。汉赋中表现的崇高壮美的审美追求及展现帝国气象的恢宏，就是时代的缩影。汉赋通过对各种场面巨大、内容丰富的活动的详尽描述，展现外部现实世界的繁盛。《子虚》《上林》《长杨》《羽猎》《二京》《两都》赋中，宫室、器物、园林、田猎、歌舞、朝会等活动，日常生活场景都被夸张地展现出来。司马相如完成了汉大赋的定型，在汉赋的发展史上是一个极其重要的人物。纵观其生平，影响其人生道路及事业发展的有五人：

一是梁孝王。梁园文学团体文人学子众多，司马相如加入梁园创作群后受其文学氛围的影响，文学创作能力得到迅速提高，在此期间创作出《子虚赋》。

二是妻子卓文君。梁孝王卒，梁园宾客解体。司马相如在回蜀期间结识首富卓王孙之女卓文君并与之结合，富足的生活一直延续到末年。因家有余财，之后司马相如不重官职，常称疾闲居，以著书自乐。

三是同乡杨得意。汉武帝偶读《子虚赋》以"独不得与此人同时"为恨，经过狗监（主管猎犬）蜀人杨得意的介绍，召来司马相如。

四是汉武帝。汉武帝因偶读《子虚赋》并以为好，召见后赐给相如笔札，任相如为郎。武帝的重视并未将司马相如"俳倡畜之"，而是委以重任令其出使西南夷，相如借此建功立业名垂青史。司马相如作品一直贯穿着强烈的社会责任感与讽谏精神，与此不无关系。

五是陈皇后阿娇。司马相如以受冷遇妃嫔口吻写成的楚辞体《长门赋》备受历代文学家称赞。相传人物原型为陈皇后阿娇，这篇赋幽怨深婉，隽永独特，首次将宫怨题材写入文学作品中，是历代宫怨作品的鼻祖。

司马相如的《子虚赋》《上林赋》虚构子虚、乌有先生、亡是公三人，子虚夸耀楚之云梦泽广大、楚王田猎场面浩大，乌有先生否定子虚说法，夸耀齐国的广大，最后由亡是公否定齐楚二国的行为，提出"明君臣之义，正诸侯之礼"的问题，并夸大天子上林苑的丰博与田猎的巨大声势，最后提出节俭作为结尾。两文写作相隔十年之久，但从文章脉络上联系完整。

从描绘内容和描绘手法上看，汉赋极力铺排，营造有时空感的整体事物。《子虚赋》写云梦之山，用了"盘纡弗郁，隆崇嵂崒。岑崟参差，日月蔽亏。交错纠纷，上干青云"24个字，而后的《上林赋》尊崇颂美天子，写天子之山用了"崇山矗矗，巃嵷崔巍……肸蚃布写，晻薆咇苾"64个字，可见其铺排辞藻之匠心独运。

用字造词怪异、重沓，同偏旁字堆砌连绵也是汉赋一大特色，后世人讥刺为"字书""字林""字窟"。虽说历代讥刺有加，但难以抹灭其审美特点。比如在《子虚赋》中写马：

　　阳子骖乘，孅阿为御。案节未舒，即陵狡兽。蹴蛩蛩，辚距虚。轶野马，轊陶駼，乘遗风，射游骐……

以上加点的字，均为马属，共六种。又如《上林赋》写天子狩猎盛况：

生貔豹，搏豺狼，手熊黑，足墅羊，蒙鹖苏，绔白虎，被班文，
跨墅马，凌三峻之危，下碛历之坻。径峻赴险，越壑厉水。椎蜚廉，
弄獬豸，格虾蛤，铤猛氏，羂騕裹，射封豕。箭不苟害，解脰陷脑，
弓不虚发，应声而倒。

以上加点的字都是狩猎动作，竟然写了十四种之多。这种现象在汉赋中普
遍存在，《子虚赋》《上林赋》铺陈树木、水草、禽鸟、水兽名称都超过十种以
上。以同偏旁字堆砌连绵，不怪乎被讥为字书了。

司马迁说："相如以'子虚'，虚言也，为楚称。'乌有先生'者，乌有此
事也，为齐难。'亡是公'者，无是人也，明天子之义。故空借此三人为辞，以
推天子诸侯之苑囿，其卒章归之于节俭，因以风谏。"（《史记·司马相如列
传》）经谐音空托不存在的三人，构想盛世蓝图，从对田猎的态度，引导天子对
社稷、对人民所负责任，以达到讽谏的目的。本来是《子虚》《上林》两赋的
主旨，却归结于谐音之妙，这应当算是内容形式的完美统一吧。

解读汉赋还要了解其中隐含的文化因子。如我国最早洁齿的记载，就出自
于这《上林赋》：

若夫青琴、宓妃之徒，绝殊离俗，妖冶娴都，靓妆刻饰，便嬛绰
约，柔桡嫚嫚，妩媚孅弱。曳独茧之褕绁，眇阎易以恤削，便姗嫳屑，
与俗殊服，芬芳沤郁，酷烈淑郁；皓齿粲烂，宜笑的皪。

青琴、宓妃之流的美女，脱俗高雅。面施粉黛、以胶刷鬓，体态轻盈，苗
条多姿；穿上逶迤轻柔的衣裳，佩戴鲜花芳香深厚，精心清洗过的牙齿鲜明洁
白，微露含笑，光洁动人。这里虽没有直接写出佩戴芳草及洁齿的动作，从前
面施粉梳发的动作联系下来，就可知道，如果没有精心清洁，又怎会有洁白的
牙齿呢？

其实这个问题的答案在其前的姊妹篇《子虚赋》中：

于是郑女曼姬，被阿锡，揄纻缟，杂纤罗，垂雾縠。襞积褰绉，

纤徐委曲，郁桡谿谷。袷袷裶裶，扬袘戍削，蜚襳垂髾，扶舆〔1〕猗靡〔2〕，噏呷〔3〕萃蔡〔4〕。下摩兰蕙，上拂羽盖；错翡翠之葳蕤，缪绕玉绥。眇眇忽忽，若神仙之仿佛。

郑国漂亮的姑娘，肤色细嫩的美女，披着细缯细布制成的上衣，穿着麻布和白娟制做的裙子，装点着纤细的罗绮，身上垂挂着轻雾般的柔纱。裙幅褶绉重叠，纹理细密，线条婉曲多姿，好似深幽的溪谷。美女们穿着修长的衣服，裙幅飘扬，裙缘整齐美观；衣上的飘带，随风飞舞，燕尾形的衣端垂挂身间。体态婀娜多姿，走路时衣裙相磨，发出噏呷萃蔡的响声。飘动的衣裙饰带，摩磨着下边的兰花蕙草，拂拭着上面的羽饰车盖。头发上杂缀着翡翠的羽毛，颌下缠绕着用玉装饰的帽缨。隐约缥缈，恍恍忽忽，就像神仙般若有若无。

请注意，在上面的译文当中，只有"噏呷萃蔡"这个词我们没有翻译，照抄过来了。引文关于这个词，历来被解说为衣服摩擦发出的响声。其实前面一句所谓的"扶舆猗靡"翻译成"体态婀娜多姿，走路时衣裙相磨"也是值得商榷的。我们在本节末的"国学知识拓展"中讲解。

这里我们要说的是，这是我国关于洁齿的最早记载。《子虚赋》《上林赋》之前无"皓齿"之说，而后《嵇康·酒会诗》才有"朱唇皓齿"的说法，说明华夏民族已经审美审到牙齿了。之后柳永《思归乐》"皓齿善歌长袖舞，渐引入醉乡深处"词句的出现，标志着雪白的牙齿已成为美丽洁净的审美标志。

国学知识拓展（20）：

〔1〕扶舆

通说是和"扶於""扶与"等相通，是扶摇的意思，用现代汉语说就是旋转、盘旋升腾的样子，但是所引用的典籍都是汉代之后的。像《淮南子·修务训》、汉王褒《九怀·昭世》，刘文典认为其中的"扶於""扶与"就是"扶舆"。把扶舆与"扶於""扶与"直接联系起来的时代，最早不过魏晋南北朝（郭璞、裴骃等），真正凿实扶舆"旋转""盘旋升腾"义项的，则是中唐之后的韩愈（之后有刘伯温）等人。

其实从《韩诗外传》（茅父之为医也……诸扶舆而来者皆平复如故。）《后汉书·宋均传》（均自扶舆诣阙谢恩。）《三国志·魏志·管宁传》（又年疾日侵，……不任扶舆进路以塞元责。）等典籍对扶舆的使用看，就无法解释为旋转、盘旋升腾了：茅父医术高明，来就医的人来时要靠在车上，经过他治疗之后都可以自由行走了；宋（宗）均不管皇家给他什么好处，都要扶着车子（坐车来不如扶着车子恭敬，所扶车子是准备回家时才坐的）亲自到宫中来谢恩；管宁身上疾病一天天加重，就连靠在车子上来当面接受批评的力气都没有了。这扶舆就是靠着或扶着车子而已。

这是否特殊现象呢？

清代王先谦在注解古籍时曾引用沉钦韩的话说："扶舆盖汉晋人常言。"这记载是有根据的，前面汉代人常言扶舆已见括号中的引文，再看看《晋书》中记载的晋人：《山涛传》"遂扶舆还洛"，《刘寔传》"遂自扶舆冒险而至"，《皇甫谧传》"扶舆就道"等等，都不能用旋转盘旋解说：回洛阳（山涛）、冒险到哪里去（刘寔）、上路开始出发（皇甫谧），都用不着旋转、盘旋升腾。也就是说只能解说为扶着或靠着车子。司马相如是汉人，所以他在《子虚赋》当中说的"扶舆"不应当是旋转、盘旋。这种推论是有古籍作为佐证的。看看下面这些说法：

《易经·困卦》："困于金舆（后来的版本干脆写成"车"字）。"《周礼·考工记》："舆人为车。"《老子》："虽有舟舆，无所乘之。"《孟子》："今乘舆已驾矣。"《说文》："车中受物之处。舆，车舆也。"《潜夫论》："木材…曲者宜为轮，直者宜为舆。"《左传·僖公十一年》："敬礼之舆也。"（古注：谓其载礼以行也）《襄公二十四年》："令名德之舆也。"《昭公四年》："舆人纳之。"《战国策·秦策》："百人舆瓢而趋。"《蔡邕·独断》："天子所御车马、衣服、器械、百物曰乘舆。"《后汉书·舆服志》："上古圣人观转蓬始为轮，轮行不可载，因物生智，复为之舆。"

这些先秦两汉文献中的"舆"，一个也不能解释为旋转、盘旋，只能作"车子"一种解说。所以这扶舆，只能解说为靠着或扶着车子。而初唐张铣在《文选五臣注》中注释《子虚赋》的时候明确说："言美人等披丽服，扶楚王之舆，倚靡相随貌。"张铣是对的。

〔2〕猗靡

通常的解说是"随风飘拂""婀娜""缠绵"等样子。枚乘在《七发》中有"从容猗靡"与"芬郁"对称；曹植《洛神赋》"扬轻袿之猗靡"与"延伫"互映；《汉书·外戚传》："的容与以猗靡兮，缥姚虖愈庄"和容与、缥姚并列；

晋成公绥《啸赋》"藉皋兰之猗靡"与"婵娟"对举。到了阮籍《咏怀》、李白《感遇》等，就单独使用不需要对举相近词汇，说明"猗靡"在魏晋之后成为常用词，不需要附着在类似词汇后面帮助人想象其姿容了。

在语法学上，猗靡（yī mí）属于叠韵联绵字，这种务虚词在开始流行时往往需要相似词的陪衬，才不至于产生误解，这是一种有趣的汉语演变现象，属于国学知识中的语言学常识。

〔3〕噏呷

南北朝裴骃在集解《史记·司马相如列传》"扶舆猗靡，噏呷萃蔡"这句话时，引用了东汉应劭《汉书音义》中的一个解说："噏呷，衣裳张起也；萃蔡，衣声也。"这个解释影响非常广泛，以至于几乎成为"噏呷"的定解。其实在语法学上，噏呷（xī xiá）属于双声联绵字，在古汉语中联绵字中的词素有时候是有意义的，组合之后还与词素原来的意义有牵连，比如"犹豫"就是两种多疑的动物，它们在决定有所动作之前总是拿不定主意，所以就有了现在"犹豫"这个意思。噏呷也是这样。这也是一种有趣的汉语演变现象，属于国学知识中的语言学常识。下面分别讲一讲"噏"和"呷"：

噏，有两个意思，一个是"吸"的意思，一个是"歙"即收敛的意思。《老子·河上公本》有"将欲噏之，必固张之。"《汉书·扬雄传（甘泉赋）》："噏青云之流瑕（霞）兮，饮若木之露英。"都是收缩、吸气的意思。《说文》没有噏字，但是它的"口"字旁历来和"欠"字旁相通，"噏"就是"歙"，这个"歙"在《说文》中就明确解读为"缩鼻也"。就是收缩鼻孔吸气的意思。

呷，常用的也有两个意思，一个是小口儿地喝，一个是笑声或者鸭子的叫声。这都是元代之后的用法，不过在意义上和古代比没有太大的变化。比如关汉卿《鲁斋郎》："采樵人鼓掌呷呷笑。"袁宏道《满井游记》："呷浪之鳞。"《水浒传》："呷了几口汤汁。"都是吸收、收敛之义，和《子虚赋》的古注"（衣裳）张起之貌"靠不上。

这样，噏呷就是缩缩鼻子咂咂嘴，是有滋有味咀嚼什么东西的样子。

〔4〕萃蔡

前面说过，裴骃在集解《史记·司马相如列传》"扶舆猗靡，噏呷萃蔡"时引用东汉应劭《汉书音义》的解释："萃蔡，衣声也。"那意思是衣服摆动的声音。西晋的郭璞在注释这句话时引东汉张揖的说法是："萃蔡，衣声也。"则干脆说"萃蔡"是象声词，意即衣服摩擦声。于是苏辙在《答孔平仲惠蕉布》诗中说："应知浣濯衣稜败，少助晨趋萃蔡声。"

其实"萃"的本义是草丛生、草茂盛的样子。《说文》说是"草貌"。《博雅》说："苦萃，款冬也。"是说萃是一种草，别名"款冬"。这种说法可以追溯到我国现存最早的字书《尔雅·释山》："未及上翠微（原文：山脊，冈，未及上翠微）。"《尔雅》的古注说："谓未及顶上，在旁陂陀之处，名翠微。一说山气青缥色，故曰翠微。"用现在的话说，《尔雅》解说"冈"，就是山脊，还没有到达山顶翠微处。值得注意的是，《尔雅》的下一个词条就是"冢"：

　　山顶，冢。崒者，厜㕒。（厜，子规切；㕒音危。）古注："崒者，谓山颠之末，其峰□岩厜㕒然者也。"

意思是说山顶就是冢，也叫作"崒"，"崒"是山顶岩石"厜（zuì）厂（wēi，即崔巍）"的样子。《诗经·小雅·十月之交》有"百川沸腾，山冢崒崩。高岸为谷，深谷为陵"的诗句，可惜让清代王引之《经义述闻·卷六》说成是："崒当读为猝。猝，急也，暴也。言山顶猝然崩坏也。"成为误解流传。按照《尔雅》古注的解说，这"厜厂"就是后代常用的"崔巍"也就是"翠微"，即"山气青缥色"。李白《赠秋浦柳少府》诗："摇笔望白云，开帘当翠微。"毛泽东《答友人》："九嶷山上白云飞，帝子乘风下翠微。"用的都是这个意思。

蔡，除了古代国名、姓氏、占卜用的大龟、动词杀（引申为减少）等意思之外，能和《子虚赋》靠谱的只有一个"野草"的意义了。刘向《九怀》："菁蔡兮踊跃，孔鹤兮回翔"，旧注都说蔡是大龟，唯有宋人卓识，注为"草莽也"。《说文》："草也。"西晋左思《魏都赋》："蔡莽螫刺，昆虫毒噬。"南朝梁顾野王《玉篇》："草芥也。"说明蔡是一种草。左思在文学作品中描写魏都的荒凉，干脆不说草莽而说"蔡莽"，看来魏晋这个意义已经普及了。

这里有必要说一说清代的文字学名著《说文段注》中对"蔡"的解说：

草丰也。丰读若介。丰字本无，今补。四篇曰：丰，草蔡也。此曰：蔡，草丰也。是为转注。草生之散乱也。丰蔡叠韵。……则蔡当为草名。

段玉裁是说"蔡"就是草的名字。丰是草蔡、蔡是草丰。丰读音 jiè，是野草的古称。《说文》："丰，草蔡也。象草生之散乱也。"《说文段注》引用《说文》草部的"蔡，草丰也"进一步解说为："叠韵互训。……凡言草芥，皆丰之假借也。芥行而丰废矣。"《孟子·离娄下》有："君之视臣如土芥。"东汉赵岐注为："芥，草芥也。"《左传·哀公元年》："以民为土芥。"杜预也作了同样的解说。扬雄《方言》解释得更详细："苏芥草也。江淮南楚之间曰苏；自关而西或曰草，或曰芥；南楚江湘之间谓之莽。"

应当指出的是，甲骨文没有蔡字，金文的蔡属于象形文字，那文字的图案就是一株草。后人（篆文开始）把草的根部演绎成祭祀的"祭"，说明这种草是用来祭祀的一种香草。刘向是一个通晓上古文化的大学问家，他"蓍蔡"连称，应该是认为上古人们往往在祭祀现场（用蔡）求神问卜（用蓍草），因为这时占卜神灵刚受到享祀心情不错，所以容易得到护佑显示吉兆。

说到这里，我们把《子虚赋》中的"扶舆猗靡，噏呷萃蔡"解说为："美女（其实是跟随楚王狩猎的女兵）们累得扶着车子摇摇晃晃袅袅娜娜，嘴里还有滋有味地嚼着洁齿去口臭的翠绿香草"，应该是没有问题了。这女兵们咀嚼的洁齿草就是汉代的"口香糖"。

第二节　两汉乐府诗与文人诗的文化符号

汉代诗歌，最有思想价值和艺术品位的，公认是乐府诗歌及文人五言诗。

所谓"乐府"，原指国家设立的诗、乐、舞三者结合的音乐机构。两汉乐府诗歌指由朝廷乐府系统或具有乐府职能的音乐管理机构收集、保存、流传下来的汉代诗歌。现存乐府诗歌的作者，从帝王贵族到平民阶层都有。《汉书·艺文志》记载："自孝立乐府而采歌谣，于有越、代之讴，秦、楚之风，皆感于哀乐，缘事而发，亦可观民风、知薄厚云。"乐府诗歌的创作者有感而发，针对性强，表现的也大多为民众普遍关注的问题，其内容主要有：一是反映社会生活的全景，二是爱情与婚姻的价值。

与乐府诗歌相比，汉代的文人诗就有点相形见绌了。在文人五言诗成熟之前，汉文人创作的多是庙堂诗歌与楚歌诗、四言诗与杂言诗。汉乐府民歌五言颇多，对文人五言诗乃至七言的产生都有极大影响。文人五言诗的产生，大约在东汉。相传西汉枚乘、李陵、苏武等人的五言诗作均不可信。东汉文人五言诗与作家习作乐府歌谣有很大关系。如辛延年的《羽林郎》脱胎于《陌上桑》，宋子侯《董娇娆》模仿民歌要带上文人及时行乐的思想。文人五言诗成熟的标志是《古诗十九首》，内容是游子、思妇之歌，抒发的是羁旅情怀与思妇闺愁。

总之，乐府诗歌及文人五言诗多表现的是社会生活及男女爱情。

一、爱情价值

爱情、婚姻与家庭问题是两性生活的永恒主题，也是最贴近民众生活的题材。在汉代乐府诗歌及文人五言诗中有大胆的爱情誓言，也有痴心女子对负心汉的决绝，有再婚妇女的新生活等，情感浓烈。

（一）爱情的坚守与失落——痴心女子负心汉

在汉代，男女交往还比较自由，青年男女爱情受约束尚不十分严重，所以在表达男女之间的爱与恨上显得大胆泼辣、直截了当。

《上邪》是铙歌十八首之一，是女子坚信爱情的自誓之词：

> 上邪！我欲与君相知，长命无绝衰。山无陵，江水为竭，冬雷震震，夏雨雪，天地合，乃敢与君绝！

诗中女子发誓与心上人要永远相爱不离不弃。连用五个不可能发生的自然现象，表白自己对爱情的坚定不移。王先谦《汉铙歌释文笺证》说："五者皆必无之事，则我之不能绝君明矣。"气势连贯，情感热烈，内心情感如江水奔腾，不可阻挡。随着情绪的起伏，形成长短不齐的句式，不加雕琢，形成自然的文风，这是因情成文最可贵之处。

虽然汉乐府诗中写的女子对情人的爱非常热烈，但是，一旦发现对方有二心，就会由爱转恨，直接表露对男子的厌恶，并果断分手。铙歌的另一首《有

《所思》就是表现未婚女子对负心汉由爱到恨的转化过程：

> 有所思，乃在大海南。何用问遗君，双珠玳瑁簪。用玉绍缭之。闻君有他心，拉杂摧烧之。摧烧之，当风扬其灰！从今以往，勿复相思，相思与君绝！鸡鸣狗吠，兄嫂当知之。妃呼狶！秋风肃肃晨风飔，东方须臾高知之！

女子思念远在大海南的情人，准备了珍贵的礼物要送与对方，当听说男子移情他人，就果断地烧掉礼物，"拉杂摧烧之……当风扬其灰"，从此以后绝不相交。女子爱得热烈，情感真挚，也痛得透彻，选择断绝关系是痛苦的，同时也能义无反顾。正如郑文在《汉诗选笺》中说："写女子欲与情人断绝，但忆及当初情会，又难断绝，故云待天晓再作决定。因情况之为同，表内心之变化，喜怒似乎无常，所思之人，固不因喜怒而去怀也。既细腻，又深刻；既真挚，又热烈。如闻其声，如见其人，而运以散文，弥觉亲切。"这是乐府"缘事而发"的直抒胸臆，不为文造情或骋藻而饰情，这是汉乐府诗歌的语言特点之一。

后代有不少名为《有所思》的诗作：南北朝萧衍诗《有所思》是思妇的闺怨之作；南北朝沈约诗《有所思》是军旅男子思乡之作；唐杨炯诗《有所思》是独处空闺少妇思念远征边塞的丈夫之作；同名的还有卢仝的《有所思》及央视版《笑傲江湖》主题曲。以《有所思》为题，多写男女情爱事，表达的都是绵远的爱情与思念，与汉乐府的情感表达真挚泼辣有所不同。而毛泽东七律诗《有所思》却是一首政治诗，表现对"文革"的思考。这都是借《有所思》之篇名的引申之作了。

庄述祖《汉铙歌句解》说："《上邪》与《有所思》当为一篇……叙男女情爱之言。"认为《上邪》与《有所思》系男女问答之词，从情感表达上看，两者有相似之处。但《上邪》是女子的自誓之词，与《有所思》所表达的断绝之意不符。

（二）情感在两性关系中的地位

汉乐府诗歌在关注痴心女子负心汉的感情问题外，还涉及了男女两性关系中的实质问题，即情感在两性关系中的地位。这思想虽然略显高深新潮，但作品中却用了直接描述的表现手法。比如《陌上桑》的秦罗敷被称为"好女"，首先是描写她的美丽动人：

> 行者见罗敷，下担捋髭须。少年见罗敷，脱帽著帩头。耕者忘其
> 犁，锄者忘其锄。来归相怨怒，但坐观罗敷。

通过描写"行者"假装歇息，放担凝视、忘情捋须；"少年"脱帽理巾，欲逗引罗敷，欲赚得蟓首蛾眉回首一顾；在桑林旁的"耕""锄"者乃至忘了劳作，侧面烘托罗敷的"好"。

其次是描写罗敷维护爱情与家庭的正气。与"行者、少年、耕者、锄者"对罗敷的具有喜剧色彩的尊重的欣赏旁观不一样，使君的"宁可共载不？"是带有掠夺性质的贪欲，挑逗性的骚扰并且目的丑陋。罗敷回绝："使君一何愚！使君自有妇，罗敷自有夫。"表现出的是对婚姻缔结的尊重和忠贞爱情的坚守。她不慕权势，不畏强暴，拒绝了使君的调戏，充分切合了社会的价值观。

最后是描写罗敷为什么拒绝使君挑逗：

> 东方千余骑，夫婿居上头。何用识夫婿？白马从骊驹；青丝系马
> 尾，黄金络马头；腰中鹿卢剑，可值千万余。十五府小吏，二十朝大
> 夫，三十侍中郎，四十专城居。为人洁白皙，鬑鬑颇有须。盈盈公府
> 步，冉冉府中趋。坐中数千人，皆言夫婿殊。

那花花太守和罗敷的夫君（或者理想中的白马王子）相比，官太小、人太老，总之一句话，没感觉！这是妇女自我意识觉醒的林中响箭、喷薄曙光！在这津津乐道、不惜笔墨的描写面前，无良太守的灰头土脸已经跃然纸上了。

辛延年的《羽林郎》则写的是当垆胡姬拒绝了一位权贵豪奴调戏的故事：

> 昔有霍家奴，姓冯名子都。依倚将军势，调笑酒家胡。胡姬年十
> 五，春日独当垆。长裙连理带，广袖合欢襦。头上蓝田玉，耳后大秦
> 珠。两鬟何窈窕，一世良所无。一鬟五百万，两鬟千万余。不意金吾
> 子，娉婷过我庐。银鞍何煜爚，翠盖空踟蹰。就我求清酒，丝绳提玉
> 壶。就我求珍肴，金盘脍鲤鱼。贻我青铜镜，结我红罗裙。不惜红罗

裂，何论轻贱躯。男儿爱后妇，女子重前夫。人生有新故，贵贱不相
逾。多谢金吾子，私爱徒区区。

和《陌上桑》的罗敷相比，作为外来打工妹的胡姬身份地位不同，言行举
止也不同。她既不是罗敷那样的贵族妇女（官宦妻子或未婚妻，居住在叫作
"秦氏楼"的别墅级别房子里），也不像市井女子遇上豪门恶奴，反抗的言行举
止张扬激烈。面对豪奴的垂涎和调戏，胡姬反而不急不躁，虽然拒绝得义正辞
严，但话语还不失婉转："男儿爱后妇，女子重前夫。人生有新故，贵贱不相
逾。"用夫妇情感和贵贱隔膜表明自己忠于自己情感的立场。

《陌上桑》与《羽林郎》中冲突的男女双方素不相识，毫无感情基础，男
方企图依靠权势将自己的意愿强加于女方。于是，出现了秦罗敷巧对使君、胡
姬软硬兼施回绝羽林郎的场面，表明了情感在两性关系中的重要地位。

（三）失婚女性的新生活

在婚姻生活方面，另一个类型就是妇女再婚。汉代妇女再婚并不是贬值的
事。比如汉文帝之母薄姬、汉武帝之母王姬都是再嫁。《史记·魏其武安列传》
记录汉武帝之母王姬的母亲平原君臧儿则是寡妇再嫁：

> 武安侯田蚡者，孝景后同母弟也，生长陵。魏其已为大将军后，
> 方盛，蚡为诸郎，未贵，往来侍酒魏其，跪起如子姓。及孝景晚节，
> 蚡益贵幸，为太中大夫。蚡辩有口，学《盘盂》诸书，王太后贤之。
> 孝景崩，即日太子立，称制，所镇抚多有田蚡宾客计策，蚡弟田胜，
> 皆以太后弟，孝景后三年封蚡为武安侯，胜为周阳侯。

臧儿先嫁给王仲为妻，生儿子王信，长女王娡，次女王兒姁。王仲死后，
臧儿改嫁长陵田氏，生儿子：田蚡、田胜。武帝立为太子，其母王娡自然成为
太后，所以王娡的异父同母弟弟、武帝的亲舅舅田蚡、田胜自然贵幸。就是王
娡本人，也是以有夫之妇的身份嫁给汉景帝的。在汉代，女子再嫁三嫁，亦是
不绝于书。汉武帝的姐姐平阳公主初嫁平阳侯曹时，曹死后再嫁大将军卫青；
汉宣帝的女儿敬武公主初嫁富平侯张临，再嫁临平侯赵钦，赵钦死后，又嫁给
高阳侯薛宣。这些可以说是金枝玉叶不愁嫁。据称，嫁人次数最多者大约是宰

相陈平的妻子，嫁给陈平已经是她的第五次婚姻。看来，在汉代，离婚妇女或寡妇再嫁是再平常不过的事了。

再如世人熟知的《孔雀东南飞》，那刘兰芝虽然与焦仲卿相爱，却被其婆母无故遣还。刘兰芝阿姆反应强烈，"大拊掌"痛陈：

> 不图子自归！十三教汝织，十四能裁衣，十五弹箜篌，十六知礼
> 仪，十七遣汝嫁，谓言无誓违。汝今何罪过，不迎而自归？

由阿姆的话可知，刘兰芝受过良好教育，相貌、才华、品德兼备，是一个不应被遣还的精妙人物。所幸在那个时代，离婚并不意味着女性贬值："还家十余日，县令遣媒来。云有第三郎，窈窕世无双。年始十八九，便言多令才。"求婚遭拒后，求婚者越发多起来，"媒人去数日，寻遣丞请还"，"直说太守家，有此令郎君，既欲结大义，故遣来贵门"。先是县长公子，后是太守令郎，真像刘兄所说的那样："先嫁得府吏，后嫁得郎君，否泰如天地，足以荣汝身。"可见刘兰芝作为一个失婚妇女，行情还是很好的。求婚者心情也十分迫切，并不以刘兰芝为二婚而有什么顾虑犹豫。刘兰芝自遣回家拒婚到备嫁，说明当时社会意识中没有再嫁低人一等的观念，二嫁三嫁妇女婚后的生活也不会受到影响。

同样是离婚妇女，《上山采蘼芜》写的是弃妇和故夫的重逢：

> 上山采蘼芜，下山逢故夫。长跪问故夫，新人复何如？新人虽言
> 好，未若故人姝。颜色类相似，手爪不相如。新人从门入，故人从阁
> 去。新人工织缣，故人工织素。织缣日一匹，织素五丈余。将缣来比
> 素，新人不如故。

这里未知两人离异是男子负心还是像《孔雀东南飞》那样迫于外界压力不得不分开，经过故夫的一番表白，可知"新人不如故"的原因有两条：一是"未若故人姝"，不如旧人相貌出众；二是"新人工织缣，故人工织素。织缣日一匹，织素五丈余"，生产力不如旧人。经过新人旧人的对比，从故夫表露出后悔的心情看，汉代妇女劳动创造的价值还是家庭经济的重要补充。也许正因为如此，才形成了勤劳、善良、美丽的劳动妇女再嫁不是难事的社会环境。

二、社会生活

汉代在中国历史上是第一次经济、政治、思想文化方面取得空前发展的时代，疆土扩大，民族文化交流活跃。经过汉初七十年的休养生息，经济出现了空前的繁荣，也出现了豪强势力。汉代疆土扩张，打通了中国与中亚、南亚、西亚的通道，文化、经济、人文交流密切，外来人口增加。在这样的背景下，汉乐府诗歌与文人五言诗也呈现出独特的内容。

（一）土豪、贵妇、外来妹

汉乐府诗歌的作者深入社会生活的各个层面，因此社会上的贫富不均、苦乐两异的阶级矛盾，在诗中得到了比较充分的反映。如相和歌辞《平陵东》：

> 平陵东，松柏桐，不知何人劫义公。劫义公，在高堂下，交钱百万两走马。两走马，亦诚难，顾见追吏心中恻。心中恻，血出漉，归告我家卖黄犊。

这诗写的是土豪官吏敲诈良民，使无辜百姓倾家荡产的事件。土豪官吏和绑票的勾结，向良民敲诈勒索财物。诗以写实风格，通过"义公"被劫持、被勒索、被逼卖黄犊几个细节，从社会生活的侧面反映了劳动人民的悲惨遭遇。从民俗学上来讲，绑票的所有因素已经具备：劫持人质，索要赎金。

土豪形象在社会生活中还以其他方式出现，但总离不开强取豪夺的性质。《陌上桑》中的罗敷不慕权势，不畏强暴，严拒使君的调戏。一个带有掠夺性质的丑陋土豪形象展现在我们面前。而对秦罗敷来说，诗中用正面描写、侧面烘托的方式将其描绘成一个不仅行为举止、面容体态美丽，而且具有美德的形象。如："头上倭堕髻，耳中明月珠。缃绮为下裙，紫绮为上襦。"罗敷盛装出场，美丽的穿戴对于一个采桑女来说是夸张的。而从侧面描写以喜剧的形式将罗敷的美展现出来，这个形象就已经不是简单的采桑女了，甚至可以说描写的是一个贵妇形象，因为罗敷的丈夫人品和气度非凡。全诗的主旨在于对秦罗敷的赞美，一个不可侵犯的贵妇形象生动鲜明。为什么一个贵妇会以一个采桑女的身份出场呢？《诗经·大雅·瞻昂》有"妇无公事休其蚕织"的诗句，养蚕缫织是妇女因为没有"公事"而从事的主要工作。《谷梁传》记载齐国桓公十四年：

"王后亲蚕，以共祭服。"为表现统治者对蚕桑生产的重视，在育蚕的季节里，王后率领一批贵妇们举行典礼，用一定的仪式去喂蚕。可以说，蚕桑不只是民间妇女的劳动方式，贵族妇女甚至王后也要以蚕桑显示自己的女人身份特征。

《羽林郎》写的是当垆胡姬拒绝了一位权贵土豪调戏的故事。一些西北少数民族和西域的商人，来到中原经营饮食业，将"胡食"传入内地。从《羽林郎》的内容看，胡人酒店不仅卖酒，且兼营下酒菜肴，还有年十五的外来妹（胡姬）当酒娘，对于酒客来说是何等的幸事。可以想象：金发碧眼、玉手红唇的当垆酒娘，引得多少人围观。而从酒文化来说，酒娘如同酒旗、匾对一样，成了酒家不可缺少的民俗文化特征。古有卓文君当垆、司马相如弹琴的美事。现代推销美酒的也基本都是美女，历史由来已久。

（二）美女在哪

进入东汉后，文人诗歌创作以五言替代四言，成为新的诗歌样式，同时七言诗的雏形也开始出现。张衡目睹东汉朝政日坏，天下凋敝，自己空有济世之志，却忧惧群小用逸，不能以其才能报效君主，因而郁郁，遂作《四愁诗》以泄情怀。张衡的《四愁诗》有离骚遗韵，又初步具备了七言的形式，是后代七言的先声。《四愁诗》发出美女在哪的呼唤，四处寻找美女而不得：

> 我所思兮在太山，欲往从之梁父艰，侧身东望涕沾翰。美人赠我金错刀，何以报之英琼瑶。路远莫致倚逍遥，何为怀忧心烦劳。
>
> 我所思兮在桂林。欲往从之湘水深，侧身南望涕沾襟。美人赠我琴琅玕，何以报之双玉盘。路远莫致倚惆怅，何为怀忧心烦伤。
>
> 我所思兮在汉阳。欲往从之陇阪长，侧身西望涕沾裳。美人赠我貂襜褕，何以报之明月珠。路远莫致倚踟蹰，何为怀忧心烦纡。
>
> 我所思兮在雁门。欲往从之雪雰雰，侧身北望涕沾巾。美人赠我锦绣段，何以报之青玉案。路远莫致倚增叹，何为怀忧心烦惋。

全诗有四部分，分别从东、南、西、北四个方向依次展开。美女赠他金错刀、翠琅玕、貂襜褕、锦绣段，诗人想回报以英琼瑶、双玉盘、明月珠、青玉案，可惜山高路远，水深天寒，难以到达美女之所在，心中"忧心烦惋"。.

诗人的"所思"为什么在太山、桂林、汉阳、雁门四个地方呢？应该是这四个地方的美女最著名。泰山也就是山东出美女，著名影星主持人一大把；桂林山水甲天下，妩媚山水间至今美女成群；汉阳是湘妹子的产地；雁门淑丽是北方美女的代表，别忘了出过武则天、杨玉环。

《四愁诗》的写法精妙，除第一章外，其他三章都以"所思、欲往、涕泪、相赠、伤情"的顺序来写。后代有很多拟作，如晋傅玄、鲁迅等，也都不逊于张衡，属于上乘之作。比如鲁迅《我的失恋》讽刺当时盛行的失恋诗，也是对张衡《四愁诗》的创造性翻写。求爱者分别拿四样东西送给爱人：猫头鹰、冰糖葫芦、发汗药、赤练蛇，庸常而无厘头，初看似乎是为了打油诗的夸张效果而信口胡扯，却没有想到：猫头鹰是鲁迅所钟爱的，常用鹰的相关意象作笔名。冰糖葫芦是鲁迅爱吃的，发汗药是鲁迅生病时常用的，赤练蛇是鲁迅爱看的。鲁迅在《影的告别》里说："你还想我的赠品。我能献你甚么？无已，则仍是黑暗和虚空而已。"爱的人赠的都是美好的礼物，诗人自愧，只能送给对方自己喜欢的东西，以表自己的心。但并不能表示诗人觉醒爱情的力量，只能是在现实和生活的压迫下，发出了"由她去罢"的感叹。如此精妙的隐藏，不能不说是青年读者之福。

（三）汉代钱塘潮与健康生活观念

东汉末枚乘《七发》开始将描写引入叙事中，在诗作中对事物有了完整的表述。以观潮最为完整精彩：

> 似神而非者三：疾雷闻百里；江水逆流，海水上潮；山出云内，日夜不止。衍溢漂疾，波涌而涛起。其始起也，洪淋淋焉，若白鹭之下翔。其少进也，浩浩溰溰，如素车白马帷盖之张。其波涌而云乱，扰扰焉如三军之腾装。其旁作而奔起者，飘飘焉如轻车之勒兵。六驾蛟龙，附从太白，纯驰皓蜺，前后络绎。颙颙昂昂，椐椐彊彊，莘莘将将。壁垒重坚，沓杂似军行。訇隐匈礚，轧盘涌裔，原不可当。观其两旁，则滂渤怫郁，闇漠感突，上击下律，有似勇壮之卒，突怒而无畏。蹈壁冲津，穷曲随隈，逾岸出追。遇者死，当者坏。

作者充分发挥想象力，从潮水的形态、动作、气势、声威各方面，将潮水写成一支声势浩大的军阵，形成一种激荡人心的力量。这种博大的气势与雄奇物象，展现了一种崇高壮美的追求。观赏钱塘秋潮，从汉代开始，经魏晋南北朝逐渐形成风气。相传农历八月十八日，是潮神的生日，故潮峰最高。苏轼诗云："八月十八潮，壮观天下无。"

《七发》中吴客指出，楚太子的病是"纵耳目之欲，恣支体之安"的结果。所以在陈述贵族阶层腐化享乐生活带来的害处时，吴客这样概括：

> 且夫出舆入辇，命曰蹷痿之机；洞房清宫，命曰寒热之媒；皓齿蛾眉，命曰伐性之斧；甘脆肥脓，命曰腐肠之药。

这是《七发》中吴客劝谏太子的养生之言。出入乘车，是麻痹瘫痪的兆头；幽深的住宅、清凉的宫室是伤寒和中暑的媒介；贪恋女色、沉溺情欲是摧残性命的利斧；甜食脆物、肥肉烈酒是腐烂肠子的毒药。这里就涉及汉代的健康生活观念了。

汉代的健康生活观念有几个方面：

一是和。中和是中国传统哲学的一个核心范畴，对于中国文化有非常深远的影响，也同样为历代医家及养生家所推崇。如董仲舒就说："能以中和养其身者，其寿极命。"即阴阳平衡是健康的基础。

二是动。比如汉代创制了《五禽戏》。根据不同动物的活动特点，把虎、鹿、熊、猿、鸟五种禽兽中一些具有代表性的动作，按锻炼身体的要求编排起来，形成动作互相衔接的五套健身术。

三是度。平衡的关键是把握"度"，即把握事物发展变化以及自身因应变化的最佳程度，不要"过"和"不及"。"夫寝处不时，饮食不节，佚劳过度者，疾共杀之。"这里所说的时、节、度，都是限度、程度的意思。

第三节　《史记》三题

司马迁撰《史记》，首创纪传体例，以十二本记、十表、八书、三十世家、七十列传统览历史事件和历史人物，构成一个整体。《史记》代表了中国古代历史散文的最高成就，鲁迅称其为"史家之绝唱，无韵之离骚"。谓之"绝唱"

可概指其实录与批判精神。关于实录，《汉书·司马迁传》记载当时学者都是这样称许《史记》及其作者的："皆称迁有良史之材，服其善序事理，辨而不华，质而不俚，其文直，其事核，不虚美，不隐恶，故谓之实录。"

《史记》记录的史料真实性和叙事的科学性经得起考验，而实录更注重的是"不虚美，不隐恶"，史有才、学、识三才，这三才之外，无史胆是不能做到善恶尽书的。司马迁修史意在"究天人之际，通古今之变，成一家之言"。为了达到这个目的，其在分析、处理史料过程中，始终贯穿着自己的价值判断与取向，寄托社会、人生理想，才、学、识、胆在其身上得到高度统一，故实录与批判共存于《史记》中。本节就刘邦自我神化被恶搞、恐怖分子为什么成为英雄、残酷的楚汉战争三个小论题对《史记》进行再认识。

一、刘邦自我神化被恶搞

对汉朝的开国皇帝刘邦，司马迁分别在《高祖本纪》《吕太后本纪》及其他一些有关人物的传记里描写了他的形象。对于由平民崛起成为帝王的刘邦，司马迁肯定他平定天下的功绩，对于刘邦善于用人、遇事能够博采众议、集思广益等正面特质，同样是肯定的。但是也不忌讳写他好酒贪色、圆滑无赖的市井流氓习气，更写他背信弃义、自私冷酷的本质。

纵观《史记》帝王纪传，《高祖本纪》是最具神话色彩的。司马迁极言汉高祖刘邦生而不凡，比如说"（高祖）常从王媪、武负贳酒，醉卧，武负、王媪见其上常有龙"；相面的说他"贵不可言"；当他醉中斩蛇后，又有老妇夜哭，说是"吾子，白帝子也，化为蛇，当道，今为赤帝子斩之"；更说高祖隐于山石之间，吕后总能找到他，言之曰："季所居上常有云气，故从往常得季。"因此沛中子弟多闻而附之。凡此种种，好像司马迁真信了刘邦是真龙天子。同样在《史记》中还细致描绘了刘邦母亲受孕的场景："刘媪尝息大泽之陂，梦与神遇。是时雷电晦冥，太公往视，则见有蛟龙于其上。已而有身，遂产高祖。"

另外，司马迁通过更多细微的生活琐事描写，揭露刘邦的为人。《本纪》里，被神化为天子的刘邦和他的凡人父亲言语间戏谑调侃，怎么看也不算是给以孝治天下的汉王朝做了好榜样。高祖为泗水亭长时，"廷中吏无所不狎侮，好酒及色"；沛令设宴，高祖往贺，"乃欺为谒曰：'贺万钱'，实不持一钱"；在与项羽争霸的过程中，当他落荒而逃时甚至不惜丢弃亲生儿女；父亲将被烹杀时，他还嬉皮笑脸地说："必欲烹尔翁，则幸分我一杯羹。"在这些细琐的描写中，刘邦的流氓无赖形象与神化附会的真龙天子形象形成强烈反差。司马迁隐藏于文本的讽刺批判意义更为突出。韩兆琦先生说，正像陈涉起兵为了"先威众"而用篝火狐鸣的伎俩那样，刘邦如法炮制自托以神灵附其身，而愚弄天下。"问题是刘邦和陈涉不同，陈涉骗人只骗了六个月就兵败身死了；刘邦是威加海内，夺了天下的。他的骗人不仅是骗了过去的八年，而是还要继续，甚至还幻想'万岁万万岁'地骗下去。这种文字藏之于金匮石室，这种神话已播扬得四海皆知，作为后世的一个六百石小史官的司马迁，明知其捏造，又能怎么办呢？但是他有意地把这些离奇的神话和刘邦其他的那些庸俗卑劣的行径，和他阴刻丑恶的灵魂放在一起，于是就使人觉得刘邦这个人很滑稽，其效果就不是神化，而是把他漫画化了。""貌似真实的神话描写，在这里一下子变成了揶揄和嘲弄，九重天上的真龙天子原来就是这路货。"① 正如韩先生所言，《史记》神化刘邦又恶搞刘邦，是为揭示刘邦神话的荒悖而采用的一种特殊手法。

通过梳理《史记》文本，我们可以发现这位被恶搞的"真龙天子"形象竟是如此不堪：在《高祖本纪》里，刘邦少年时代是个"不事家人生产作业"的闲汉；做亭长后成为"好酒及色"的大流氓。服役咸阳，始见秦始皇，用流氓口吻："嗟乎，大丈夫当如此也！"对富贵者抱着羡慕之情，三尺长的涎水直流。刘邦称帝后，并未收敛流氓本色，为报他父亲当年骂过他不事生产之仇，当着群臣的面挖苦其父亲说："始大人常以臣无赖，不能治产业，不如仲力。今某之业所就孰与仲多？"当时"殿上群臣皆呼万岁，大笑为乐"。这种无聊小气的做法是地地道道的流氓无赖习气的表现。

在其他一些人物传记里，司马迁大胆地指出了"汉兴，高祖至暴抗也"（《佞幸列传》），意在写其背信弃义、自私冷酷的本质。《萧相国世家》里，天下初定，大封功臣，萧何为侯，功臣不服。"高帝曰：'诸君知猎乎？夫猎，追杀兽兔者狗也，而发踪指示兽处者人也。今诸君徒能走兽耳，功狗也。至于萧何，发踪指示，功人也。且诸君独以身承受我，多者两三人。今萧何举宗数十人皆随我，功不可忘也。'群臣皆莫敢言。"及至韩信被杀，发出"狡兔尽、走狗烹；飞鸟尽、良弓藏；敌国破、谋臣亡"的感叹，萧何自危。他一直受刘邦

---

① 韩兆琦等. 史记通论〔M〕. 北京：北京师范大学出版社，1994：84.

猜忌，才不得不以家财佐军，强买民田以示不敢"自媚于民"，即使这样，仍不免为刘邦所疑忌，而被囚于廷尉。

在《张丞相列传》里，写周昌："尝燕时入奏事，高帝方拥戚姬，昌还走，高帝逐得，骑周昌项，问曰：'我何如主也？'昌仰曰：'陛下即桀纣之主也。'于是上笑之。'"刘邦当着满朝大臣的面时，偶尔一本正经，而人后不免流氓之气毕露。《郦生陆贾列传》写刘邦"不好儒，诸客冠儒冠来者，沛公辄解其冠，溲溺其中"。《张耳陈余列传》的最后部分，写到刘邦因对待女婿赵王张敖很傲慢无礼，竟激起了赵王君臣的激烈反抗。有一次，刘邦从平城经过赵地返回长安，张敖始终以女婿之礼毕恭毕敬侍候刘邦，而刘邦却"箕踞，詈，甚慢易之"。从而激怒了赵王手下贯高为首的群臣，密谋暗杀刘邦，拥立张敖做皇帝。张敖因刘邦对己有恩，不同意反叛。及至暗杀未成，密谋败露，贯高等人都争着挺身而出承担罪过，没有一个人把责任推给张敖。当事情真相大白于天下之后，贯高"乃仰绝肮，遂死"。这显然是对刘邦自私无礼的轻蔑。

把《高祖本纪》和其他有关人物的传记里对刘邦的描写结合起来看，司马迁自相矛盾地恶搞刘邦自我神化的形象，意在提出尖锐的讽刺和批判，是对他的为人投以轻蔑的态度。

二、刺客为什么成为英雄？

刺客作为一种职业由来已久，武侠小说、通俗演义、稗官野史中都不乏记载，而二十四史中为刺客立传的只有《史记》。司马迁把《刺客列传》和吕不韦、李斯的传记放在一起，说明太史公写刺客用意不俗。刺客究竟在哪些地方吸引了司马迁呢？

战国时代战争不断，各国明争暗斗，社会动荡。诸侯国或者某些贵族个人为了自己的利益，花重金请死士为其做一些不能明目张胆做的事情，于是刺客就在这个时代出现了。刺客为了功名，或为了利益，或为了报恩为主人杀人，属于被动杀人；有的刺客还会主动杀人。他们行动有针对性，受人指使或者出于某种目的主动实施。这与司马迁笔下的刺客几乎没有什么区别。但是这些人经过《史记》的树碑立传，摇身一变成了英雄，这是什么原因呢？

司马迁在《刺客列传》中写了曹沫、专诸、豫让、聂政、荆轲等五人的事迹，并评论说："自曹沫至荆轲五人，此其义或成或不成，然其立意较（皎）

然，不欺其志，名垂后世，岂妄也哉!"司马迁不以成败论英雄，明知刺杀为"不轨于正义"，但仍推崇五人"其言必信，其行必果，已诺必诚，不爱其躯"（《史记·游侠列传》）。凡刺客者皆为死士，此五人完全不顾自身的安危，以自杀式袭击进行刺杀，除曹沫之外，其余四人均身亡。

曹沫是春秋时期鲁国人，鲁国因战败多次失地于齐国，齐桓公和鲁庄公在坛上结盟以后，曹沫手持匕首挟持齐桓公，要求归还被侵占的国土，而后"桓公乃许尽归鲁之侵地"。曹沫扔下匕首，走下坛，面朝北方坐在群臣的位置，神情与说话跟原来一样若无其事。而后"桓公怒，欲倍其约。管仲曰：'不可。夫贪小利以自快，弃信于诸侯，失天下之援，不如与之'"。经过曹沫的"恐怖"行动，鲁国终得被侵国土。

专诸为春秋末期吴国人，因"与人斗，将就敌，其怒有万人之气，甚不可当"而被伍子胥举荐给公子光。伍子胥为了报仇，就暗中帮助公子光杀吴王僚。"光既得专诸，善客待之。"用"光之身，子之身也"的空话收买其心，让专诸死心塌地地去行刺。

豫让是春秋战国期间的晋人，曾受智伯礼遇。后智伯为赵襄子所杀，豫让为报恩，誓杀赵襄子。"今智伯知我，我必为报仇而死，以报智伯，则吾魂魄不愧矣。"为了报仇，他先是"变名姓为刑人，入宫涂厕，中挟匕首，欲以刺襄子"。在刺杀失败后，他又"漆身为厉，吞碳为哑，使形状不可知"。埋伏桥下继续行刺，又未成，终自杀。豫让甘愿忍受苦身残形，执着地报仇。

聂政，战国时魏国人，因杀人避仇，与母和姊逃到齐国，以屠宰维生。当时韩国严仲子与丞相侠累为仇，欲除之。严听说聂政乃"勇敢士也"，便降志辱身礼请聂政相助。聂政因母亲尚在，不敢许诺。几年后，聂政母亲去世，他再无牵挂，便答应替严仲子杀仇人侠累。他单枪匹马闯入侠累府中，奋战侠府持刀荷戟的侍卫，然后冲上台阶把侠累刺死。逃命时，聂政再杀侍卫数十人，但最终被重重包围。聂政为了不连累别人，在死前用匕首剥去面皮，剜出眼睛，"自屠出肠"剖腹而死。

荆轲，战国末期卫国人，喜好读书击剑，为人慷慨侠义。后游历到燕国，由田光推荐给太子丹。秦国灭赵后，兵锋直指燕国，太子丹惧，派荆轲入秦行刺秦王。荆轲带燕督亢地图和樊於期首级，前往秦国刺杀秦王。临行前，众人在易水边为荆轲送行，"风萧萧兮易水寒，壮士一去兮不复还"，是荆轲在告别时吟唱的诗句。荆轲与秦舞阳入秦后，秦王在咸阳宫隆重召见了他，在交验樊於期头颅、献督亢地图时"图穷匕首见"，荆轲刺秦王不中，被秦王拔剑击成重伤，为秦侍卫所杀。

以上五人把"不爱其躯"发挥得淋漓尽致。所谓受人所托，忠人之事，视死如归。司马光批评荆轲刺秦王："燕丹不胜一朝之忿以犯虎狼之秦，轻虑浅谋，挑怨速祸，罪孰大焉！而论者或谓之贤，岂不过哉！……荆轲怀其豢养之私，不顾七族，欲以尺八匕首强燕而弱秦，不亦愚乎！"（《资治通鉴》卷七）苏辙也批评司马迁为刺客立传有失《春秋》之义："太史公传刺客凡五人，皆豫翩之类耳，而其称之不容口，失《春秋》之意矣。"（《苏辙集》）正如戈春源的《刺客史》所说："刺客是一种暗杀者。行刺，是有预谋的、怀挟武器、采取突然袭击方式的暗杀活动。"现今文明社会中的杀人者，不论是杀害他人还是自杀，都不容于法和理，即使情有可原，也会遭制裁。至于荆轲和《刺客列传》中的曹沫、专诸等人孰是孰非，应从当时的政治情况和道德伦理等各方面来探讨，否则便会轻易落入僵化的"正义—邪恶"的窠臼之中。以上五人的所作所为，不算光明正大与正义，也不管是否合乎民意，他们只是命令的执行者，但太史公在正宗史书中努力发掘他们身上的闪光点，应该是如下价值取向驱使的。

第一，知恩图报观念的推崇。恩在这里指的是知遇之恩。当有人看中他们的能力，给他们以机会，礼遇他们时，刺客就视为知己，为报知己甘愿牺牲。比如荆柯曾"以术说卫元君"，不用。结交名人也未能被举荐。豫让，"先事范氏及中行氏，而无所知名，去而事智伯，智伯甚尊宠之"。被重视的豫让，大呼："士为知己者死，女为悦己者容。今智伯知我，我必为报仇而死，以报智伯，则吾魂魄不愧矣。"为报知遇之恩，豫让甘愿变名毁身。聂政知恩图报的表白更加直白："政乃市井小人，鼓刀以屠，而严仲子乃诸侯之卿相也，不远千里，枉车骑而交臣。臣之所以待之，至浅鲜矣，未有大功可以称者，而严仲子奉百金为亲寿，我虽不受，然是者徒深知政也……政将为知己者用。"荆柯、曹沫、专诸等虽然没有直接表白，但他们是用自己勇敢的行动表达了知恩图报之心。

第二，视死如归气概的激赏。刺客的刺杀对象一般都是拥有强大权力和兵力的政治大人物。单枪匹马的刺客抱着必死的决心使用暴力的手段进行刺杀，来完成主人交给的任务。这种行为不能称之为反抗强暴，他们行动的目的只不过是为了满足主人的要求。从另一个角度看，他们只是政治斗争的工具而已。但从完成刺杀任务的过程来看，他们表现出的视死如归的英勇豪气，完成任务的职业操守，让人钦佩。刺客除了为主人谋利之外，还有的则是为了自己的功名利益。如豫让，赵襄子赦免了他的第一次行刺，却又进行第二次刺杀。最终失败自杀。确实，豫让应该是在追求好名声，在行刺过程中展现出的视死如归，面对权势不低头、不后退的勇气是值得肯定的。荆柯刺杀秦王以失败告终，但面对死亡，仍能"倚柱而笑，箕踞以骂"，展现出大义凛然、毫无畏惧的气概，在太史公看来，他们是刺客气概的完美代表。

第三，悲剧命运、悲情氛围的渲染。悲剧就是将美好的有价值的东西毁灭给人看。如果按司马迁的说法，刺客们具有高尚品格与献身精神，但由于这些死士思想观念、行为能力等存在的缺陷，往往刺杀行动并不成功。除曹沫外，其他人均身死，使得他们的悲剧气质突出。司马迁人生遭遇不幸，他的整个生命都是悲剧性质的，他将自己的同情之感，寓于悲剧人物上，使得刺客们的行为变得悲壮，塑造人物的笔法变得曲折动人。加上环境的烘托，如燕太子、高渐离等易水边送别的诗句，虽然预示了荆柯行动的失败，却将悲情气氛渲染得很浓厚。有人说可以把《刺客列传》当作小说看，就是因为悲剧命运使人物带上了传奇色彩，看罢让人为之动容。

三、残酷的楚汉战争

楚汉战争，又名楚汉之争，即汉元年（公元前206年）八月至汉五年十二月（约公元前202年年初），项羽、刘邦权力集团为争夺政权而进行的一场为时四年的大规模战争。在这场战争中，以刘邦为代表的地主阶级要求统一的政治取向，顺应了历史的潮流；而项羽则代表分裂割据的一方，违背了历史的方向。这就从根本上决定了这场战争的结局。

当楚汉战争开始时，双方军力的对比是："项羽兵四十万，号百万。沛公兵十万，号二十万，力不敌。"（《高祖本纪》）但随着时间的推移，双方各向其相反的方向转化，弱者逐渐变强，强者逐渐变弱，终以刘称帝结束战争。

楚汉战争的残酷与恐怖虽然在《史记》中记载得比较简略，以至于往往使读者忽略，但还是可以从字里行间看出血腥的。

首先看项羽的"残暴"：秦二世元年，"项羽别攻襄城，襄城坚守不下。已拔，皆坑之"。项羽入关之前在新安坑杀秦降卒二十余万；刘邦攻占咸阳后还军灞上让项羽入城，"项羽引兵西屠咸阳，杀秦降王子婴，烧秦宫室，火三月不灭"。烧过之后项羽的表现是：

> 人或说项王曰："关中阻山河四塞，地肥饶，可都以霸。"项王见秦宫室皆以烧残破，又心怀思欲东归，曰："富贵不归故乡，如衣绣夜行，谁知之者！"说者曰："人言楚人沐猴而冠耳，果然。"项王闻之，烹说者。

关中地区有险可守，土地肥沃，是建首都、定霸业的地方，但项羽一把火烧后，又觉得故乡好，想东归了。由此可见，这一把火烧的，不仅仅是秦朝残余，而且烧了田地、财物，成了一座空城，不毛之地。这对脆弱的战争经济的打击是毁灭性的。

从《史记》的记载看，焚烧城市、活埋俘虏是项羽的一贯作风，在北定三齐时他也曾烧夷齐城郭室屋：

> 汉之二年冬，项羽遂北至城阳，田荣亦将兵会战。田荣不胜，走至平原，平原民杀之。遂北烧夷齐城郭室屋，皆阬田荣降卒，系虏其老弱妇女。徇齐至北海，多所残灭。齐人相聚而叛之。于是田荣弟田横收齐亡卒得数万人，反城阳。项王因留，连战未能下。

项羽坑田荣降卒的原因竟然是主观认为齐国是"伪诈多变，反覆之国"。楚军破齐大屠杀，坑杀田荣降卒，大劫掠大烧杀，最终逼反复辟后的齐国。

和项羽一样，刘邦也是在战争中经常大规模屠城的。比如屠咸阳（《汉书·陈胜项籍传》），屠武关（《史记·秦始皇本纪》），屠城阳（《史记·项羽本纪》），屠马邑、浑都（《史记·绛侯周勃世家》），直接受害者就是百姓。屠城大杀民众的结果，往往造成人口锐减，生产力受到破坏，无法满足战争物资供应及民众基本生活需要。社会人口稀少，物资财力匮乏，甚至出现人吃人的现象。

刘项战争的残酷与恐怖，还直接体现在对阵双方的伤亡人数上。彭城之战中楚军在半日之内以三万之师击溃十万之众，创造了古代战争中速战速决的典范，其中可以看到汉军死伤惨烈：

> 项王乃西从萧，晨击汉军而东，至彭城，日中，大破汉军。汉军皆走，相随入穀、泗水，杀汉卒十余万人。汉卒皆南走山，楚又追击至灵壁东睢水上。汉军却，为楚所挤，多杀，汉卒十余万人皆入睢水，睢水为之不流。围汉王三匝。

死亡的汉军掉入睢水，尸体堵塞河流，使睢水无法流动，可见死者之众。

另如垓下之战，项羽逃离城父到达垓下，汉军迅速跟上，将十万楚军包围于垓下。项羽面对乌江亭长："天之亡我，我何渡为！且籍与江东子弟八千人渡江而西，今无一人还，纵江东父兄怜而王我，我何面目见之？纵彼不言，籍独不愧于心乎？"楚军被全部消灭，楚汉战争之初项羽兵四十万，如今只剩下他一人。可见战争的残酷与恐怖。

据史料统计，从公元前195到公元前205年西汉建国初期共历十年。全国人口减少了70%。大城市人口剩下十分之二三。甚至出现了"自天子不能具钧驷，而将相或乘牛车，齐民无藏盖"的现象（《史记·平准书》）。另据《汉书·食货志上》记载："汉兴，接秦之敝，诸侯并起，民失作业而大饥馑。凡米石五千，人相食，死者过半。高祖乃令民得卖子，就食蜀（指四川）、汉（指陕西）。……于是约法省禁，轻田租，十五而税一，量吏禄，度官用，以赋于民。"

从《史记》和《汉书》的记载来看，秦朝制度的弊端严重影响着社会的发展。秦朝灭亡后，楚汉战争四年，农民无法种田，米价飞涨，食物奇缺而大饥馑，战死饿死的人超过一半，吃食刚战死饿死的人时有发生，高帝允许百姓卖儿女维持生计，这是多么悲凉凄惨和残酷的现实。

附　录

南方文化与百越风情〔代结语〕

　　南方地区是古代百越民族聚居之所，被当时统治者称为"蛮夷"之地。"百越"一词最早见于《吕氏者秋·恃君览》："杨〔扬〕汉之南，百越之际……"用"百越"泛指扬子江、汉江之南诸族，越而称百，足以说明民族之多，文化之多样。《汉书·地理志》注引臣珊曰："自交趾至会稽七八千里，百越杂处，各有种姓……"表明在我国长江以南的辽阔南方地区，居住着许多不同支派的越人，有吴越民族、闽越民族、南越民族、扬越民族、邗越民族、瓯越民族、西瓯民族、骆越民族、裳越民族等九大民族分支。

　　在漫长的历史岁月里，百越古族有的与中原汉族移民融合，自成体系，经过发展演变，形成了独具南方文化的百越风情。如"断发文身"就是百越诸族文化中一种比较突出的习俗。《淮南子·原道》就记载："九盛之南，陆事寡而水事众，于是民人被发文身，以象鳞虫。"《史记·赵世家》索隐引刘向的话说："今珠崖、儋耳谓之瓯人，是有瓯越。"南北朝《舆地志》专门解释过这段话："周时为骆越，秦时曰西瓯，文身断发避龙。"《汉书·地理志》记载百越："文身断发，以避蛟龙之害。"在这些记载中，"被发"是长发式，有些许不同于"断发"。就文身而言，则是一致的。吴越人喜黔"龙"纹，闽越人喜"蛇"纹，各地区喜黔花纹不同，与图腾信仰不同有关。图腾是原始社会最早的一种宗教信仰。以蛇、鸟为图腾广泛地存在于百越地区，形成了与中原龙图腾信仰不同的风情。另外像葬俗，则有崖墓、船棺等悬棺葬式，也普遍被认为是百越族的独特文化特征。

　　楚人的先祖来自中原地区，文化的主源属中原文化；而在楚人入主南方地区之前，中原文化早已传入南方地区，并已产生重要的影响。因此，虽然偏居南方，中原文化在楚地有很高的地位，楚地上层自觉学习中原文化，楚国还拥有"周之典籍"和"周大史"。由于特殊的地理位置、历史发展和社会情况，当北方出现夏、商等奴隶制国家时，南方荆楚地区还处于原始的父系氏族社会阶段。在这种持续千年的蛮荒背景下，楚人的审美品位有着不同于中原文化的特殊风情，楚人"信巫鬼，重淫祀"（《汉书·地理志下》），既保留有原始的宗教和艺术的神巫性，又有想象富丽奇特、情趣深厚的浪漫气息，并成为当时中国南方各部族融合的中心。楚人融汇了中原文化和南方土著文化，开创了独具异采的楚文化。

第一节　美女与野兽

《楚辞·九歌·山鬼》是一首人神相恋的爱情绝唱。

> 若有人兮山之阿，被薜荔兮带女萝。既含睇兮又宜笑，子慕予兮善窈窕。乘赤豹兮从文狸，辛夷车兮结桂旗。被石兰兮带杜衡，折芳馨兮遗所思。余处幽篁兮终不见天，路险难兮独后来。表独立兮山之上，云容容兮而在下。杳冥冥兮羌昼晦，东风飘兮神灵雨。留灵修兮憺忘归，岁既晏兮孰华予？采三秀兮於山间，石磊磊兮葛蔓蔓。怨公子兮怅忘归，君思我兮不得闲。山中人兮芳杜若，饮石泉兮荫松柏。君思我兮然疑作。雷填填兮雨冥冥，猨啾啾兮又夜鸣。风飒飒兮木萧萧，思公子兮徒离忧。

作为《九歌》之一的《山鬼》，本来应该是祭祀山神的祭歌，但是从文本看却是描写一位披荔带萝、含睇宜笑、温婉多情的女神思念情人。她在山中采了芬芳美丽的鲜花准备送给情人，情人却迟迟未到，在风雨凄凄的山间，强烈的孤独感让她产生"岁既晏兮孰华予？"的惆怅，但在哀怨而悲伤中，她依然执着地在山中等待着爱人的到来。

关于山鬼的形象，旧注多释为"木石之怪""魑魅魍魉"，相当于山魈之类的精怪，究其原型是夔果阳，是可怕的"旱魃"，是青面獠牙的山魁。"山之精如小儿而独足，足向后，喜来犯人。其名如跋。"（《抱朴子》）《神异经》说：

"南方有人，长二三尺，祖身，面目在顶上，走行如风，名曰魃，所见之国大旱，赤地千里。"《文字指归》的描述更无厘头，说是："旱魃，山鬼也。所居之处天不雨。"山鬼的本相与这个凄美爱情故事里美丽哀伤的神女形象不大相同，可以说是美女与野兽的对立。山精鬼魅被当作山神化身与山的人格化形象相融合时，她（或他）会显得神通广大，变化无穷。在《山鬼》里，经过美化与加工，她变成一个含愁带怨、宜笑宜嗔、喜怒随意的美人。清人顾天成最早提出巫山神女说。其在《九歌解》中说："襄王游云梦，梦一妇人，名曰瑶姬，通篇辞意似指此事。"将山鬼与楚神话中的巫山神女联系起来。后郭沫若先生也指出："於山即巫山。"而《山鬼》中"表独立兮山之上，云容容兮而在下。杳冥冥兮羌昼晦，东风飘兮神灵雨。"与瑶姬的"朝如行云，暮如行雨"的环境相似，山鬼即巫山神女也可以说得通。

《九歌》是南方民间祭歌，是巫文化的产物。她不纯粹是南方楚文化中巫山神女形象，而是具有神巫性，是想象富丽奇特、情趣深厚的浪漫气息的楚人独特审美的产物。经过伟大诗人屈原的改造，《山鬼》从"山魅拉人""野魅求夫"等原型和素材出发，创造了一个中国式的美丽山林女神的动人形象：披荔带萝、含睇宜笑、温婉多情。虽然是由山魈、旱魃兼云雨女神幻化而来，高兴时含睇宜笑，不悦时显出青面獠牙、血盆大口的原型，但那"公子"热烈追求她，又为她的非鬼即怪而战战兢兢："君思我兮不得闲"，"君思我兮然疑作"。这与《白蛇传》中许仙既爱又怕那白蛇变来的白娘子十分相似。《聊斋》中许多秀才既要追求、又想摆脱那些妖媚多情的狐仙女鬼，也有这山鬼的影子。"本相"和"典型"、生活和形象，美女与野兽的对立又统一，使这样的爱情复杂和醇厚。这大概就是《山鬼》的魅力。

另外，围绕在美女山鬼周围的追随者或者坐骑与随从"赤豹""文狸"，也与山鬼形成了一种美女与野兽组合的诡异且瑰丽的画面。

第二节　云雨意象与马屁文章

楚王宫、高唐观、云雨台、楚襄王、巫山神女……自从宋玉将三峡云雨变化的自然景观与民间传说结合起来，创造了"朝云暮雨"的神女形象后，引发了中国文人的千古性爱迷梦。"巫山""高唐""阳台"是男女幽会场所的象征，"云雨"则成为中国文学性爱主题最经典的隐语，也是中国性文化最经典的"性学语汇"。"云雨"的性爱寓意在魏晋以后出现在几乎所有文体中，蓬勃发展于唐、宋、元、明、清各代。《西厢记》《牡丹亭》《红楼梦》中都有作者大量渲染铺张的"梦中云雨"的意象。在殷墟卜辞里的"云""雨"是中国文学云雨原型的初萌，有万物生长和人类生殖的双重意蕴，已经具有性爱意味。《周易》经文的"乾"卦："大哉乾元，万物资始，乃统天。云行雨施，品物流形……"云行雨施便是大自然化生万物的生产行为。"云雨"也有男性性欲的象征意义。[①] 真正将"云雨"意象确定为男女两性交合的情感与行为，并让人产生爱与美的想象的是宋玉。《高唐赋》："昔者楚襄王与宋玉游于云梦之台，望高唐之观，其上独有云气……王问玉曰：'此何气也？'玉对曰：'所谓朝云者也。'王曰：'何谓朝云？'玉曰：'昔者先王尝游高唐，怠而昼寝，梦见一妇人曰："妾，巫山之女也。为高唐之客。闻君游高唐，愿荐枕席。"王因幸之。去而辞曰："妾在巫山之阳，高丘之阻，旦为朝云，暮为行雨。朝朝暮暮，阳台之下。'旦朝视之，如言。故为立庙，号曰朝云。'""朝云""暮雨"合在一起，成为"云雨"的瑰丽组合，既预示着朝云暮雨化身的神女之美，又暗含着梦幻似的性爱之美，同时也可指所爱的佳人。此外，宋玉《高唐赋》《神女赋》中与此类似的词语"高唐、阳台、朝云、云雨、巫山、巫云、楚雨、楚梦"等，也被人们常用来暗指性爱行为或佳人。而宋玉与楚王白天讨论"愿荐枕席""封于巫山之台"的神女，夜晚就入梦来了：

　　楚襄王与宋玉游于云梦之浦，使玉赋高唐之事。其夜玉寝，果梦与神女遇，其状甚丽，玉异之。明日，以白王。王曰："其梦若何？"玉对曰："晡夕之后，精神恍忽，若有所喜，纷纷扰扰，未知何意？目色仿佛，乍若有记：见一妇人，状甚奇异。寐而梦之，寤不自识；罔兮不乐，怅然失志。于是抚心定气，复见所梦。"王曰："状何如也？"玉曰："茂矣美矣，诸好备矣。盛矣丽矣，难测究矣。上古既无，世所未见，瑰姿玮态，不可胜赞。其始来也，耀乎若白日初出照屋梁；其

---

① 瞿明刚 . 论中国文学的云雨意象〔J〕. 杭州：浙江社会科学，2009（5）.

少进也，皎若明月舒其光。须史之间，美貌横生：晔兮如华，温乎如莹。五色并驰，不可殚形。详而视之，夺人目精。其盛饰也，则罗纨绮缋盛文章，极服妙采照万方。振绣衣，被袿裳，秾不短，纤不长，步裔裔兮曜殿堂，忽兮改容，婉若游龙乘云翔。嫷披服，倪薄装，沐兰泽，含若芳。性合适，宜侍旁，顺序卑，调心肠。"王曰："若此盛矣，试为寡人赋之。"玉曰："唯唯。"

——《神女赋》

宋玉《高唐赋》《神女赋》中的巫山神女，除了集爱与美于一身，更因她的职责是行雨，"荐枕席者亦即行云雨者"，现实功利和浪漫性爱、欲望和神性使巫山神女集千般妖娆于一身。"云雨"意象的文学价值在于，提示了人类青春期的一种潜意识的性冲动。无论男性还是女性，在其进入性成熟阶段，其理智经常处于睡眠状态，梦境中放松了对潜意识的抑制时，就容易产生"与人梦交"的梦境。长江上游自然景观空灵奇特。唐代元稹的"曾经沧海难为水，除却巫山不是云"，是对长江三峡巫山的神韵和魅力的概括。山峰奇峭高耸，怪石嶙峋，野草连绵，云雾迷蒙，风雨变幻莫测，显出一种迷幻如梦，飘忽离奇的美，这"云雨"景观与梦境、性幻想相似，使人产生移情之感。这是"云雨"与性爱相通并为大众接受的心理基石。相传巫山神女"未嫁而卒"，"闻君游高唐，愿荐枕席"可以看作是青春期处女的一种性饥渴的表白。李商隐《有感》诗中写道："一自高唐赋成后，楚天云雨尽堪疑。""云雨"一词很好地演示了人性潜意识里的冲动，自宋玉注解"巫山云雨"为男女缠绵情爱之事后，"云雨"成了中国文学中频繁出现的意象。

宋玉在文学创新上推出了"悲秋"情节，也奠定了"云雨"意象，描绘了比"藐姑射山神人"更丰满的神女与丽人。其实他之所以写了许多专门娱乐楚王的马屁文章，是他认为只有楚王高兴了，或讽谕或针砭的"谏"的效果才能更好。如《风赋》中言风为"天地之气"，风可分为"大王之雄风"与"庶民之雌风"，为了拍马屁竟然说风有雄雌。《风赋》写风起、风衰、风入于深宫，风起穷巷之后，写风吹楚王为"清清泠泠，愈病析酲"，是清风；风吹庶民则"中心惨怛，生病造热"，是病热之风，是沙尘暴。这样看来，宋玉显然是要借风之不同来反映帝王与贫民生活的天壤之别。前者骄奢淫逸，后者凄惨悲凉。

不管宋玉是插科打诨，逗帝王开心，还是暗藏讽谏，风带给不同环境的人的祸福感受不同是客观存在的。《风赋》以听觉、视觉、嗅觉，细致描写了人们对风的感受的不同。比如宋玉在赋中所描画的庶民之风：

　　　　夫庶人之风，塕然起于穷巷之间，堀堁扬尘，勃郁烦冤，冲孔袭门。动沙堁，吹死灰，骇溷浊，扬腐余，邪薄入瓮牖，至于室庐。故其风中人，状直憯凄郁邑，殴温致湿，中心惨怛，生病造热。中唇为胗，得目为篾，啖齰嗽获，死生不卒。此所谓庶人之雌风也。

　　这段庶民之风的描述，可以说是沙尘暴的真实写照。风扬起沙尘，卷起沙粒，吹起死灰，搅起污秽肮脏的垃圾，扬起腐臭的气味，天空如同拉下黑幕，地面在阴影下变得昏暗、阴冷。沙尘席卷任何有机可乘的空隙，插进破瓮做的窗户，直冲茅庐。这沙尘暴在百姓的身边肆意妄为，各种有毒物质、病菌等的尘土进入到口、鼻、眼、耳中。因为含有大量有害物质的尘土得不到及时清理，所以对这些器官造成损害，或病菌以这些器官为侵入点，引发各种疾病。贫民头昏胸闷，伤心劳神，疲软无力，发烧生病，口舌生疮，眼睛害病以至于"死生不卒"。就文学而言，《风赋》是一篇自由活泼的赋，对风的描写精妙，文中还有"空穴来风""风起青苹"等为后世流传的名句。但从讽喻来说，襄王不准人讽议，《史记·屈原贾生列传》记载："屈原既死之后，楚有宋玉、唐勒、景差之徒者，皆好辞而以赋见称。然皆祖屈原之从容辞令，终莫敢直谏。"这里宋玉用一种曲折委婉的娱乐方式表达主题，应该是不得已而为之。毫无疑问，这种或许意在劝诫、实则从娱乐出发的文章，让人记住更多的是娱乐性及令人为之一笑的愉快感。为使襄王开怀一笑而宣扬的帝王之清风，更容易理解为是为拍马屁而故意为之。

第三节　阳春白雪与东邻女孩

　　《对楚王问》一文，被刘勰视为杂文对问体的代表。文章简短活泼：

　　襄王问于宋玉曰："先生其有遗行与？何士民众庶不誉之甚也！"宋玉对曰："唯，然，有之！愿大王宽其罪，使得毕其辞。客有歌于郢中者，其始曰《下里》《巴人》，国中属而和者数千人。其为《阳阿》《薤露》，国中属而和者数百人。其为《阳春》《白雪》，国中有属而和者，不过数十人。引商刻羽，杂以流徵，国中属而和者，不过数人而已。是其曲弥高，其和弥寡。故鸟有凤而鱼有鲲。凤皇上击九千里，绝云霓，负苍天，足乱浮云，翱翔乎杳冥之上。夫蕃篱之鷃，岂能与之料天地之高哉？鲲鱼朝发昆仑之墟，暴鬐于碣石，暮宿于孟诸。夫尺泽之鲵，岂能与之量江海之大哉？故非独鸟有凤而鱼有鲲，士亦有之。夫圣人瑰意琦行，超然独处，世俗之民，又安知臣之所为哉？"

　　此文向来被当作是宋玉为数不多的抒发"举世皆浊我独清、众人皆醉我独醒"的精深之作。以凤凰与蕃篱之鷃、鲲鱼与尺泽之鲵的对比，说明高低不同、大小迥异、志趣各殊的事物，它们之间简直是无法理解无法相通。正如"阳春白雪"与"下里巴人"的唱习人群高下悬殊一样。阳春白雪，是古人公认的高雅音乐曲牌，曲高和寡，"属而和者，不过数人"。下里巴人，当时被称为世俗之音，是百姓真正能够听懂甚至可以跟唱的通俗之声。宋玉将自己比作阳春白雪，流俗之人被比作下里巴人。曲高和寡的含义不言而喻。这里虽然有士大夫故作清高脱离群众之嫌，但是面对楚襄王这样的昏君，宋玉无可奈何的感叹，怀才不遇、不被重用的牢骚，以及对社会的批评等深意，就是今天，也不应该视而不见。

　　在屈原的作品中，神女已经出现于《离骚》和《九歌》里。而宋玉学习了屈原的艺术手法，经过创造加工更上层楼，描绘的神女形象更为光彩照人，又极富有人情味及人类欲望，形象也更为丰满。如上述《高唐赋》《神女赋》里的神女，就如阳春白雪一样高雅。

　　与神女形象相颉颃，东邻女孩也成为宋玉笔下丰满鲜活的丽人形象。《登徒子好色赋》里这一节最为后人传诵：

　　天下之佳人莫若楚国，楚国之丽者莫若臣里，臣里之美者莫若臣东家之子。东家之子，增之一分则太长，减之一分则太短；著粉则太白，施朱则太赤；眉如翠羽，肌如白雪；腰如束素，齿如含贝；嫣然一笑，惑阳城，迷下蔡。

　　尽管"一千个读者有一千个哈姆莱特"的高深文论非常有道理，但是在这段描写面前，无论是哪种文化水平的读者，都会公认这位居宋玉东邻的女孩是天下绝美者。其原因在于，东邻女孩的身形："增之一分则太长，减之一分则太短"，"腰如束素"；相貌："著粉则太白，施朱则太赤；眉如翠羽，肌如白雪"。这些无具体数据的描绘、增减都影响美感的颜色，在审美者眼中是只可意会不可言传的，最大限度满足了人们对美女的最高期待。相反，如果宋玉给予东邻女孩具体的身高与外貌描写，就会有人计较其高矮胖瘦了。如《战国策·齐策》："邹忌修八尺有余，而形貌昳丽。"读者的第一反应是计算八尺是何种高度，由此破坏了美感。不仅如此，就是和较早前的《诗经·卫风·硕人》："手如柔荑，肤如凝脂，领如蝤蛴，齿如瓠犀，螓首蛾眉"的具体实物比喻相较，宋玉对美女的描画也要高超许多。同时，那"嫣然一笑，惑阳城，迷下蔡"的夸张，很合理地将东邻女孩的美丽扩大，以至于后代有"一顾倾人城，再顾倾人国"的倾国倾城之喻，《陌上桑》的罗敷美貌之夸，《长恨歌》"回眸一笑百媚生"之赏等等，这种种用烘托的手法去描写美女的诗词，在文学史上形成了一道琳琅的风景线，熔融为一种传统的审美表现手法。享受这种审美情趣的张扬，如果追本溯源，不能不提宋玉的《登徒子好色赋》。

　　当然令人惊奇的还在后面，正是这位绝世美女，竟然能做出登墙窥宋玉三年的疯狂举动，这是阳春白雪与下里巴人、高雅与世俗人情的完美结合，是一个丰满可爱的东邻女孩形象。

后 记

　　由于出版时间临近，对文学误读、国学误区方面的心得还有约50%的内容没有整理出来，只好另外规划成书，当作本书的姊妹篇再谋出版了。也由于时间紧迫，书稿中的一些章节，是委托我早年毕业的研究生陶丽丽教授起草的。这些篇章虽然是按我规划的框架、提供的资料撰写的，但阅读书稿时仍然可以在欣赏她的才华之余，处处感觉到她把当年听我讲课、和我讨论学问过程中涉及的内容融会贯通、举一反三的功夫发挥得淋漓尽致，让我在修订、整理、定稿这些章节的过程中始终浸润在对已经毕业学生们的忆念中，也算是一种长期为人师的享受吧。

　　当然，在这里还要专门感谢张金良、范晓虹和出版社其他朋友在本书出版过程中的辛勤付出。

戊戌中秋沙野识于轩辕故里